职业教育
促进经济高质量发展研究

——基于马克思主义政治经济学的分析

陈超然　著

中国商务出版社

·北京·

图书在版编目（CIP）数据

职业教育促进经济高质量发展研究：基于马克思主义政治经济学的分析 / 陈超然著 . -- 北京：中国商务出版社，2025.6. -- ISBN 978-7-5103-5707-7

Ⅰ . G719.2；F124

中国国家版本馆 CIP 数据核字第 20259HS973 号

职业教育促进经济高质量发展研究
——基于马克思主义政治经济学的分析

ZHIYE JIAOYU CUJIN JINGJI GAOZHILIANG FAZHAN YANJIU

——JIYU MAKESIZHUYI ZHENGZHIJINGJIXUE DE FENXI

陈超然　著

出版发行：中国商务出版社有限公司

地　　址：北京市东城区安定门外大街东后巷 28 号　邮编：100710

网　　址：http://www.cctpress.com

联系电话：010-64515150（发行部）　　010-64212247（总编室）
　　　　　 010-64269744（事业部）　　010-64248236（印制部）

责任编辑：孙柳明

排　　版：廊坊市展博印刷设计有限公司

印　　刷：北京建宏印刷有限公司

开　　本：710 毫米 ×1000 毫米　1/16

印　　张：18.25　　　　　　　　字　　数：293 千字

版　　次：2025 年 6 月第 1 版　　　印　　次：2025 年 6 月第 1 次印刷

书　　号：ISBN 978-7-5103-5707-7

定　　价：88.00 元

前言

在大国战略博弈中，实现创新驱动与产业结构升级是促进经济高质量发展的重要任务之一。"人才是第一资源"，创新驱动的实质是实现人才驱动，而职业教育可以通过对能工巧匠和大国工匠的培养，影响人力资源的深层次开发，进而加速经济结构的深层次转变。我国正处于转变发展方式的关键阶段，职业教育在助推制造业高质量发展和强化科技创新力量等方面受到诸多因素的影响，因此需要对职业教育与经济高质量发展的内在联系进行深入探究，以充分发挥职业教育在促进经济高质量发展中的重要作用。

本书基于马克思主义政治经济学、新结构经济学的视角，分析职业教育与经济高质量发展之间的辩证关系，并以此为基础研究职业教育对经济高质量发展的重要促进作用及作用机制。在梳理相关文献的基础上，研究内容按以下逻辑展开。

首先，阐述了职业教育促进经济高质量发展的理论研究情况。本书运用马克思主义政治经济学、新结构经济学等理论，基于建设现代化经济体系的背景，从构建新发展格局的视角，以扩大内需为切入点，从微观、中观与宏观三个层面阐释职业教育促进经济高质量发展的内在逻辑以及作用机制。微观层面主要分析建设现代产业体系中职业教育和要素投入促进生产力发展的内在逻辑；中观层面主要分析数字经济时代职业教育在解决就业极化问题方面的促进作用；宏观层面主要分析建设现代经济体系中职业教育与经济内循环的机制，以及职业教育增强国际竞争力、促进经济外循环的机制。

其次，分析了职业教育促进经济高质量发展的历史与现状。以党的领导体制为主线，梳理我国职业教育与经济共生发展的百年演进脉络。结合相关统计数据，在分析职业教育发展及我国经济发展质量状况的基础上，进一步探讨现阶段职业教育促进经济高质量发展的优势与不足，为后文的理论与实证研究提供具体问题导向。

再次，对职业教育促进经济高质量发展进行实证分析。使用系统耦合理论、面板回归分析、空间计量、双重差分等方法建立实证模型，以技术效率为切入点，验证职业教育对经济高质量发展的促进作用及作用机制。

最后，提出了研究结论与对策建议。研究结论主要包括：马克思主义政治经济学理论对分析与阐明职业教育促进经济高质量发展的作用机制具有科学指导作用；职业教育是推动经济高质量发展的重要驱动因素；职业教育资源的合理配置对于经济发展质量具有显著作用；职业教育对经济高质量发展的作用存在区域差异；中国特色职业教育体系建设需要进一步扩大内生动力，支撑"双循环"新发展格局构建。进一步地，针对现实问题提出相应的对策建议，即以优化人才发展机制为核心抓手，加快建设现代化经济体系；以扩大中等收入群体为目标，持续释放国内需求潜力；以技术创新为引领，储备高质量发展新动力；以产教融合为途径，助推产业结构优化升级；以高水平对外开放为支撑，扎实提升经济发展质量；深度融合数字经济与实体经济，建构和谐的劳资关系。

本书基于职业教育促进经济高质量发展的政治经济学理论逻辑，阐述了建设现代化经济体系背景下职业教育促进经济高质量发展的内在逻辑，揭示了职业教育促进经济高质量发展的作用机制，论证了职业教育对经济高质量发展的促进作用，探索了职业教育在区域层面对经济高质量发展影响的异质性，测度了职业教育对经济高质量发展的空间相关性与政策效应，提出了职业教育促进经济高质量发展的主要观点与对策建议。研究结果对全面推进乡村振兴、实现创新驱动、加快发展现代化经济体系、形成高水平对外开放具有一定的理论价值和实践价值，为构建新发展格局、促进经济实现质的有效提升和量的合理增长提供学理上的依据。

笔者

2025 年 2 月

目 录

图目录

表目录

第1章

绪　　论

职业教育不仅是国民教育体系的重要组成部分，更是推动经济高质量发展的不竭动力，作为对接产业最密切、服务经济最直接的教育类型，在经济高质量发展过程中起着重要的人力资源供给和生产力转化作用。在全面建设社会主义现代化国家新征程的背景下，研究职业教育促进经济高质量发展的重要作用与作用机制，具有重要的理论与现实意义。

1.1 研究背景和问题提出

1.1.1 研究背景

建设现代化经济体系的背景下，研究职业教育对经济高质量发展的促进作用具有重要意义。职业教育可以通过优化人力资源配置、促进创新和科技进步、适应新兴行业和就业形态，以及提高劳动生产率和经济效益等为经济发展提供有力支撑，推动经济实现高质量发展。

1.1.1.1 提高职业教育水平是促进经济高质量发展的重中之重

职业教育是培养技能人才、提高劳动者素质和就业能力的重要途径，对于促进经济转型升级、推动创新驱动发展具有重要意义。

第一，实现充分就业是推进共同富裕的有效途径。首先，提升劳动者技能素质是缓解结构性就业矛盾的重大任务。《中共中央关于制定国民经济和社会发展第十四个五年规划和二〇三五年远景目标的建议》（简称《建议》）[①]将人才强国等未来发展战略与供给侧结构性改革政策进行了完美的契合，要求我们重视普惠性人力资本开发，通过就业等政策刺激劳动力积极进行职业教育培训，来改善我国现有的供给侧结构、优化供给结构、增强经济发展动力。党的二十大报告强调"健全终身职业技能培训制度，推动解决结构性就业矛盾"[②]，提升低技能劳动者技能素质是实现充分就业、解决劳动力供给与需求不匹配的根源。其次，中等职业教育是缩小城

[①] 中共中央关于制定国民经济和社会发展第十四个五年规划和二〇三五年远景目标的建议 [N]. 人民日报，2020-11-04（1）.

[②] 习近平. 高举中国特色社会主义伟大旗帜 为全面建设社会主义现代化国家而团结奋斗 [N]. 人民日报，2022-10-26（1）.

乡居民收入差距的基础路径。党的二十大报告指出"探索多渠道增加中低收入群众要素收入,多渠道增加城乡居民财产性收入"。其中,中等职业教育在培育农村居民基础技能与增加就业能力方面发挥着不可替代的作用,为缩小城乡居民收入差距、扎实推动共同富裕提供关键抓手。

第二,坚持创新驱动发展是我国经济高质量发展的第一动力。其一,经济高质量发展需要大批"高精特"劳动者强化国家战略科技力量,而强大国家战略人才力量是加快实施创新驱动、形成具有全球竞争力的开放创新生态的基本保障。其二,提升企业技术创新力是经济高质量发展的必然要求。经济高质量发展需要更为强大的科技创新力量,而高水平人力资源是创新驱动发展的重要因素。经济新常态背景下,提高潜在的产出能力是高质量发展的核心。发展职业教育对于开发现有经济的增长潜力、激发企业的内生动力都有着重要的意义。其三,强化产业链的人才要素支撑是解放生产力的有效方式。党的二十大报告提出了我们党目前所面临的主要任务,其中一项就是要解放与发展社会生产力。解放生产力需要创新驱动,而人才作为第一资源,是实现创新的关键所在。发挥创新型人才的引领能力是持续性激发产业创新活力,促进产业结构优化升级的有效手段。

第三,高质量的人力资源是支撑中国式现代化建设的主要着力点。现代化经济体系是物质技术的基础,需要将发展的着力点放在实体经济建设中,需要提升优质人力资源储量,以高质量的人力发展来支撑中国式现代化建设。实体经济的发展背后不仅需要大量资本支撑,还需要有着包含先进机械设备、国际水平先进技术以及高技能型技术人才等生产资料的复合加持。职业教育是在满足劳动密集型制造业的正常运行基础上,为适应生产力需要而对劳动者劳动力层级变化进行技能培训的重要载体。

制造业与实体经济的发展是传承马克思主义政治经济学、促进我国经济高质量发展的重要着力点。2022 年,我国全部工业增加值已经突破 40 万亿元,占 GDP 总量的 33.2%,其中制造业增加值占 GDP 的 27.7%,整体规模位于世界首位[①]。职业教育作为对接制造业与实体经济最密切、与服

[①] 资料来源:工业和信息化部。

务经济最直接的教育类型，在促进我国经济高质量发展中发挥着重要的人力资源供给和生产力转化的作用。《2022 职业教育改革与发展报告》指出，新时代十年，全国设立高等职业院校共 1518 所，含本科层次的职业院校共 32 所，年招生人数约 556.72 万人，为高端制造业解决技术"卡脖子"、加速专业升级改造等问题提供重要人力支撑。职业教育为制造业与实体经济的发展累计输送了约 6100 万技术技能人才，为促进人口红利释放、推动技术向生产力转化提供基础性保障[①]。

第四，技术人才创新高地建设是高水平对外开放的外源动力。实施高水平对外开放政策是融入国际市场、探索经济高质量发展道路的外源动力。改革开放以来，对外开放政策对于我国经济增长与结构转型带来了巨大的推动力量。我国对外开放政策伴随着经济发展需要而不断升级，历经了以进口替代发展国家工业—改革开放融入世界全球化—高水平对外开放构建新发展格局的过程。党的十八大以来，我国加速推进自由贸易试验区，共建"一带一路"，积极实施对外开放，成为深受欢迎的国际企业合作平台。党的二十大更是强调"加快建设贸易强国"[②]，为全面实施对外开放提供政策支持。

我国在不断深化对外开放之时，也在积极融入全球价值链生产活动，生产方式也因此发生了转变。但是，我国的制造业仍未在世界主流国家中占据高端位置，缺乏核心技术，技术创新难以进行。为了度量一个产业在全球价值链中的位置，Antràs 等[③] 提出了行业上游度的概念及度量公式，如下：

$$U_i = 1 \times \frac{F_i}{Y_i} + 2 \times \frac{\Sigma_{j=1}^{n} a_{ij} F_j}{Y_i} + 3 \times \frac{\Sigma_{j=1}^{n} \Sigma_{k=1}^{n} a_{ik} a_{kj} F_j}{Y_i} + \cdots \qquad （1-1）$$

① 中华人民共和国教育部. 中国职业教育发展报告（2012—2022 年）[J]. 职业技术教育，2022，43（24）：69-77.
② 习近平. 高举中国特色社会主义伟大旗帜 为全面建设社会主义现代化国家而团结奋斗 [N]. 人民日报，2022-10-26（1）.
③ ANTRAS P, CHOR D, FALLY T, et al. Measuring the upstreamness of production and trade flows[J]. American Economic Review, 2012, 102(3): 412-416.

其中 F_i 表示 i 产业部门的最终产品，Y_i 为 i 产业部门的最终产品的总产出，而 a_{ij} 表示生产 1 单位 j 部门的产出所需的 i 部门的投入，即 $a_{ij} = \frac{Z_{ij}}{Y_j}$，其中 Z_{ij} 表示由 i 部门生产并由 j 部门使用的中间投入产品增加值。

图 1-1 是基于投入产出表从宏观角度测算的 2007—2021 年主流国家（地区）的制造业平均"GVC 上游度"[①]，该指标最终值越大，说明该国在生产过程中到达最终产品的距离越远，该国在全球价值链中的地位越低。从 2007 年至今，中国的上游度曲线一直位于整张图表的最上方，说明在现有的测算国家（地区）中，中国一直位于价值链的最底端，上升空间巨大。截至 2022 年底，我国货物贸易总额已占全球总份额的 11%，位居世界第二[②]。但我国主要是以低廉的劳动力与生产成本优势嵌入全球价值链，并逐渐发展为"世界工厂"，在开辟对外开放新赛道、增强新动能方面后发力存在不足。随着经济社会发展需求的改变，需要进一步打造国家化技术技能人才培养高地，提升贸易竞争力。

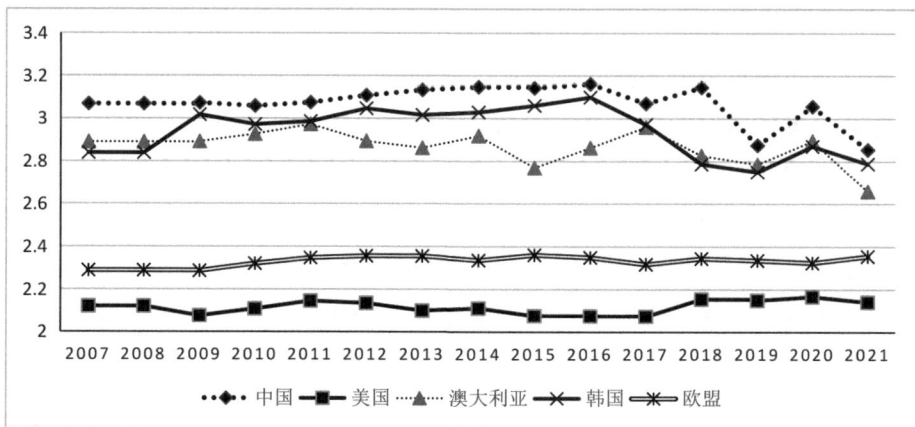

图 1-1 各国 GVC 上游度比较

资料来源：亚洲开发银行（ADB）数据库的投入产出表，时间范围 2007—2021 年。

[①] GVC 上游度：产品在生产过程中衡量中间产品与最终产品之间距离的指标。
[②] 公欣. 十年高水平对外开放 中国同世界共创发展机遇 [N]. 中国经济导报，2022-09-27（1）.

1.1.1.2 职业教育还未实现与经济高质量发展的充分融合

现阶段职业教育还未实现与经济高质量发展的充分融合，需要明晰现阶段职业教育对经济发展质量的制约因素，推动职业教育不断适应经济发展的需求，为经济高质量发展提供更多有力支撑。

第一，职业教育发展的不足制约着现代化经济体系的建设。职业教育作为我国人力资源开发的重要组成部分，国家对于职业教育的发展给予了大量的经费与政策支持。但是，就目前发展趋势来分析，职业教育事业的发展速度并没有与经济高质量发展的步调保持一致，存在着一定的滞后性。新常态下，面对新使命与新挑战，职业教育发展不足会严重制约建设现代化经济体系的步伐，是经济高质量发展的内在制约因素。

第二，实体经济与制造业的发展需要职业教育能力的提升。我国传统制造业过多依靠资源投入，具有能耗过大、环境污染等弊端，需要进行产业结构升级。在产业结构升级过程中，原有的产业工人不能满足生产中高端制造、智能制造的需要，亟须培育高级技工人才，帮助制造业形成具有更高附加值的产业链，增强资本动力。实体经济与制造业发展作为我国经济转型阶段的重要着力点，需要在生产技能、人才能力等方面进行提升。制造业的发展需要的是发展高端制造、智能制造，即形成具有更高附加值的产业链。此阶段对于技能人才的需求水平，以及对于培养相关特殊人才的职业教育院校都提出了更高的要求。技能开发在工业化 4.0 阶段起着更为重要的作用。在传统认知中，个体获得技能的过程是伴随着人生发展阶段即"小学—中学—高等教育—职前培训"而逐步展开，所以，通常会以个体受教育程度判别个人技能水平的高低。伴随着市场分工的逐渐深化发展，职业教育需要面临更为复杂的技能需求，而技能需求又受到经济、市场等多重复杂因素的影响，而技术的供给则需要依靠的是技能教育的培训系统。所以，职业教育在经济转型阶段，更为重要的应是将职业教育培训重点放在提供适应经济转型模式、以技能深度开发为目标的终身可持续性职业教育上。

第三，高层次人力资本的体量限制中国出口企业的创新产出。《2023

全球人才竞争力指数》显示，我国的全球人才竞争力排名仅为第 40 位[①]。这说明我国的劳动力人口虽然基数较大，但是整体的质量提升空间依旧很大，人力资本投资相较于发达国家也存在着较大缺口。改革开放以来，我国凭借自身生产要素成本低廉的优势，吸引了大量外国企业的投资，成为"世界代工厂"。规模大而质量低的"三来一补"[②] 产业模式帮助中国企业通过低价竞争的优势赢得了短期利润，但是，伴随着我国人口红利逐步消失、生产要素成本上涨，刘易斯拐点将会是人口转变的必经阶段，企业也极易陷入"低端锁定"困局；加之我国经济发展在逐步由要素驱动向创新驱动转移，破解"低端锁定"困局，需要加速培养高层次人力资本，提升企业创新产出与价值捕获能力，塑造高质量发展新动能。

2022 年底出版的《中国人力资本报告 2022》显示，我国目前劳动力人口平均受教育年限为 10.7 年（其中城镇为 11.6 年，乡村为 9.2 年）[③]，"十四五"规划中明确提出，2025 年"劳动年龄人口平均受教育年限提高到 11.3 年"[④]。目前劳动人口受教育年限距离目标还有一定的成长空间，需要进一步加大高层次人力资本投入，帮助刺激企业新产品的产出、提升企业产品出口质量、增强国家国际竞争力。同时"十四五"规划也针对如何发展职业教育促进经济高质量发展的问题，提出"增强适应能力"的方针，即职业教育要适应当地的经济发展阶段，做到同频共振，合理优化院校人才供给与当地经济、产业发展客观人才需求的匹配程度，尽力减免资源浪费，为当地产业发展培育特色技能人才。

1.1.2 问题提出

本书聚焦于研究职业教育促进经济高质量发展这一重大问题，论证职业教育促进经济高质量发展的重要作用与作用机制，以破解职业教育对经济高质量发展支撑力不足等现实困境，具体研究从以下两方面展开。

---

① https://fgc.zjnu.edu.cn/2023/1129/c16734a453845/page.htm。
② 三来一补：来件装配、来料加工、来样定制、补偿贸易。
③ http://humancapital.cufe.edu.cn/index.htm。
④ 第十三届全国人民代表大会第四次会议关于国民经济和社会发展第十四个五年规划和 2035 年远景目标纲要的决议 [J]. 共产党人，2021（5）：23-24.

第一，论证职业教育促进经济高质量发展的重要作用。目前职业教育与经济高质量发展的相关研究主要是围绕职业教育对于合格劳动力的培养，并就职业教育对于促进制造业的经济效益提升进行部分实证研究，对于本书具有一定的参考意义，但是在职业教育促进经济高质量发展的系统性分析方面存在不足。因此，本书拟在微观、中观和宏观三个层面结合职业教育的特点，立足马克思主义政治经济学视角，从理论与实证两个层面深入探索职业教育对经济发展质量提升的重大作用。与此同时，由于职业教育对于经济高质量发展的促进作用仍未能充分发挥，对如何打通堵点、提升经济高质量发展水平的研究，也具有重要的研究意义和实践价值。

第二，探索职业教育促进经济高质量发展的作用机制。习近平总书记强调"职业教育与经济社会发展紧密相连，对促进就业创业、助力经济社会发展、增进人民福祉具有重要意义"[1]。然而，面对经济高质量发展的新趋势，以往的理论已经不适应以全要素生产率提升为特征的内涵式增长的新经济发展要求。从现实情况来看，已有的经济类相关专家研究成果论证了职业教育对经济发展的作用，但是没有探索职业教育促进经济高质量发展的作用过程和内在机理，即职业教育以何种方式、何种作用机制对经济高质量发展产生影响，为本书探索职业教育促进经济高质量发展影响的路径提供了一定的理论空间。

1.2 研究意义

本书基于建设现代化经济体系的背景，从构建新发展格局视角，以扩大内需为切入点对职业教育促进经济高质量发展的重要作用与作用机制进行了较为深入的研究。微观层面主要分析了建设现代产业体系中职业教育和要素投入促进生产力发展的内在逻辑；中观层面主要分析了数字经济时代职业教育在解决就业极化问题方面的促进作用；宏观层面主要分析建设现代经济体系中职业教育与经济内循环的机制，以及职业教育增强国际竞

---

[1] 习近平向世界职业技术教育发展大会致贺信 [N]. 人民日报，2022-08-20（1）.

争力、促进经济外循环的机制。

在理论意义方面，本书通过运用马克思主义政治经济学、新结构经济学理论等扩展了职业教育促进经济高质量发展的基础理论。在明确职业教育、经济高质量发展等相关概念的基础上，从马克思主义政治经济学视角切入，阐释了职业教育促进经济高质量发展的重要作用与作用机制。

在现实意义方面，本书坚持问题导向，把建设现代化经济体系过程中制约经济高质量发展的障碍作为研究着力点，从理论与实证双角度切入，阐述职业教育促进人力资本提升、加速产业结构升级、突破低端锁定困局、缓解就业极化问题、促进经济高质量发展的作用机制。本研究对支撑我国产业创新提能、加速世界重要人才中心建设、发挥职业教育对经济的支撑作用具有重要的现实意义。

1.3 研究思路、方法及结构

1.3.1 研究思路

本书从马克思主义政治经济学视角，研究职业教育对经济高质量发展的基础理论、重要性与作用机制。首先，结合现有文献与理论基础，对职业教育促进经济高质量发展的内在联系进行分析，进而从理论层面论证职业教育促进经济高质量发展的重要作用与作用机制，基于此建立面板模型，以技术效率为抓手验证理论层面职业教育的相关影响因素对经济高质量发展的促进作用。最后结合理论与实证，提出职业教育促进经济高质量发展的实践路径。具体研究思路如下。

第一部分，职业教育促进经济高质量发展的理论研究。运用马克思主义生产力理论、新结构经济学理论、资本有机构成理论、社会资本再生产理论、经济增长理论和人力资本理论等，分析职业教育与经济高质量发展的内在联系。从新发展格局视角，阐明职业教育对于推进乡村振兴、区域协调、产业结构优化升级与对外开放等方面的重要作用；分析职业教育通过提升人力资本水平缩小城乡收入差距，通过提高人力资本质量助推全要素生产率提升，通过完善经济发展软环境促进产业结构升级，通过打造技术技能人才培养高地增强国际竞争力等促进经济高质量发展的作用机制，为全文提供理论支撑。

第二部分，职业教育促进经济高质量发展的历史与现状分析。首先梳理我国职业教育与经济共生发展的百年演进脉络；其次，结合相关统计数据，进一步剖析职业教育发展以及我国经济发展质量的状况，进而对于现阶段职业教育促进经济高质量发展的优势与不足进行探讨，为后文的理论与实证研究提供具体问题导向。

第三部分，职业教育与经济高质量发展的实证分析。使用系统耦合理论、面板回归分析等从实证层面建立模型，以技术效率为抓手验证了理论层面职业教育促进经济高质量发展的重要作用与作用机制。在此基础上，对于职业教育促进经济高质量发展的空间相关性和相关政策效应进行扩展性分析。

第四部分，研究结论与对策建议。结合前文理论与实证，凝练研究结论，针对现实问题提出相应的对策建议，为更好地发挥职业教育对经济高质量发展的促进作用提供支撑。

1.3.2 研究方法

第一，文献研究法。首先，检索大量文献，以全面了解国内外所有关于职业教育与经济发展方面的研究；其次，对文献资料进行整理，并总结当前已有研究的相关结果、趋势及其有待研究和认真推敲之处，梳理论文内容并做出综合评述；最后，在此基础上提出本书的主要研究内容，并以此建立合适的研究框架。文献研究法是本研究在最开始部分所采用，并贯穿于整个研究过程的主要方法。

第二，历史与逻辑演绎法。梳理我国职业教育与经济共生发展的百年演进脉络，运用马克思主义政治经济学、新结构经济学理论等，分析职业教育与经济高质量发展的逻辑关系。同时对于职业教育对经济高质量发展的重要作用、职业教育促进经济高质量发展的作用机制进行多维度探讨，基于此得出职业教育促进经济高质量发展的路径，并深入剖析职业教育促进经济高质量发展的重大意义。

第三，实证分析法。运用 Stata 15、VOSviewer 等软件，使用多种模型对与职业教育促进经济高质量发展相关的多项指标进行建模分析。其中系统耦合模型从现实层面论证职业教育对经济高质量发展的意义，分析职业教育与经济发展的相关程度；面析回归模型从不同视角切入，探索职业教育的资源配置效率对经济高质量发展的影响机理；分样本回归分析职业教育对各地区间经济发展质量的差异，空间计量模型测度职业教育对经济高质量发展的空间相关性，双重差分法测度职业教育对经济发展质量提升的政策效应。多种实证分析方法的运用为本书实证结论的提出奠定了坚实的基础。

1.3.3 研究结构

第一章为绪论。阐述职业教育促进经济高质量发展的研究背景，研究思路、方法及结构，提出本书的创新点与不足。

第二章为理论基础与文献综述。首先，对职业教育及经济高质量发展的内涵与外延进行分析。其次，运用马克思主义政治经济学、新结构经济学理论等进行理论构建，进而以 CiteSpace 和 VOSviewer 软件为主要分析工具，对职业教育促进经济高质量发展方面已有的国内外文献加以剖析，为进一步研究职业教育促进经济高质量发展提供逻辑起点。

第三章为职业教育促进经济高质量发展的机理分析。首先基于建设现代化经济体系，分析职业教育与经济高质量发展的辩证关系，进而以立足新发展阶段、贯彻新发展理念、构建新发展格局的角度对于职业教育促进经济高质量发展的内在逻辑、职业教育促进经济高质量发展的作用机制进行多维度探讨，深入剖析职业教育在促进经济高质量发展中的重要意义。

第四章为职业教育促进经济高质量发展的历史与现状分析。首先，梳理我国职业教育与经济共生发展的百年演进脉络；进而结合教育部、国家发展改革委、国家统计局等部门近十年的相关数据，进一步剖析职业教育发展以及我国经济发展质量的状况，对于现阶段职业教育促进经济高质量发展的优势与不足进行总结，为后续的实证研究提供参考。

第五章为职业教育促进经济高质量发展的实证分析。首先，构建系统耦合协调指数对职业教育规模程度与经济高质量发展进行系统耦合分析，论证职业教育的发展能力与经济高质量发展的相关关系。其次，运用面板回归模型分别从资本积累、创新驱动、产业升级、就业渠道四个视角切入，分地区深入探究职业教育对经济高质量发展的作用机制与作用路径。然后，对于职业教育促进经济高质量发展的空间相关性和相关政策效应进行扩展性分析。本章在论证本书研究意义的同时，对于我国各区域中阻碍经济高质量发展的问题进行探究，为后文的对策建议提供实证支撑。

第六章为研究结论与对策建议。总结前文的研究结果，凝练研究结论，并针对现实存在的客观问题提出相应的对策建议，为建设现代化经济体系、构建新发展格局、推动中国式现代化建设提供具体参考意见（见图1-2）。

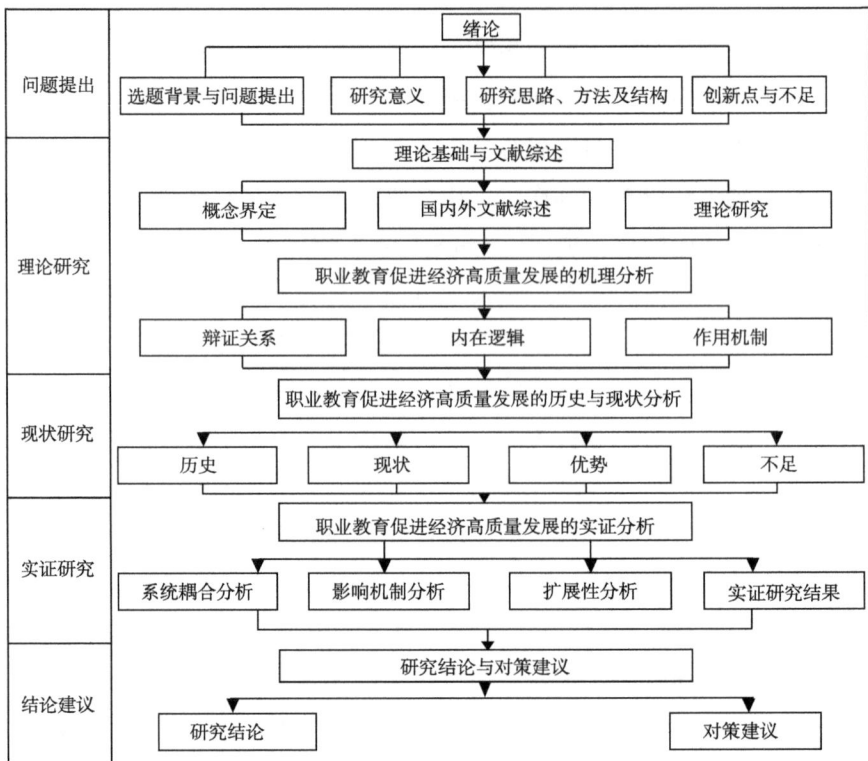

图1-2 逻辑框架图

1.4 创新点与不足

本书的创新点主要有四个方面。

第一，本书基于马克思主义政治经济学理论，从微观、中观和宏观层面，分析了职业教育促进经济高质量发展的政治经济学理论逻辑。在微观层面，将马克思主义生产力理论、劳动价值理论与人力资本理论作为理论基础，论证人力资本和物质资本的扩张会以渗透或替代的模式加速资本积累、扩大现有生产力；中观层面将资本有机构成理论作为理论基础，论证人力资本水平提升可以知识积累与迭代方式加速技能偏向型的技术进步、提升数据要素生产能力、改善创新要素发展环境加速产业结构转型升级；宏观层面将社会资本再生产理论、经济增长理论作为理论基础，论证扩大劳动力收入水平对增大生产资料积累具有显著影响，为研究扩大中等收入群体、构建以扩大内需为战略基点的新发展格局提供了理论基础。马克思主义政治经济学的相关理论为具体分析职业教育与经济高质量发展的辩证关系、阐明职业教育对经济高质量发展的重要作用及其作用机制奠定了理论基础、提供了科学指导。

第二，本书阐述了建设现代化经济体系背景下职业教育促进经济高质量发展的辩证关系。本书以马克思主义政治经济学、新结构经济学等理论为基础并进行拓展，分析了现代经济体系中教育和技能要素投入促进生产力发展的机理，拓展了马克思主义资本有机构成理论，提出了技术资本有机构成概念，分析了数字经济时代职业教育对解决就业极化问题的促进作用，运用马克思社会再生产理论进行模型推导，分析建设现代化经济体系中职业教育与经济内循环的作用机制，以"突破低端锁定"的角度，分析高层次人力资本投入与出口企业产品竞争力的关系，论证职业教育以资源整合的方式提升所在企业生产率、创新能力，并通过资源互补方式拓宽企业成本加成渠道、中间品配置渠道，促进企业附加值提升，进而增强国际竞争力，促进经济外循环。

第三，本书揭示了职业教育促进经济高质量发展的作用机制。本书将"新发展阶段、新发展理念、新发展格局"作为研究职业教育促进经济高质量发展的核心逻辑，从全面推进乡村振兴、区域协调发展、建设现代化经济体系、对外开放四个维度论证了职业教育促进经济高质量发展的重要作用，从劳动与就业、资本积累、全要素生产率、创新驱动、产业结构、对外开放等方面展开分析了职业教育对经济高质量发展的作用机制，深化了职业教育与经济高质量发展之间的理论研究。

第四，本书论证了职业教育对经济高质量发展的促进作用。本书在实证层面，使用系统耦合理论、面板回归分析、空间计量等从实证层面建立模型，以技术效率为抓手，验证了理论层面职业教育对经济高质量发展作用机制的有效性；使用分样本回归，从省级和区域层面研究了职业教育对于经济高质量发展的影响。实证部分补充与完善了现有的经济增长理论，为当前职业教育促进经济高质量发展的理论提供了经验证据，为后文的对策建议提供了理论支撑。

本书的研究过程是同时涉及新结构经济学、教育经济学和政治经济学的跨学科研究，所研究的问题本身就存在动态复杂关系。本书试图从马克思主义政治经济学的视角进行探索，但由于资料收集的局限性，实证研究部分对于职业教育相关的变量资料选取只采用了中等职业教育部分。在未来的研究中，还可以扩大研究范围，更为精准地针对职业教育促进经济高质量发展的相关问题，做进一步的深入研究。

第 2 章
理论基础与文献综述

　　本章分为概念界定、文献综述与理论研究三部分。第一部分为概念界定，在此分别对职业教育、经济高质量发展进行内涵、特性分析。第二部分为文献综述，分为国外研究现状与国内研究现状，在国内研究现状分析时，采用了量化分析的方式更为细致地针对经济高质量发展进行剖析，为归纳职业教育与经济高质量发展互动关系进行铺垫，为后文分析二者之间的理论关系奠定良好基础。第三部分运用马克思主义政治经济学、新结构经济学理论等进行全书的基础理论研究。

2.1　概念界定

　　职业教育的发展过程是同中国国情与市场经济发展规律相融通的过程。研究职业教育促进经济高质量发展的原因与作用，需要先明晰职业教育、经济高质量发展的内涵与特性，在明晰相关基础概念基础之上再具体分析两者辩证关系。本章首先是对于职业教育的内涵分析，在内涵分析基础上对其概念进行了界定；其次对于经济高质量发展的含义及特性进行深入归纳，为后文分析二者之间的关系奠定良好基础。

2.1.1　职业教育的内涵与外延

2.1.1.1　职业教育的内涵分析

　　职业教育的本质属性为促进就业，承担着为国民经济与产业高质量发展提供人力资源储备的重要任务。从促进就业的角度进行分析，职业教育对于解决我国多层次、宽范围的产业链中人才需求、产品智能优化等具有重要意义。

　　在我国，职业教育相较于普通教育发展时间较短，成熟度不足，相关理论研究、实践探索都需要逐渐深化与丰富。结合当下实业强国的特征，针对中国特色职业教育的内涵及其特征的基础性研究具有重大意义。

　　对于职业教育的具体定义，在不同的国家与地方、组织中均有着不相同的名称，比如：1974年，联合国教科文组织通过使用"技术与职业教育"这一名词，点明职业教育是保持现代文明同经济社会发展步调一致的复合手段；国际劳工组织则将其定义为"培训与职业教育"。

在我国，伴随着实践探索，职业教育的称谓也随着时代变化，逐渐丰富内涵、提升层次。1922 年的职业教育模式是"壬戌学制"，开始将职业教育带上了我国的发展道路，后来随苏联称之为技术教育。改革开放后，首次提出了职业技术教育。细谷俊夫[①] 就职业教育同技术教育差异问题的讨论，拉开了我国对于职业教育探索研究的帷幕，1996 年的《中华人民共和国职业教育法》统一了"职业教育"这一术语，并尝试对于初中后的教育模式进行分流，职业教育也在此时被分为了初、中、高三个层级。其后，"三改一补"的措施（改革已有高职高专、职业大学以及成人教育学院，将部分中专补充进高职院校）也促使高等职业教育的发展速度大幅提高。

根据职业教育在我国的发展脉络，可以从以下五个方面进一步认识职业教育的内涵特性。

丰富性。职业教育本身是一种宽泛且具有开放性的教育类型，包含种类丰富；受教育场所也并不局限于学校，可以是非正规性质的特定岗位式培训，也可以是学校正规培训，可包含知识类传授、技能型实践类培训，也可以为就职进行职前与职后培训或专能专训。

开放性。开放性体现在培训对象上：培训对象并没有特殊限制，可以为在校学生、在岗人员、从业人员、退休人士等，具有大众化的特性。开放性体现在办学模式上：学校除了进行知识和技能教育，还可以在生产、管理和一线企业中进行培训。开放性体现在培训内容上：培训内容既包括专业知识与技能，也包括生产生活所需的知识以及思想教育相关知识训练。开放性的职业教育为学习本身降低了门槛，真正做到了教育面向人人。

融合性。职业教育具有高度融合性，其与基础教育的融合程度高。现阶段，基础教育院校会定期开展相关职业教育培训课来帮助学生接触到各个方面的工作类型，提前引导学生了解自身的职业兴趣点，帮助学生提早明确人生规划，做到职业教育反馈于基础教育。同时，其与高等教育的融合程度也较强，可以与高等教育学生进行学术活动交流，形成高层次的技

---

① 细谷俊夫. 技术教育概论 [M]. 上海：华东师范大学出版社，1985.

术创新流动。从教育外部性来看，职业教育应加强与产业、企业、就业市场和社会的整合，树立以服务求生存、以贡献求发展的办学理念。

发展性。职业教育的首要目的是就业，需要职业教育院校依据社会经济生产过程中的实际需求动态改变教学内容，方便适配企业用人需求；需要职业教育体系在建设过程中具有前瞻性，以发展的眼光与思维去不断完善整体教学体系，提升自身层级。

针对性。职业教育本身是以市场为导向的技能培训模式，上文所叙述的丰富性、开放性与融合性的职业教育特质告诉我们，职业教育是一个具有多年龄层次、多种教育方式与宽范围教育类型的特殊教育。因此，针对不同层级与类型，需要针对性建立不同的培养模式，精准授课。

2.1.1.2 职业教育的概念界定

本书重点研究的内容是职业教育对于经济高质量发展之间的辩证关系，需要立足于我国的职业教育发展情况来细化研究，所以，对职业教育范畴的研究尤为重要。目前，国内对于职业教育的相关理论建设仍然较为薄弱，所以，本书在此有必要进行深入探讨。

关于"职业教育"的定义，应从广义与狭义、内部与外部等多重角度来分析。王川[1] 将职业教育从类型方面界定为一种实践活动。欧阳河[2] 从从属角度将职业教育定义为"为技能型人才所提供教育的服务"。不过像欧阳河[3] 所论述的那样，职业教育就只是"教育服务"是不全面的，并未考虑职业教育自身的功能属性，反而将职业教育与普通教育的功能属性混淆了。董仁忠[4] 把职业教育同普通教育加以对比，职业教育与之差异主要表现在培养目标和教育方式两个方面，即以就业为主要导向，以培养实用技术型人才为主体目标，以产教融合为培养方式。可见，片面化地认识职业教育是失之偏颇的，我们需要进一步追求其本质，靳伟

---

① 王川. 论职业教育的内涵与本质属性 [J]. 职教论坛，2005（16）：4-9.
② 欧阳河. 职业教育基本问题初探 [J]. 中国职业技术教育，2005（12）：19-26.
③ 同上.
④ 董仁忠. 演变、内涵界定及类型：职业教育概念再探讨 [J]. 职业技术教育，2008，29（1）：5-8.

才① 以对职业教育本质的认识为出发点，将职业教育定义为就业预备教育，认为其本质就是初始职业化。但是，这种观点就是潜意识将职业学校教育归纳为了职业教育的全部，而忽略了诸如扫盲教育、没有文化的农民的技术培训等其他类别的职业教育。

就其称谓而言，目前常见提法有职业教育、职业与技能培训、职业技术教育培训等，提法有很多，但是其所指代的含义相同。联合国教科文组织在 2001 年对它的特点进行归纳，认为职业教育具备发展可持续、全年龄段、消除贫困等特点②。国内认可的职业教育相关内涵与外延分为三方面：职业教育、技能教育、职业训练。2022 年新修订的《中华人民共和国职业教育法》将职业教育界定为"为了培养高素质技术技能人才，使受教育者具备从事某种职业或者实现职业发展所需要的职业道德、科学文化与专业知识、技术技能等职业综合素质和行动能力而实施的教育"。廖策权③ 则依据不同的使用场景，分类归纳了现有的职业教育名称称谓。由上述观点可以看出，学者们对于职业教育的讨论针对性较强，且更多谈论的是职业教育的特性问题。

表 2-1 依据廖策权④ 的分类方法，对我国现有的职业教育相关称谓进行了分类。由表 2-1 可以看出，就我国目前的状态，还未对职业教育的称谓形成统一的看法。细究来看，本书应从学术讨论的观点，将职业教育的名称使用为"职业技术教育"。但是，与学术文献研究的不同点在于，职业教育从内容上划分，除包含职业技术教育之外，还应添加职业伦理与职业态度⑤。基于上述讨论，可以将职业教育进一步细化如下。

① 靳伟才. 正确认识职业教育的本质 [J]. 当代教育论坛，2005（7）：119-121.
② 刘来泉. 世界技术与职业教育纵览——来自联合国教科文组织的报告 [R]. 北京：高等教育出版社，2002.
③ 廖策权. 我国职业教育名称的理性选择：多元化调合——源于对高职院校校名的思考 [J]. 职业技术教育，2018，39(31)：39-43.
④ 同上。
⑤ 崔发周. 我国职业技术教育系统边界及变化趋势 [J]. 职业技术教育，2021，42（16）：47-54.

表 2-1　职业教育的名称差异与使用途径

职业教育的称谓划分		称谓	使用途径
以使用层次划分	国家意志	职业教育	政策性文件等
	学术研究	职业技术教育	著作，期刊等学术讨论
	施教机构	职业技术学院（校）	高职或中职学校名称
		职业学院	
		高等专科学校	
以培养目标划分		职业教育	培育熟练工
		技术教育	培育技术人员
		专业教育	培育工程师

第一，职业教育有自身特点，但不同于普通教育的特殊"教育类型"[①]。职业教育不能是从属于普通教育范畴下的教育，除了自身拥有初、中、高级的职业教育体系，也会以职业资格证书考试、职业培训等形式贯穿于普通教育之中，具有十分广泛的应用范围。

第二，职业教育有针对性。首先，职业教育是依据市场导向进行专门化技能培训的特殊机构，需要针对市场变化情况，专门化动态调整教学目标与课程体系。其次，各个产业对于人才的需求层次存在差异，这就需要不同类型、等级的职业教育院校对学生进行分层次教学培训，这也在极大程度上考验着职业教育的针对性，鲜明的职业性从不同层面反映了职业教育的针对性特征。

在针对性的基础上进行细化分析，可以看出，职业教育的最终目的是为市场培训具有职业素质的个体，即帮助个人达到能够驾驭某职业的能力。其注重培养的是劳动者个人的职业知识、素质、态度与技能。所以，结合来看，本书对于职业教育的界定如下：职业教育指具有针对性的，以职业知识、态度与技能为培训内容，以提升个人职业素质为目的的教育。

在明确职业教育的概念界定后，为把职业教育作为一个单纯的系统，我们需要进一步明确其所包含的对象。运用结构分析法，本书将进一步分

---

① 姜大源. 职业教育学研究新论 [M]. 北京：教育科学出版社，2007：1.

析职业教育的类型，如图 2-1 所示。

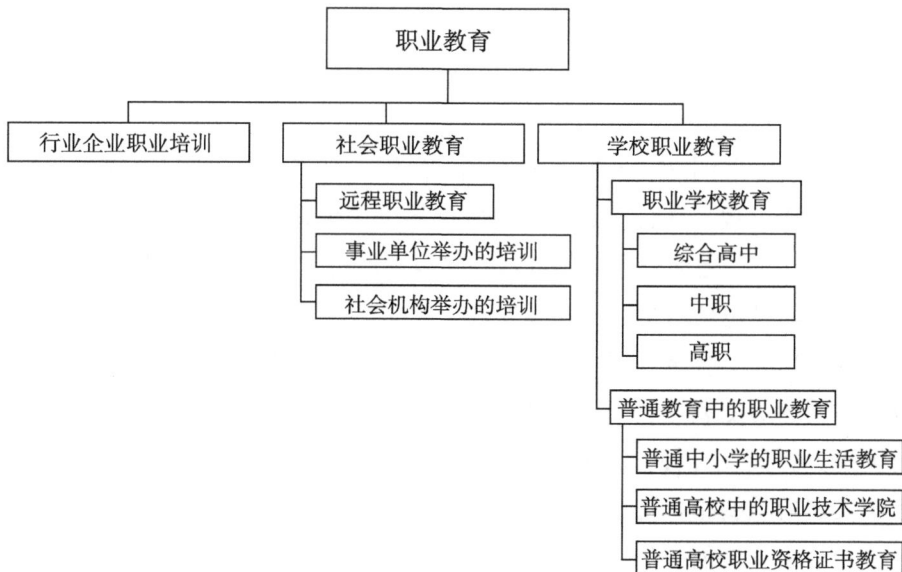

```
                        职业教育
        ┌──────────────┼──────────────────┐
  行业企业职业培训      社会职业教育          学校职业教育
                    ┌── 远程职业教育         ┌── 职业学校教育
                    ├── 事业单位举办的培训    │   ┌── 综合高中
                    └── 社会机构举办的培训    │   ├── 中职
                                            │   └── 高职
                                            └── 普通教育中的职业教育
                                                ┌── 普通中小学的职业生活教育
                                                ├── 普通高校中的职业技术学院
                                                └── 普通高校职业资格证书教育
```

图 2-1　职业教育的类型

图 2-1 介绍了职业教育的相关类别划分。如图所示，整个职业教育系统可以分成三大类，其中大家认知较多的为学校职业教育，但大家对于其他两类的认知还相对较为薄弱。怎样充分发挥职业教育的特殊属性，从根本上打通普通教育和职业教育的交流途径；在社会职业教育方面，实现多层次的教育培训模式，促进各类人群的技能提升；行业企业职业培训方面，实现全国范围的技能培训覆盖是我们需要深入探讨的问题，同时这也对经济高质量发展大有裨益。

2.1.2 经济高质量发展的内涵与外延

本小节在阐述经济高质量发展内容方面，从发展、高质量发展、经济高质量发展三个方面层层递进，通过运用马克思的技术创新理论、社会再生产理论与生产力理论，分别从微观、中观与宏观三个视角对于经济高质量发展的内涵展开阐述，并基于内涵剖析，进一步提出经济高质量发展具有稳定性、高效率、低耗性和协调性的特征。

2.1.2.1 经济高质量发展的内涵

研究经济高质量发展的内涵应从明晰"发展""高质量发展""经济高质量发展"内涵的角度层层递进，以更深入全面的剖析经济高质量发展的内涵。

首先，需要明晰"发展"的内涵。发展本身指一个动态且富有连续性的社会变化过程，在哲学意义上将发展界定为事物的从低阶到高阶，从量变到质变，并在运动和改变的过程中逐步发现物质世界规律性的变化过程，其发展阶段可包括从初级—逐渐发展—质变[①]。

韩喜平和王晓慧[②]认为发展本身就具有历史性与具体性，在各个时期具有不同的历史属性，所以，辨析发展的含义，就应当根据其发展历史来辩证地分析其差异性。20世纪50年代，经济学家们把实现经济增长当作社会发展的重要指标加以深入研究，决策者们也将经济的发展速率视为对经济与社会发展的必然需要，并且认为经济总量的迅速增长也能够透过利益扩散的方法来提高社会福利。不过仅研究经济增长，对人民的生活需要并没有太大的改变。在20世纪70年代，伴随着对于经济增长的深入讨论，经济学家们开始意识到发展并不应仅以经济增长作为个体研究，还应考虑贫困程度、社会构成、国家制度等多方面因素。1973年，世界银行行长罗伯特对于1960年以来的经济发展做出评价：虽然发展中国家的国民生产总值在10年里具有空前增长，但是40%的贫困人口在就业、平等和收入方面几乎没有改变，依旧处于绝对贫困范畴。基于此，迈尔（Meier）和西尔斯（Seers）[③]对于此阶段的发展做进一步阐释，认为发展应考虑三方面的变化：贫困问题、失业、不平等。

对于发展的多方讨论，促使世界银行与相关专家改变现存发展模式，并将发展重点放在了消除绝对贫困、满足民众日常生产生活的需求之中，将发展定义为经济增长与社会变革的有机结合。1980年后，丹尼斯·古雷

---

① 邴正. 邴正讲演录 [M]. 长春：长春出版社，2012：114.
② 韩喜平，王晓慧. 21世纪中国马克思主义政治经济学的建构 [J]. 治理现代化研究，2019（1）：25.
③ MEIER G M, SEERS D. Pioneers in development (English)[M]. Published for the World Bank, Oxford University Press, 1984.

特① 又对发展的内涵进行了新的认定，认为发展不仅是经济学中经济收入与社会平等的问题，更是一种精神状态，认为发展过程应将政治理论与经济理论相结合，是既包含经济增长、消灭不平等与贫困，还包括社会结构、民族观念和民族制度等的多元整合过程。

在汇集主流的对于发展内涵的谈论之后，发展经济学学者对于发展的内涵达成了统一的理解，并将其列入主流的发展经济学教材中。他们认为发展具有三个核心组成部分：基本生活需求（有满足基本生活需要的能力）、自尊（作为一个人）、选择的自由（扩大个人与国家在经济与社会选择范围的能力）。

基于以上讨论，本书认为发展具有两重阶段，第一阶段为经济总量与国民生产总值的增加，第二阶段为在经济增长的基础上对于效率、结构与体制的优化调节，并在调整与前进的过程中实现人的全面发展与中华民族伟大复兴。

其次，需要明晰"高质量发展"的内涵。在中国经济发展步入新时期的历史机遇下，推动高质量经济发展是我国发展社会主义事业和全面建成小康社会，减缓主要矛盾的必然要求。洪银兴② 指出，高质量发展是高效率的投入和高效益的生产；王一鸣③ 立足于微观、中观、宏观三个层面进行剖析，从微观层面来看，高质量发展应从提升产品质量与服务角度，围绕社会主义新阶段的人民对社会发展、产能扩大、经济提升、文化丰富、生态和谐发展等方面的向往，来进一步满足对应的物质文化需求；从中观层面来看，高质量发展应从改善产业结构进而改善消费与收入分配的结构角度，力求产业链的中高端发展与实现国民经济结构的均衡发展；从宏观层面来看，高质量发展应从对于国民经济的质量与效率的整体提升角度出发，建立健全国家宏观调控机制，改变生产力，提升国民经济的运行、增长与发展质量。

---

① GULETT D. Quality Development in Post-industrial Society[M]. New York: Oxford University Press, 1984.
② 洪银兴. 资源配置效率和供给体系的高质量 [J]. 江海学刊, 2018（5）：84-91.
③ 王一鸣. 大力推动我国经济高质量发展 [J]. 人民论坛, 2018（9）：32-34.

综上所述，各类学者对于高质量发展的概念界定具有多维度的特性。本书对其进行了全面的概括和界定。从广义上讲，新发展理念是高质量发展的重要指导思想，是适应社会主要矛盾转变、适应人民生活需求的新发展，涉及经济、社会和生态等多方面领域。高质量发展不但涉及经济领域的高质量发展，还包括文化、生态等国家治理领域的高质量发展。所以，必须在经济社会发展的基础上，解决好经济社会发展和社会、人文、生态文明、政治之间的关系。

从狭义上来说，和过去的高速经济增长不同，高质量经济发展是指国民经济在合理区域内的稳定快速发展，强调以更高的质量和效益进行可持续经济发展，即放弃以国民经济发展总量与速度作为单一标尺的国民经济快速发展模型，转变为以技术、消费、资本效益、产品提升等多维度标准为驱动的国民经济发展模型，这是对过去发展理念、模式、战略、动力和目标的整体优化与升级。也就是说，高质量发展不但重视提高质量和效益，也同时注重技术变革。综上所述，经济高质量发展是一个全面的变化，不仅是指经济运行的质量、效益和动力的变化，还是各领域各产业产品质量和效益的改善，以及企业内部结构的优化。它正在朝着更合理、更科学的，最终目标是朝着满足人们更好生活需要的方向奋力前行。

最后，进一步分析"经济高质量发展"的内涵。新阶段下，中国国民经济的高质量发展重点也开始由发展规模逐步转变为了提高发展质量。质态本身的变化，凸显出质量在当今发展阶段中的重要地位。钞小静和薛志欣[1] 采用马克思主义的相关理论，分析认为"质量"可以从微观、中观、宏观三个层面进行进一步阐释。

微观层面采用马克思的技术创新理论分析产品质量，即要使产品本身的使用价值满足于使用者的物质需求。任保平[2] 从微观角度认为，生产企业的产品改善需要基本要素的品质改善，而基本要素的品质改善取决于劳

---

[1] 钞小静，薛志欣. 新时代中国经济高质量发展的理论逻辑与实践机制 [J]. 西北大学学报（哲学社会科学版），2018，48（6）：12-22.

[2] 任保平. 新时代高质量发展的政治经济学理论逻辑及其现实性 [J]. 人文杂志，2018（2）：26-34.

动流程中对于工艺要求的变化，就是在投入与产出的比较状况下，降低劳动耗费。换言之，是以提升生产要素的整合效率、提升剩余价值向资本转换的使用效率来提升整体要素产出效率，从而提高产品质量。可见，创新生产可以促进各个要素之间的整合效率增殖[①]，进而增加剩余价值，提升产品质量，即微观层面实现产品的质量提升。

中观层面采用马克思的社会再生产理论分析结构平衡，两大部类的合理结构比例均衡是实现社会扩大再生产的基础要求。刘诗白[②] 认为，实现社会扩大再生产的基本公式是：可变资本和剩余价值之和等于不变资本，也可理解为第 I 部类中的生产资料服务于第 II 部类中生产资料的需求，而生产资料则会控制消费资料的产出。所以，保证二者的比例协调是为了保持高质量的生产需要。

宏观层面采用马克思的生产力理论分析经济高质量发展的实现路径，生产力的发展水平直接决定社会发展程度。生产过程中，生产效率与劳动所提供的价值量具有相同发展曲线，单位时间内产出的产品数量越多则效率越高。提升劳动生产效率也是质量提升的重要方面和主要路径。

综上所述，经济高质量发展的内涵可以总结为以下几个方面。第一，要素投入产出比高则质量提高，意指在单位要素投入既定下产出增进，或限定的产量条件下生产要素投入或环境代价较少。通过要素和要素投入效率的优化组合共同实现经济增长和质量发展，其内在逻辑是要素投入数量向效率转化，在全要素生产率的升级过程中突出经济增长的有效性与绿色性。第二，对国民经济体系的优化与提升，其内在逻辑是数量扩能、智力提升的结构性改革，是供给与需求结构、整体产业结构的整体优化，是实现产品质量提升、供给需求平衡、产业机构协调的过程。第三，实现经济发展的创新驱动，以提升劳动者素质、技术创新等来拉动经济增长，旨在满足实际所需的使用价值[③]，为新时期人民创造具有多样化、智能化、个

① 马克思. 马克思恩格斯文集（第六卷）[M]. 北京：人民出版社. 2009：44.
② 刘诗白. 改变中国命运的伟大战略决策（下）——论中国构建社会主义市场经济的改革 [J]. 经济学家，2008（5）：5-11.
③ 金碚. 关于"高质量发展"的经济学研究 [J]. 中国工业经济，2018（4）：8.

性化特点的商品和服务。

2.1.2.2 经济高质量发展的特性

经济高质量发展具有稳定性、高效性、低耗性与协调性等特性。

第一，经济高质量发展具有稳定性。国民经济的稳定运行是经济高质量发展的基础。经济运行状态越趋于稳定，整个经济发展得就越稳健，生产要素的配置和利用就越有效，经济发展的质量就越高。所以，经济的高质量发展应在持续稳定的基础上，依据客观情况进行中高速发展。经济发展质量趋势是衡量经济运行稳定性的重要指标，趋势波动越大则质量越差，趋势波动趋于平稳则经济发展质量越好。在此，本书借用徐洋[1] 2006—2017 年我国各地经济发展质量的变化趋势图（图 2-2）来进一步分析。可以看出，2006 年到 2017 年间，我国的经济发展质量整体呈现着平稳上升的趋势，本书在此不对细节做具体分析，就整体来看，稳定性是我国经济高质量发展的一大重要特点。历史经验来看，经济的高速增长并不利于国家稳定，我国的经济增速放缓是由数量向质量转化的重要体现方面[2]。

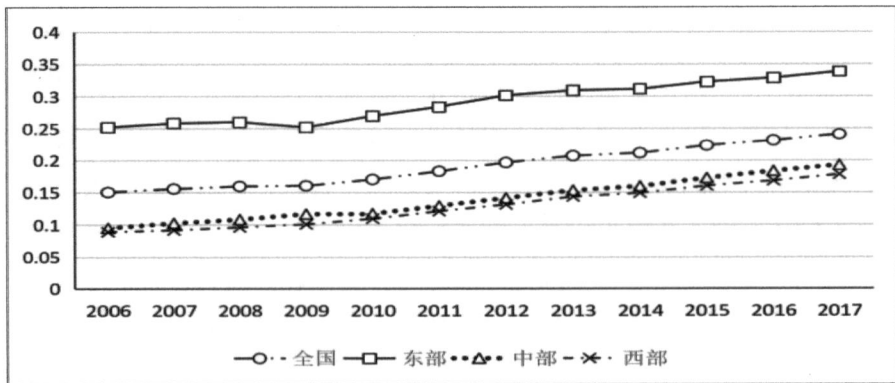

图 2-2　经济发展质量的变化趋势[3]

---

① 徐洋 . 我国环境规制对经济发展质量的影响研究 [D]. 辽宁大学，2020.

② 李变花. 中国经济增长质量研究 [M]. 北京：中国财政经济出版社，2008：110.

③ 徐洋. 我国环境规制对经济发展质量的影响研究 [D]. 辽宁大学，2020.

中高经济增长率意味着现实增速可以超过潜在的经济增速[①]。实际经济增长率与潜在经济增长率都是国民经济稳定增长的前提。当潜在经济增长率长期下降时，就可能面临着产能过剩、外债违约等各种风险。所以，提高潜在经济增长率对保持经济高速稳定增长，具有关键意义。蔡昉[②] 指出，如果全要素生产率的增速是在以年均约 1% 的速率平衡上涨，那么潜在增长率同样将以每年近 1% 的速率平衡增长。从而可以发现，二者具有正向的相对关系，应在全要素生产率方面做出一定努力。而从长期的角度看，我国经济增速维持相对平稳还是十分必要的。国民经济增速为避免大幅波动，应保持在合理区间范围，正确的宏观政策和稳健的金融环境，也是我国保持经济稳步增长的关键。单纯地追求经济快速增长或过量投资都容易导致经济增长不稳定。在中国经济增长速度由高速向中高速转变的经济条件下，宏观政策也应追求稳定的经济运行模式，制定符合国情的社会发展规划，更加注重推进改革和结构调整，用稳健的模式逐步提高投入产出效益。

第二，经济高质量发展具有高效性。高质量经济发展的重要特点，就是生产要素在生产、分配、交换和消费中的合理使用。作用于经济增长的所有物质资料都是有限和稀缺的。低质量性的经济发展通常指投入了大量的人力与土地资源且付出极大的环境污染代价而换取的少量经济收入。相较而言，高质量经济就是投入与产出比较高，且付出相对较小环境代价的经济类型。所以，在社会主义市场经济发展的正常运行流程中，我国政府应该不断地通过市场经济调节手段和改革市场方式、优化生产要素组合、提升生产要素产出效益等方法，来逐步实现社会经济效益的稳定增长，并通过使用等量或相对少量的生产资料来有效增长社会财富，从而实现商品质量持续提高、物价稳中向好的市场目标。

在高质量发展阶段，一个国家生产要素效率的提升不仅是某个工人、公司或产业的行为，而且是一个国家甚至整个社会的行为。在工业生产中，劳动者、生产资料和劳动力所涉及的所有生产力要素不仅需要的是投入总

[①] 洪银兴. 新编社会主义政治经济学教程 [M]. 人民出版社，2018：56.
[②] 蔡昉. 以提高全要素生产率推动高质量发展 [N]. 人民日报，2018-11-09（7）.

量的增长，更需要产出效率的提升与各要素配置效率的提高。在现有的生产技术能力束缚下，竞争过程会加速生产要素从低生产率企业向高生产率企业流入，而最终导致低生产率企业面临淘汰，进而提升社会整体的资源配置效率。在产品分配中，"消费资料的任意一种分配，都是生产条件本身分配的结果"[1]，所以，马克思论证了先有生产要素分配，再有产品分配。通过各要素的组合比例调整或要素投入集中等方式形成一定生产要素投入下的最高产出率以形成经济增长，这种经济增长的主要优势是更高的投资回报、企业利润、政府税收及工人收入。在交换中，土地、资本、劳动力等要素的进入和流出更加自由、畅通。这些生产要素在市场中相互交换，市场价格也能够体现其实际价值。在消费中，高质量的经济发展为人们提高收入的同时，也提高了社会的购买力水平，而供给体系也可以随着市场需求变化动态不断加以调节，并在下一次生产要素的整合过程中不断配合以适应多样化、高质量的产品生产和供应。市场商品与服务水平的提高，可以提升人们的生活质量、水平，构成经济系统的良性循环。

第三，经济高质量发展具有低耗性。其一，以过度资源开发作为生产代价的粗放型经济发展模式会严重降低经济发展质量，并会在未来要求人们为现在的生态资源破坏付出沉重的代价。现阶段，如何有效使用现有资源、减弱环境代价是对经济发展质量考核的重要考量点。高质量发展不仅关注的是社会生产的数量提升，更是对在环境约束下、减弱资源破坏、实现质量同数量有机统一的重要体现，也只有在生产要素没有对环境等资源产生破坏性损耗的情况下，实现可持续的经济增长才会变为可能。其二，"低能耗"不局限于环境损耗，还包括资源使用效率的低耗。这就意味着经济发展过程要重视各方科技要素优化整合，以提升资源利用效率来推动经济效益持续提升，反映在创新生态系统方面就是减低物质消耗、扩大产出、清洁生产与资源循环使用。如果我们可以更加高效地从源头上回收使用原材料，并在降低能耗的情况下获取经济增长，就可以在保护生态系统的条件下实现经济高效与可持续的运行。保护自然资源是生产可持续发展的前

---

[1] 中共中央马克思恩格斯列宁斯大林著作编译局. 马克思恩格斯选集（第三卷）[M]. 北京：人民出版社，2012：436.

提条件，只有在环保的前提下进行生产活动，经济发展才能可持续、人民的福祉才能有所保障。综上所述，判断国民经济高质量发展标准，还是取决于经济增长、绿色发展、人民生活质量。

第四，经济高质量发展具有协调性。国民经济结构是指国家在特定的生产关系下，经济系统的构成、功能和运行规律①，即为在特定系统组织框架下的综合体，需要各要素在整个国民经济体系中相互配合、协调比例，以实现社会再生产顺利进行。所以，国民经济结构的优化与升级能够极大地推动社会经济的健康高效发展，尤其是产业结构的新状况和变动，如第一、二、三产业结构合理化和高级化，消费、投入、产出的协同拉动，市场供应与总需求保持动态平衡，东西部地区差距、城乡间发展差异明显变小等。国民经济的主体比重和地区构成都比较合理，表明了国民经济的发展势头比较平稳，国民经济发展质量也较高。

2.2 国内外文献综述

本节首先对职业教育促进经济发展的国外相关文献进行归纳整理，进而使用量化分析的方式对于我国经济高质量发展相关研究的现状与前沿进行分析，并在此基础上进一步整理我国职业教育促进经济高质量发展作用机制的相关文献，为本书问题提供文献支撑。

2.2.1 国外研究现状

在国外研究现状方面，本书主要从经济发展过程中职业教育的作用机制研究、关于人力资本影响制造业结构升级的研究和政府对职业教育的功能定位研究三方面展开阐述。

2.2.1.1 经济发展过程中职业教育的作用机制研究

十九世纪，工业革命发展及其对于熟练工人的客观需要催生了西方的职业教育。两百年来，职业教育逐渐成为经济发展提供劳动力的主要支撑，

---

① 夏振坤. 发展经济学概论 [M]. 武汉：湖北人民出版社，2000：248.

为所在国家的生产效率提升发挥着巨大作用。因此，为了逐步扩大自身的经济发展水平和实力，世界各国相继制定各类职业教育发展战略，以加快推进本国经济的发展。其中，德、日、美三国的职业教育模式发展的较为成熟，也是进行全球职业教育研究的重要榜样。

经济的发展也推动着教育理论的革新。早在 18 世纪，经济学家们就开始重视职业教育的经济功效。亚当·斯密发现了职业教育的意义和功能，并指出"需要耗费巨大精力和时间来培育的特殊技能和熟练工人应该说相当于一台昂贵的机器"。舒尔茨① 的《论人力资本投资》促使理论化的职业教育出现，他认为人力资本通过教育来产生，而教育则是推动经济增长和社会发展的主要源泉和力量。然而，职业教育理论的创建时间至今也不过 60 年，研究还不算深入，更多学者还停留在以职业教育内涵式研究与企业需求等视角探讨职业教育发展中出现的问题。本书从实践视角主要探讨了职业教育对经济发展的作用机制，为我国经济高质量发展提供经验。

21 世纪前夕，职业教育的培训和教育功能在国外学者最初的研究中主要体现在反贫困战略之中。在关于职业教育的作用机制方面始终与反贫困的演进路线进行着紧密的联合，认为职业教育在反贫困的整体演进路线中发挥着不可替代的作用，并将反贫困中职业教育的演进过程以及在各个阶段中的主要作用按照四大阶段进行了划分。伴随着阶段性的演进，职业教育无论是在减贫过程中，还是在与政府的合作程度上，抑或改善人力资本方面都更加深入。

阶段一：以培养合格劳动力促进经济增长，实现减贫愿望（1950—1960）。肯尼恩（Kenneth）② 在研究非洲减贫问题时，专注于将贫困人口的技能开发带动培养合格劳动力作为研究方向。但此阶段对于职业教育的反贫困功能并未被特别讨论，只是论证了职业教育可以服务于合格劳动力的培养，为发达国家转移工业生产基地、获得廉价劳动力寻找了新的突破口。此阶段中职业教育的作用机制主要体现在：职业教育—合格且廉价劳

---

① 舒尔茨. 论人力资本投资 [M]. 吴珠化，译. 北京：北京经济学院出版社，1990.
② KING K .The African Artisan：Education and the Informal Sector in Kenya[M]. Heinemann,Teachers College Press, 1977.

动力—产能增加—经济增长。

阶段二：以改善穷人人力资本而促进经济增长（1970—1980）。Ekperiware 等[①] 以尼日利亚为样本，采用 VECM 模型（向量误差修正模型）研究了 70 年代初期人力资本形成过程中与经济增长的动态关系。结论认为，短期内对穷人进行教育所产生的支出会影响劳动力短期贡献值，但把眼光放长远，将短期内政府的教育投入看作是对于经济体未来增长而做出的前期牺牲，则前期教育支出（培养年轻劳动力）对于长期经济产出能力具有正向积极作用，且效应逐渐增大。1980 年的《世界发展报告》也对穷人的教育、健康等问题予以了充分关注，认为经济持续性发展需要的是合格劳动力的长期性人力资本支撑。在此阶段，各国开始将职业教育纳入公共政策的整体规划范畴，以期以人力资本培养，增加穷人资本含量，提升收入。此阶段中职业教育的相关作用机制主要体现在：改善公共政策—增加教育投入—注重穷人职业培训—增加收入—减弱贫困。

阶段三：以更多就业机会换取贫困人口参与就业、获得保障（1980—1990）。在这一阶段，全球经济衰退问题导致拉丁美洲、非洲等面临了极其严重的经济危机，饥饿在 1.5 亿的非洲人民之间徘徊。在经济危机中，探寻穷人技能培训与获取就业机会间的关系问题是学者突破经济危机的重大课题。古普塔（Gupta）[②] 针对非洲经济发展潜力不足的问题进行了深入研究，并迫使学者们进一步重视市场的力量，为贫困群体寻得更多可以参与就业的机会。此阶段中，除了关注职业教育培训对于贫困者的技能提升，还把为贫困者获得就业可能纳入谈论范畴。呈现为：注重市场导向—贫困者—技能培训—获取就业机会—获得收入—减轻贫困。

阶段四：将市场纳入与政府合作范畴，为贫困群体提供技能服务，获

---

① M.C.EKPERIWARE，S.I.OLADEJI，D.O.YINUSA. Dynamics of Human Capital Formation and Economic Growth in Nigeria[J]. Journal of Global Research in Education and Social Science, 2017, 10(3)：139−153.

② VIJAY GUPTA. Economic Crisis in Africa[J]. India Quarterly, 1985, 41(2)：236−250.

得就业机会（1990—2000）。Chungil 等[①] 在针对 90 年代人力资源的开发研究相关文献整理中，认为密集型劳动促使 90 年代出现了政府与企业间的合作。在合作过程中，政府承担着对于贫困群体的教育服务工作，企业与市场负责给予劳动者更多就业选择机会。其作用机制表现为：发展劳动密集型经济—创造工作机会—职业技能培训—增强人力资本—获取就业机会—提升收入—减少贫困。

以上四个阶段的分析来看，各个作用阶段研究视角逐渐变宽，也说明在 20 世纪 50 年代到 21 世纪初期，国外学者对于职业教育的作用机制研究在逐渐深入，其和政府、市场间的融合程度也逐渐增强，职业教育促进经济增长的路径也在此阶段逐渐清晰（见图 2-3）。

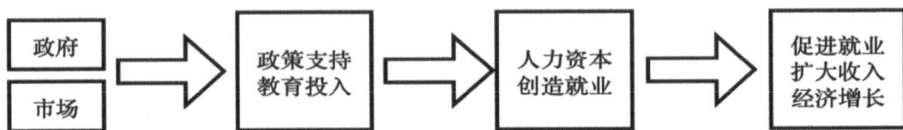

图 2-3　职业教育促进经济发展的路径

2.2.1.2 关于人力资本影响制造业结构升级的研究

1. 企业参与职业教育的相关决策因素

以德国的双元制为例，企业的参与度对于学生就业率、学校培养模式、企业的发展速度等都具有正向积极作用，企业参与度高的职业培训可以更好地帮助提高劳动者的技术水平，也有助于提高德国企业的全球竞争力[②]。杰拉尔德（Gérard）等[③] 以 1987—1993 年法国及瑞典相关企业对于培训的历年支出数据进行测度，论证企业培训可以对生产率增长产生持久

---

① CHUNGIL CHAE et al. Structural Determinants of Human Resource Development Research Collaboration Networks: A Social - Network Analysis of Publications Between 1990 to 2014[J]. Performance Improvement Quarterly, 2020, 33(1) : 7−30.

② KEEP E., MAYHEW K.Globalisation,models of competitive advantage and skills [R] SKOPE Research Paper,2001:22.

③ GÉRARD BALLOT, FATHI FAKHFAKH, EROL TAYMAZ. Firms' human capital, R&D and performance: a study on French and Swedish firms[J]. Labour Economics, 2001,8(4):443−462.

影响。正因如此，许多国外研究者将自己的研究放在了此方面，并对如下两个主题具体展开研究。

第一，企业参与职业教育的动力机制。就此问题来看，学者还未达成一致看法。例如，瓦尔登（Walden）和赫格特（Herget）[①] 认为，企业在职业技术学校建设前期投入成本则后期也会获得对应的收益。其最大优势为企业可以利用对于学生的培训而获得机会收益，即企业可以优先获得符合自身企业用人需要的相关人才。从经济学的视角出发，企业参与职业教育可以是一种以人力资本投资为目的的投资，它可以优先雇佣培训后最有潜力的员工。从长远来看，加勒特（Garrett）等[②] 认为，从企业绩效角度分析，企业增加对职业教育的参与度，可以提升品牌影响力以及企业价值；以企业技能水平角度来看，就职前期对员工培训可以弥补现存企业员工的缺点与不足；从社会责任角度出发，企业参与可以为更多学生带来就业机会。

校企合作是促进社会经济发展的有效途径，建立长期有效的校企合作机制对于学校、企业、社会与学生都有着重大优势。贝莱斯（Bellés）和杜奇尼（Duchini）[③] 则认为职业教育的目的就是为企业提供可雇佣的劳动力。为研究职业教育的投资回报效率，他们对西班牙 14~16 岁准入学的学生进行跟踪调查，认为 16 岁接受职业教育的学生可以获得更多的中、高技能，且入职企业可以带来更多积极效应。珍尼（Jenny）和韦罗妮卡（Veronica）[④] 在对医疗保健专业的 393 名职业院校学生进行访谈调查时发现，以企业为定点培养的模式可以让他们接触到更多患者，可以帮助他们更好、快速地熟悉企业结构与设备，为毕业即工作提前做好准备。

---

① WALDEN G,HERGET H.Nutzen der betrieblichen Ausbildung für Betriebe-erste Ergebnisse einer empirischen Erhebung [J].Berufsbildung in Wissenschaft and Praxis,2002,31(6):32−37.

② GARRETT R,GAMPBELL M,MASON G.The Value of Skills:An Evidence Review[J]. UKCES Evidence Report,2011.

③ BELLÉS-OBRERO CRISTINA, DUCHINI EMMA. Who benefits from general knowledge?[J]. Economics of Education Review, 2021:85.

④ MORRIS JENNY, MAYNARD VERONICA. The value of an evidence based practice module to skill development.[J]. Nurse education today, 2007, 27(6):534−41.

第二，企业参与职业教育的考虑因素。芬德森（Findeisen）等[1] 在借鉴社会认知职业理论前提下，对于企业、劳动者、职业院校三项互选之间进行建模，结果显示，劳动者的毕业意向同企业的前景具有较强相关性，这也是企业在最初愿意参与职业教育培训，进行双向就业互选的重要原因之一。

卡丽娜（Carina）[2] 通过研究奥地利企业参与职教院校的问题，说明了企业在对于劳动者在校学习情况的考察中，更为关注的是未来收益问题。莫伦韦泽（Mohrenweiser）[3] 则认为不同企业类型对于技能要求具备特殊性，且相较于制造业，服务业则更愿意用以工带徒的模式进行员工培养以节约用人资本。以德国企业为例，企业的自身盈利较大时会更有意愿定制培育员工，而这些员工也会在未来带来更多收益。相对来说，企业参与职业教育更多的时候考虑其中所带来的未来收益。成本与收益之间的权衡比重是影响德国、瑞士等国家的企业参与职业教育积极性的最关键因素[4]。米勒（Mueller）[5] 认为企业除考虑人才培养的成本与收益外，还会考虑当期劳动市场的流动效率，认为如果市场的流动效率高，则自己培养的技能型劳动者跳槽的可能性更大，会增加更多企业的沉没成本。

2. 制造业劳动教育培训的相关文献

在先进制造业的全球竞争压力下，需要各国加速凝结产学研等各方力量，加速建设工业 4.0 旗舰集群，其中，制造业的劳动力培养尤为重要。这个过程的变化也导致了各国出现大量技能劳动力缺口。布兰斯（Brynthe）

① FINDEISEN STEFANIE et al. Transition from School to Work - Explaining Persistence Intention in Vocational Education and Training in Switzerland[J]. Vocations and Learning, 2022:1-26.
② ALTREITER CARINA. Drawn to work: what makes apprenticeship training an attractive choice for the working-class[J]. Journal of Education and Work, 2021, 34(1):1-13.
③ MOHRENWEISER J,BACKES-GELLNER U.Apprenticeship training-What for?Investment in human capital or substitution of cheap labor [R].Leading House Working Paper,2008:17.
④ WALDEN G.Short-term and long-term benefits as determinants of the training behavior of companies[J].Journal for Labor Market Research,2007,40(5):169-191.
⑤ NORMANN MUELLER.Does CVT of firms in Germany suffer from poaching?[J]. Empirical Research in Vocational Education and Training2014,3(6):457-352.

和阿斯比约恩（Asbjørn）[①] 强调职业教育机构在行业知识需求产生变化时与新兴技术进行共同演化的作用机制，论证了职业教育院校在区域创新能力、劳动力转型相关部分的重要程度。

莱施克（Leschke）和瓦特（Watt）[②] 为欧盟 27 国建立了综合就业质量指数（JQI），并对于 2010 年指标变化结果进行测试，结论证明劳动培训可以依据时间推移对总体就业质量产生至少六层级的影响。奥利凯宁（Ollikainen）和汉努（Hannu）[③] 通过使用双重差分法分析芬兰两年制职业教育向三年制中等职业教育改革过程中招生情况与劳动力市场的反馈情况，结果论证渐进式改革中等职业教育向高等职业教育开放途径，可以获取更受市场欢迎的高级劳动力。

阿里亚尼（Ariyani）等[④] 在对于印度尼西亚案例研究的基础上，分析其人力资源特点以及需求，并论证出面向生产劳动者，职业教育的实施是政府提高人力资源质量的重要成功因素。迈克尔（Michael）和德克（Dirk）[⑤] 对于高等职业教育院校中 63 名学生进行 3 次后续能力测试，尝试论证职业学校培养随时间推移对于学生能力发展的交互作用，并提出"学习工厂 4.0"对工业 4.0 的积极作用，认为在职业教育中改革教育培养模式、提升多学科数字能力，可以更好地促进学生技术能力提升，并为工业 4.0 提供满足要求的人力资源。

① BRYNTHE L H, ASBJØRN K.The importance of vocational education institutions in manufacturing regions：adding content to a broad definition of regional innovation systems[J]. Industry and Innovation, 2020, 27(6)：660−679.

② LESCHKE J, WATT A. Challenges in Constructing a Multi−dimensional European Job Quality Index[J]. Social Indicators Research, 2014, 118(1)：1−31.

③ OLLIKAINEN J P, HANNU K. A tale of two trade−offs：Effects of opening pathways from vocational to higher education[J]. Economics Letters, 2021: 205

④ ARIYANI L F, et al. Vocational education phenomena research method[J]. MethodsX, 2021(8)：10.

⑤ MICHAEL R, DIRK I. Learning Factories 4.0 in technical vocational schools: can they foster competence development? [J]. Empirical Research in Vocational Education and Training, 2021, 13(1).

3. 职业教育对生产效率的作用

第一，教育投入对全要素生产率的作用。全要素生产率是经济高质量发展的源泉[①]。基耶克（Kijek）和马特拉斯 – 博利博克（Matras-Bolibok）[②]通过考察区域创新绩效水平对欧盟22个国家中的202个区域全要素生产率分布的影响，得出结论，欧盟各个地区的全要素生产率具有分散性，且区域创新绩效对于全要素生产率的提升具有促进作用。范登伯格（Vandenberghe）[③]采用1970—2005年的EU-KLEMS数据捕捉职业教育对于全要素生产率增长的贡献，认为职业教育质量对全要素生产率有重要影响，年龄较小的工人生产力更强但经验丰富的工人相对受教育年限更短。加利（Gallie）和勒格罗（Legros）[④]利用1986—1992年法国工业企业的动态计数数据进行动态分析，认为技术培训对于专利数量提升、技术创新具有积极影响。达尔姆（Dahlum）和克努森（Knutsen）[⑤]通过对128个国家的国际学生考试比较，也认为职业教育可以提升人力资源质量，提升全要素生产率。

第二，职业教育可以解释经济体内部的区域生产率差异问题。安德烈斯（Andrés）等[⑥]构建教育质量投资的异质性模型，量化人力资本对各地区全要素生产率的差异，研究表明人力资本显著放大了各个国家间的全要素生产率差异。

第三，职业教育对个体劳动力也具有生产率差异。弗莱舍（Fleisher）

---

① GREEN A. Education and Stata Formation: The Rise of Education Systems in England, France and the USA[M]. Macmillan，1991.

② KIJEK T，MATRAS-BOLIBOK A. The relationship between TFP and innovation performance：evidence from EU regions[J]. Equilibrium. Quarterly Journal of Economics and Economic Policy, 2019(14).

③ VANDENBERGHE V. The productivity challenge. What to expect from better-quality labour and capital inputs? [J].Applied Economics, 2017, 49(40)：1-13.

④ GALLIE E P, LEGROS D. Firms' human capital, R&D and innovation：a study on French firms[J].Empirical Economics, 2012, 43(2): 581-596.

⑤ DAHLUM S, KNUTSEN C H. Do Democracies Provide Better Education？ Revisiting the Democracy-Human Capital Link[J]. World Development, 2017(94):186-199.

⑥ ANDRÉS E, TATYANA, DIEGO R. How Important Is Human Capital?A Quantitative Theory Assessment of World Income Inequality[J]. The Review of Economic Studies, 2010(4): 1421-1449.

等[1] 论证了中国区域增长受到人力资本、基础设施建设等的影响，且职业教育对于个体劳动者的正向产出更为显著。

2.2.1.3 政府对职业教育的功能定位研究

政府在职业教育中的作用及其在促进经济增长中的作用，促使政府积极发展自己的职业教育。许多学者对职业教育的功能定位进行了深入的研究。瑞安（Ryan）等[2] 认为在教育市场中的信息不对称问题会导致部分"搭便车"的行为，导致出现市场的非出清现象。非出清的市场效率低下，许多企业只有在培训期间能够收回职业教育成本的前提下才会积极参与职业教育。但教育投资是一项长期投资，职业教育人才培养周期大多为 1~3 年。因此，许多企业因无法在短时间内收回投资而放弃参与到职业教育体系中。

职业教育具有准公共品的属性，而它的正外部性也可能会导致产生效率低下的问题，甚至导致市场失灵，这需要进行政府干预。为此，弗朗兹（Franz）等[3] 论证了德国政府鼓励并给予优惠政策给企业，希望企业可以更多地参与到职业教育培训中并发挥积极作用。这也为我国政府发挥引导作用、推进职业教育发展提供了相应的理论支撑。

其他学者在实践中对德国、美国、日本、法国、瑞典等国家的职业教育进行了深入的研究，这些研究为我国的职业教育研究做了很好的铺垫，更为我国职业教育的顶层设计提供更多的有益借鉴。我们还应考虑国情，不能完全照搬，应辩证选择。从总体来看，职业教育是具备着包容了经济、社会、市场的多方面协同性功能，面对复杂的区域环境与市场条件，必然要求职业教育实现经济可持续发展的路径要更加多元化，以期实现包容性经济增长过程。

① FLEISHER B, LI H, ZHAO M Q.Human Capital, Economic Growth, and Regional Inequality in China[J]. Journal of Development Economics, 2009, 92(2): 215−231.

② RYAN P, GOSPEL H, LEWIS P.Large Employers and Apprenticeship Training in Britain[J]. British Journal of Industrial Relations. 2007, 45(1):127−153.

③ FRANZ W, STEINE V, ZIMMERMANN V. Die betriebliche Ausbildungsbereitschaft in technologies and Demographischen Wandel[M]. Nomos: Baden−baden, 2000.

2.2.2 国内研究现状

本书的主要落脚点为研究职业教育对经济高质量发展的重要性与作用机制，在此特针对经济高质量发展相关文献进行全面性分析，为进一步分析职业教育促进经济高质量发展的相关文献进行前期铺垫。

2.2.2.1 经济高质量发展相关文献综述

高质量发展是我国经济转型的强有力支撑，也是经济稳固增长的必然要求。党的十九届六中全会精神强调，要推动经济发展质量变革、效率变革以及动力变革。在世界百年未有之大变局下，如何在量的持续增长中推动质的有效提升，成为当前我国在资源环境等多重约束下探索最优解过程所面临的重点和难点。

学者们针对相关路径探索[①]、内涵特征[②]、发展结构变迁[③]、重大现实问题[④]以及发展逻辑与测度[⑤]等多个角度对经济高质量发展进行了深层次探讨，但鲜有文献对经济高质量发展现状与演化趋势进行系统化分析。鉴于此，本书依托可视化知识图谱来探索经济高质量发展研究的时间分布、核心作者等，以关键词共现和聚类分析来探析知识结构，并对经济高质量发展的整个演化轨迹进行全面分析，为更科学、更准确地指明经济高质量发展领域潜在的研究前沿提供导向。

1. 资料来源与研究方法

为了增加数据的权威性，本书于2022年6月22日从中国知网（CNKI）数据库中摘取研究数据。在CNKI数据库中以主题"经济高质量发展"提取2246篇核心及以上期刊文献，其中同时收录于中文社会科学引文索引

① 刘友金，周健. "换道超车"：新时代经济高质量发展路径创新 [J]. 湖南科技大学学报（社会科学版），2018,21（1）：49-57.
② 冯俏彬. 我国经济高质量发展的五大特征与五大途径 [J]. 中国党政干部论坛，2018（1）：58-59.
③ 朱紫雯，徐梦雨. 中国经济结构变迁与高质量发展——首届中国发展经济学学者论坛综述 [J]. 经济研究，2019，54（3）：194-198.
④ 任保平. "十四五"时期我国高质量发展加速落实阶段的重大现实问题 [J]. 财贸研究，2020，31（11）：1-9.
⑤ 杨耀武，张平. 中国经济高质量发展的逻辑、测度与治理 [J]. 经济研究，2021，56（1）：26-42.

（CSSCI）数据库的文献为 1844 篇。

以 CiteSpace 和 VOSviewer 软件为主要分析工具，以可视化图谱对于经济高质量发展中的热点领域进行分析。将 CiteSpace 软件的节点类型分别设置为"作者、文献、期刊、关键词"以进行对于经济高质量发展的基础分析、知识结构以及演化路径分析。

2. 时间分布分析

时间分布分析可以更好地帮助我们观测经济高质量发展相关研究的学者知识积累程度，具体经济高质量发展的相关年发文量如图 2-4 所示。

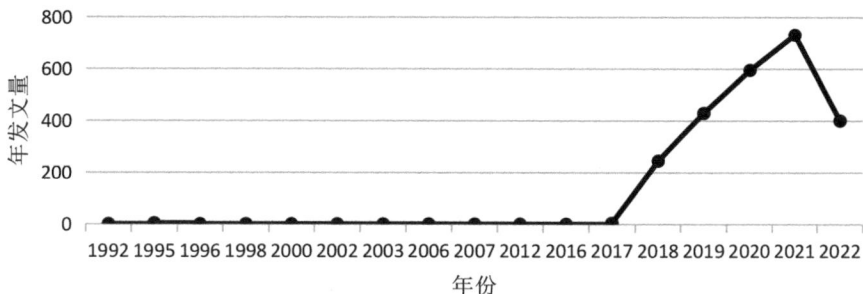

图 2-4　1992—2022 年发文量分布图

如图 2-4 所示，最早提出经济高质量发展相关概念是在 1992 年，其目的主要是为提升产品质量[①]。在之后一段时间内，学者们主要研究如何通过经济增长，实现国家经济实力的快速提升，而对于经济发展质量的相关研究并不多。2017 年，我国将经济高质量发展模式转型摆到发展全局更重要的位置，将经济发展由侧重增长数量与增长速度的短期目标，转变为聚焦经济增长质量的长远发展目标。自 2018 年始，以经济高质量发展为主题的年发文量呈现井喷式增长态势[②]。2018—2021 年，CSSCI 数据库中所提取的年发文量分别为 246、430、596、732 篇，整体呈现倍数增长模式，表明了"经济高质量发展"在此阶段的高水平期刊中备受关注。

---

① 沈阳冶炼厂集体企业. 管理处提高产品质量 发展集体经济 [J]. 中国劳动科学，1992（6）：38-39.

② 因文献检索时间节点为 2022 年 6 月 22 日，所以，在此 2022 年的年发文量只做参考，不纳入分析范围。

3. 经济高质量发展的知识结构分析

（1）关键词共现分析

关键词是文章中心被高度概括凝练的表现，体现出文章所要表达的核心主题和主要内容。关键词共现图谱有利于人们分析研究热点，出现次数较高的关键词被认为是一定时间内的研究热点①。为更为直观地展现经济高质量发展相关研究内容，本书通过 CiteSpace 进行数据导出，并运用 VOSviewer 对于中国知网中摘取的 2246 篇核心及以上文献进行了关键词可视化分析，得到以“经济高质量发展”为研究主题的关键词共现图谱（见图 2–5）。

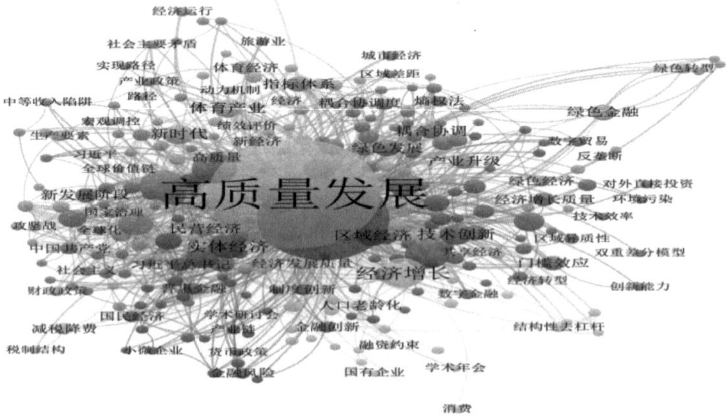

图 2–5　关键词共现图谱

关键词通过图 2–5 中节点大小的形式展示出来，二者间存在的联系以其间连线的形式反映出来。就目前现有研究来看（表 2–2），经济高质量发展共涵盖了 321 个研究热点，代表性关键词除高质量发展外，前三位分别为数字经济（199 次）、经济增长（82 次）、实体经济（57 次）。在现有关于经济增长为关键词的文献中，研究方法多为使用“全要素生产率”。

① 张宝生，王晓敏．基于关键词共现聚类的网络教育热点主题研究 [J]．科研管理，2018，39（S1）：298–307.

王蕴等[①] 采用国际比较的方式提出经济高质量发展应从数量向质量增长、全要素生产率持续提高等方面进行认定。高培勇等[②] 在研究高质量发展的动力问题时，认为将效益与质量提升到经济发展的优化考虑目标上，是助推我国经济向高质量发展进行优化过渡的客观必然。

表 2-2 经济高质量发展热点领域关键词

排名	高频关键词	出现频次	初现年	排名	高中心性关键词	中心度	初现年
1	数字经济	199	2019	1	经济发展	0.45	2018
2	经济增长	82	2018	2	城镇化	0.43	2020
3	实体经济	57	2018	3	经济	0.42	2017
4	产业结构	44	2019	4	区块链	0.39	2019
5	技术创新	41	2018	5	人工智能	0.38	2018
6	双循环	41	2020	6	消费结构	0.33	2021
7	区域经济	40	2018	7	协调发展	0.29	2020
8	环境规制	36	2018	8	共同富裕	0.29	2017
9	创新驱动	36	2018	9	服务业	0.28	2018
10	科技创新	35	2019	10	创新	0.27	2019

据以上分析可以看出，发展数字经济与实体经济是未来实现高质量发展的重要引擎，实现经济增长的最优模式为提升全要素生产率。此外，城镇化中心性为0.43，在中心性排名中仅次于经济发展，表明了城镇化的发展研究在现阶段的经济高质量发展研究中占据主要地位。王帅龙等[③] 使用杜宾模型，论证了发展实体经济过程中，创新型人力资本对于经济高质量的空间溢出效应，并得出结论，创新型人力资本在对于区域经济高质量发

① 王蕴，姜雪，盛雯雯. 经济高质量发展的国际比较 [J]. 宏观经济管理，2019（5）：5-11.
② 高培勇，袁富华，胡怀国，刘霞辉. 高质量发展的动力、机制与治理 [J]. 经济研究参考，2020（12）：85-100.
③ 王帅龙，李豫新，曹梦渊. 空间溢出视角下创新型人力资本与经济高质量发展 [J]. 调研世界，2022（9）1-10.

展产生促进的过程中，也可以带动周边地区的经济高质量发展。

作为关键词共现分析的另一重要结果，中介中心性（Centralty）是测度节点在共发现网络中重要性的指标，高中介中心性的节点通常是连接不同热点之间的关键枢纽[1]，可被看作是该研究领域的关键点、转折点、触发点[2]。关键词共现图谱中，中介中心性最高的关键词为经济发展（0.45），其他中介中心性关键词依次为城镇化（0.43）、经济（0.42）、区块链（0.39）和人工智能（0.38）等。

（2）关键词聚类分析

聚类分析可以直接有效地描述特定主题的研究领域和核心内容，每个聚类对应于一个潜在的主题或研究线。Silhouette 值（Si）是一个判断集群同质性的标准，数值越接近于 1，相关论文的主题越一致，其计算公式如下：

$$S_i = \frac{b(i) - a(i)}{\max\{a(i), b(i)\}} \qquad (2-1)$$

其中，a 为点 i 与所在类中其他点的平均距离，b 为点 i 与最接近点 i 所在类中各点的平均距离[3]。通过 CiteSpace 对经济高质量发展的相关研究热点进行聚类，并在面板中选择 Reference 选项。为了生成的聚类网络相对更全面，将 Top N 设置为 30，剔除无效聚类，得到经济高质量发展研究关键词聚类全景图（见图 2-6）。聚类 Si 值为 0.9112，表明聚类结果可信度较高。

现阶段对于经济高质量发展的热点研究更多的是围绕实体经济、经济

① 李杰，陈超美. CiteSpace：科技文本挖掘及可视化 [M]. 北京：首都经济贸易大学出版社，2016.
② CHEN C M. CiteSpace II: Detecting and visualizing emerging trends and transient patterns in scientific literature[J]. Journal of the American Society for Information Science and Technology, 2006(3):359–377.
③ 李杰，陈超美. CiteSpace：科技文本挖掘及可视化 [M]. 北京：首都经济贸易大学出版社，2016.

发展、环境规制等进行展开。刘志彪① 从评价标准、历史背景、实现手段三个方面分析了高质量发展和高速度发展的区别，阐述了高质量发展的支撑要素、重点问题及其解决思路。任保平和李培伟② 提出经济在高质量发展时应为数量与质量的有机结合，以新发展理念分别解决在发展中的动能不足、部分不均衡，社会利益分配的公平正义等问题。金碚③ 在判断国内经济态势的基础上，认为高质量发展是与国际经济进行有效接轨，做到效益最大化的动态系统性制度。何立峰④ 指出高质量发展是进一步实现全面、可持续性发展的发展。刘灿和韩文龙⑤ 将构建新发展格局作为促进经济高质量发展的重要战略，并认为经济高质量发展要发挥国内国际双循环的协同效应，合理构建经济大循环体系。

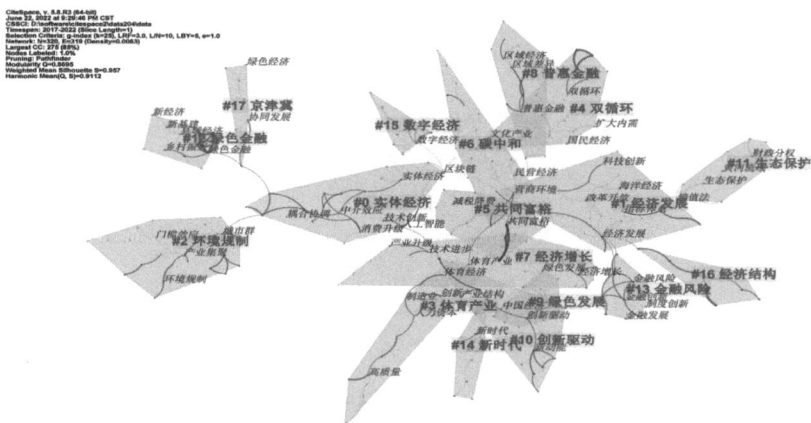

图 2-6　关键词聚类分析图谱

① 刘志彪. 理解高质量发展：基本特征、支撑要素与当前重点问题 [J]. 学术月刊，2018，50（7）：39-45+59.

② 任保平，李培伟. 数字经济培育我国经济高质量发展新动能的机制与路径 [J]. 陕西师范大学学报（哲学社会科学版），2022，51（1）：121-132.

③ 金碚. 中国国有企业再探究——域观取向的现实观察 [J]. 北京工业大学学报（社会科学版），2022，22（2）：1-9.

④ 何立峰. "十四五"时期经济社会发展主要目标 [J]. 宏观经济管理，2021（1）：1-3+7.

⑤ 刘灿，韩文龙. 构建新发展格局促进中国经济高质量发展 [J]. 马克思主义理论学科研究，2022，8（10）：44-53.

　　其中，聚类"#0 实体经济"是经济高质量发展研究领域内的最大聚类。由图 2-7 所示在"实体经济"聚类中，有消费结构、技术创新、区块链等关键词。在该聚类内，关于高质量发展的研究主题多集中于企业创新、融资约束、全球经济政策不确定性、熵权 TOPSIS 法等；关于实体经济的主题研究多为人工智能、熵权 TOPSIS 法、共享经济与数字经济。部分学者着重于研究技术创新能力对于经济高质量发展的提升路径探究、职业教育发展对于经济高质量发展的重要性等。郑新立[①] 认为经济高质量发展内涵就是"将依靠增加物质资源消耗实现的粗放型高速增长，转变为主要依靠技术进步，改善管理和提高劳动者素质实现的集约型增长"[②]。

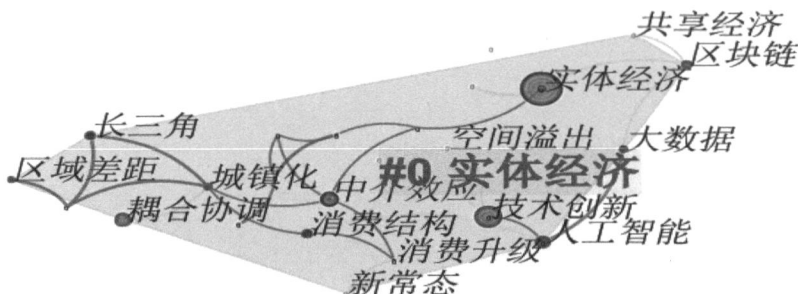

图 2-7　关键词最大聚类分析图谱

　　为进一步探寻经济高质量发展的研究趋势，有必要对于聚类进行展开分析，具体概况如表 2-3 所示。

表 2-3　我国经济高质量发展领域关键词聚类分布

聚类名称	聚类标签	聚类大小	平均轮廓值	代表类关键词	平均发表年
0	实体经济	25	0.887	高质量发展：企业创新；融资约束；全球经济政策不确定性；熵权 TOPSIS 法 实体经济：人工智能；熵权 TOPSIS 法；共享经济；数字经济	2020

① 郑新立. 转变发展方式是化挑战为机遇的关键 [J]. 宏观经济管理, 2012（12）：4-5.
② 曲哲涵. 如何理解中国经济转向高质量发展 [N]. 人民日报, 2017-10-31（1）.

续表

聚类名称	聚类标签	聚类大小	平均轮廓值	代表类关键词	平均发表年
1	经济发展	24	0.872	高质量发展：改革开放；市场经济；注册会计师行业；注册会计师事业 经济发展：时空演变；耦合协调；生态环境；现代海洋产业体系	2019
2	环境规制	23	1	经济高质量发展：环境规制；环境治理；政策协同；健康消费 高质量发展：产业集聚；技术创新；生产性服务业；产业结构	2020
3	体育产业	20	0.99	体育产业：体育经济；夜间体育消费；夜间经济；高质量发展 高质量发展：体育消费；宏观经济；数字经济；社会需求	2019
4	双循环	18	0.978	高质量发展：新发展格局；扩大内需；财政政策；国民经济 经济高质量发展：服务化转型；产业经济；服务经济；产业转型升级	2019
5	共同富裕	17	0.976	高质量发展：建党百年；城市经济；城乡融合；社会保障 共同富裕：数字经济；数字鸿沟；金融支持；宏观调控目标	2019
6	碳中和	17	0.982	高质量发展：营商环境；民营经济；中小微企业；融资环境 数字经济：协同推进；全产业链；制造体系；产业集群	2020
7	经济增长	17	0.973	高质量发展：经济增长；数字经济；数字贸易；双循环新发展格局 经济高质量发展：全要素生产率；研发投入；金融结构；高质量发展	2019
8	普惠金融	15	0.979	经济高质量发展：普惠金融；服务实体经济；风险防控；一级资本 区域经济：区域差异；生态环境；鲍尔丁系统学原理；协调发展度	2019
9	绿色发展	14	0.969	经济高质量发展：协调发展；中国经济；经济增长；五大发展理念 高质量发展：创新发展；"一带一路"；发展路径；增长差异性	2020
10	创新驱动	13	0.857	高质量发展：产业结构；人力资本结构高级化；教育经费；地理加权回归 创新驱动：要素配置；产业转移；经济升级；上市公司	2019

聚类 #1 为"经济发展"，该聚类下主要以指标体系、经济发展等为研究重点，关于高质量发展的研究主题多集中于改革开放、市场经济，关于经济发展的主题研究多为时空演变、耦合协调、生态环境、现代海洋产业体系等，多采用空间面板分位数模型方式，对我国经济运行状态进行探究。郭庆旺和赵志耘[①] 针对112个国家的近40年相关数据进行了国际比较，认为长期以来支撑我国经济高速增长的"三驾马车"开始出现结构性比例失衡，需要转变需求引领，以创新驱动持续实现经济扩张。杨耀武和张平[②] 通过探讨中国经济高质量转型的现实情况，在理论逻辑基础上构建模型，对影响经济发展质量的主要因素进行分析，选取了具有代表性的经济指标测度了 2003—2018 年中国经济发展质量状况，并提出了要加快以人民为中心的发展转型、有效提升人力资本促进知识层崛起的重大政策建议。学者们在各地进行研究的过程中有着区域类别、衡量标准和指标体系之间的差异，因而构建一套合理可行的综合评估系统则尤为重要[③]。

聚类 #5 为"共同富裕"，是经济高质量发展研究的中心。此类别下，关于高质量发展的研究主题主要集中于建党百年、城市经济、城乡融合与社会保障，关于共同富裕的研究则主要集中于数字经济、数字鸿沟、金融支持与宏观调控目标。数字经济是具有高创新性、强渗透性和广覆盖性的经济形态，是实现高质量发展和共同富裕的重要依托；但是由于数字鸿沟的存在，数字经济的无序扩张也可能加大收入差距，需要进一步通过数字化改革来推动共同富裕的实现[④]。同时我们也要认识到，在数字经济市场资源配置的过程中，追求更高效率和更低成本是必然的，需要在充分研判各类风险的基础上，坚持以新发展理念为指导，通过数字经济的高质量发

① 郭庆旺，赵志耘. 中国经济增长"三驾马车"失衡悖论 [J]. 财经问题研究，2014（9）：3-18.

② 杨耀武，张平. 中国经济高质量发展的逻辑、测度与治理 [J]. 经济研究，2021，56（1）：26-42.

③ 何可. 全国人大代表徐莹建议加快建立高质量发展指标体系 [N]. 中国质量报，2018-03-20（2）.

④ 师博，胡西娟. 高质量发展视域下数字经济推进共同富裕的机制与路径 [J]. 改革，2022（8）：76-86.

展，稳步实现共同富裕的目标[①]。

在经济高质量发展中，依然面临着一些问题。例如，第一、三大产业的发展不协调，产业内部的结构质量有待提升，制造业向高端价值链的转化速度较慢，高附加值产品开发相对较少等。第一，产品和服务的整体质量水平与现代先进国家大不相同，尤其是制造业和生活服务业的质量和安全标准；我国工业结构在全球经济态势中又处在价值链的最底端，工业产值较少、产能过剩、生活服务业的整体品质和服务水平都很难适应人类的发展需要[②]。第二，产品有效供给不足，市场供需结构落后于消费结构升级，金融业与实体经济、房地产业发展失衡。第三，各种制度和机制的不健全是影响中国经济高质量发展的最基本原因[③]。第四，发展不平衡、不充分，这也是发展质量落后的具体体现。第五，对生产要素分配的扭曲造成低全要素生产率。第六，人才的供需同市场之间的不平衡问题等。

4. 经济高质量发展研究的演化路径与展望

（1）演化路径

时区演化图谱能够更清晰地展现出时空分布情况和动态演化路径，以此理顺经济高质量发展体系的演进脉络。从发文量分析可知，我国在 2017 年之前处于经济发展的萌芽阶段，文章较少，不具备分析价值，因此对 2017—2022 年经济高质量发展的研究进行关键词的时区演化路径分析（见图 2-8）。

自 2017 年开始，在经济高质量发展方面，对于新时代、共同富裕、经济等为关键词的探讨开始逐渐深入。王军[④] 从六个方面重新诠释了高质量发展的内涵，认为经济高质量发展必须注重高质量的含义，需要注重生态建设的可持续程度，更加注重经济社会水平和人民群众生活质量。焦国

---

① 蒋永穆，亢勇杰. 数字经济促进共同富裕：内在机理、风险研判与实践要求 [J]. 经济纵横，2022（5）：21-30+135.

② 洪银兴. 以包容效率与公平的改革促进共同富裕 [J]. 经济学家，2022（2）：5-15.

③ 张占斌，毕照卿. 经济高质量发展 [J]. 经济研究，2022，57（4）：21-32.

④ 王军. 准确把握高质量发展的六大内涵 [N]. 证券日报，2017-12-23（A03）.

栋① 认为，增强人民群众的获得感，对于增加人民在经济发展过程中的参
与程度有着至关重要的作用。许岩② 认为要促进高质量的经济发展，我们
必须建立包含可持续发展的、更为精准的指标体系。刘金友和周健③ 指出，
在现阶段应以工业、产业链智能化作为切入点，合理把握产业革命浪潮，
为我国制造业提质赋能、增强国际竞争力做足准备。

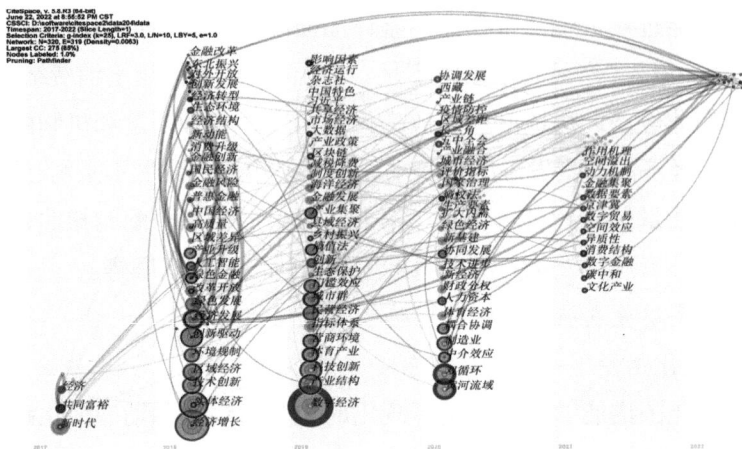

图 2-8　关键词前沿时区图

2018 年，研究者们针对经济增长、实体经济、技术创新、区域经济等
对经济高质量发展的影响机制展开了大量讨论。在经济增长方面。杨伟民④
认为经济高质量发展应贯彻新发展理念，满足人们对于生活的客观愿望。

① 焦国栋. 中国经济发展路径由高速增长向高质量发展转变 [J]. 农村·农业·农民（A
　版），2017（11）：15.
② 许岩. 建立完善统计指标体系助推经济高质量发展 [N]. 证券时报，2017-12-28
　（A07）.
③ 刘友金，周健. "换道超车"：新时代经济高质量发展路径创新 [J]. 湖南科技大学
　学报（社会科学版），2018，21（1）：49-57.
④ 杨伟民. 贯彻中央经济工作会议精神推动高质量发展 [J]. 宏观经济管理，2018（2）：
　13.

林兆木[①] 认为，高质量的经济发展意味着满足人们的服务与生活需求，并不断提升投入产出效率以增加经济效益。蒲晓晔和雅尔科·菲德穆茨（Jarko Fidrmuc）[②] 在针对我国经济发展的动力优化问题研究中，希望我国可以寻找出新的动力源以摆脱旧动力源的束缚，有效解决我国经济运行过程中的有效需求不足问题。冯俏彬[③] 认为我国经济高质量发展的特点为：第一，服务业的经济增长贡献率在三大行业中的增长比例最高；第二，创新的驱动力明显增强；第三，居民消费对经济增长的贡献明显增强；第四，优化经济结构；第五，包容性和普惠式的发展。

在技术创新与体系建设方面。任保平和李禹墨[④] 在讨论我国工业体系的竞争力问题时进一步提出，高质量发展的特点主要表现在以下四大方面：产业结构的合理性、以技术创新作为促进经济社会发展的第一驱动力、良好的供给体系以及人们对美好生活的追求被持续得到实现。程虹[⑤] 认为，评价高质量发展的标准除应包含提升劳动生产率、全要素生产率和 GDP 的数量及质量技术指标，还应包含人均寿命、养老床位等和社会保障发展水平相关的指标。任保平和文丰安[⑥] 则提出，高质量发展的标准应当从资源使用合理程度、发展充分程度、产业结构协调性、产业创新性、循环可持续性、经济波动稳定性和发展成果共享性来判断，建立针对每个特性更为精准的衡量指标。可持续性应考虑到资源利用和环境成本，稳定性可以通过经济增长波动、价格波动和就业波动来衡量，共享性是以提高居民生活质量、实现发展成果的共享程度等作为指标。

---

① 林兆木. 我国经济高质量发展的内涵和要义 [J]. 西部大开发，2018（Z1）：111-113.
② 蒲晓晔，JARKO FIDRMUC. 中国经济高质量发展的动力结构优化机理研究 [J]. 西北大学学报（哲学社会科学版），2018，48（1）：113-118.
③ 冯俏彬. 我国经济高质量发展的五大特征与五大途径 [J]. 中国党政干部论坛，2018（1）：59-61.
④ 任保平，李禹墨. 我国省域工业体系竞争力评价与提升路径 [J]. 财经科学，2018（8）：121-132.
⑤ 程虹. 如何衡量高质量发展 [N]. 第一财经日报，2018-3-14（A11）：1.
⑥ 任保平，文丰安. 新时代中国高质量发展的判断标准、决定因素与实现途径 [J]. 改革，2018（4）：5-16.

　　任保平和李禹墨[①] 又强调了高质量发展的指标体系建设要注重新动能、结构协调、质量等多方面，其中，质量效益可细分为制造业增加值、企业杠杆、社会有效投资。体系建设的视角则要分别从微观、中观、宏观三维视角出发，宏观方面应当表现在经济合理的速度上；中观方面应当表现在国民经济结构合理的产品体系地域差异合理的程度上；而微观层面则应当表现在商品与服务的品质化和品牌体系化。郭占恒[②] 认为改善市场机制与市场竞争环境，建立良好的企业发展氛围是实现高质量发展的关键所在。张立群[③] 针对2017—2018年我国的经济形势分析，认为我国的新经济增长模式已经初步形成，但仍需进一步降低制度交易成本。张军扩[④] 认为促进经济的高质量发展，需要更为科学的制度环境，尽量减少政府干预、健全市场竞争机制和社会保障体系、支持发展技术创新监管体系、深化重点领域改革发展。

　　在实体经济方面。胡鞍钢[⑤] 认为要同时注重新兴产业和传统制造业的齐头发展，以相同地位助推经济建设。程虹[⑥] 将国企改革放在了供给侧调整的首要位置，认为国企在做好行业典范的同时，可以为经济发展带来正向促进作用。沈坤荣[⑦] 认为，首先需要坚持以供给侧结构调整为逻辑主轴，有效应对我国目前所出现的实体经济同虚拟经济发展不均衡的问题。师博[⑧] 认为经济高质量发展，是合理解决实体经济、虚拟经济、服务业等之间关系的方式，可以助推实现三大产业间的协调发展。

---

① 任保平，李禹墨. 新时代我国高质量发展评判体系的构建及其转型路径 [J]. 陕西师范大学学报（哲学社会科学版），2018，47（3）：105-113.

② 郭占恒. 推动高质量发展的深刻背景和政策取向 [J]. 浙江经济，2018（2）：35.

③ 张立群. 坚持稳中求进稳步迈进高质量发展新时代——2017-2018年经济形势分析与展望 [J]. 中国党政干部论坛，2018（1）：58.

④ 张军扩. 加快形成推动高质量发展的制度环境 [J]. 中国发展观察，2018（1）：7.

⑤ 胡鞍钢. 2018：开启经济高质量发展之年 [J]. 企业观察家，2018（2）：36.

⑥ 程虹. 管理提升了企业劳动生产率吗？——来自中国企业——劳动力匹配调查的经验证据 [J]. 管理世界，2018，34（2）：80-92+187.

⑦ 沈坤荣. 以供给侧结构性改革为主线，提升经济发展质量 [J]. 政治经济学评论，2018：52.

⑧ 师博. 论现代化经济体系的构建对我国经济高质量发展的助推作用 [J]. 陕西师范大学学报（哲学社会科学版），2018（3）：128.

在技术创新方面。金碚[①] 提出，经过加速建立科学合理的价格机制、有效的国家产权制度、前瞻性的技术创新机制，以及根据相应的激励机制安排建立新的激励机制设计，可以更好推进高质量经济的发展。茹少峰等[②] 提出减少单位要素配比和提升工业生产率的内在含义就是提升生产要素配置效率。

在环境规制方面。冯莉和曹霞[③] 在经济高质量发展问题中，提出"生态＋"理念。认为经济的发展要与民众的生活、环境的建设相同步，并对于环境规制进行进一步建设，认为尽管环境规制对于企业的短期成本会有所增加，但却是长期进行环境治理与促进更高质量发展经济的有效手段。

随着对于高质量经济体制的深入研究与十四五规划中对于"双循环"新发展格局的倡导，研究主题逐步向可持续发展、数字经济、乡村振兴等领域进行融合。王帅龙等[④] 使用杜宾模型，论证了发展实体经济过程中，创新型人力资本对于经济高质量发展的空间溢出效应，并得出结论，创新型人力资本在促进本地经济高质量发展的过程中，也可以通过联动效应带动周边地区经济高质量发展。

（2）未来研究前沿与展望

目前前沿关键词包含文化产业、碳中和、数字金融、消费结构、异质性、空间效应等。从研究前沿可以看出，数字经济、可持续发展、实体经济、乡村振兴是经济高质量发展领域未来重点发展方向[⑤]，结合前文列出的经济高质量发展的高频率、高中心性关键词，可以规划出经济高质量发展未来的研究前沿（见图 2-9）。

① 金碚 . 关于"高质量发展"的经济学研究 [J]. 中国工业经济，2018（4）：5-18.
② 茹少峰，魏博阳，刘家旗 . 以效率变革为核心的我国经济高质量发展的实现路径 [J]. 陕西师范大学学报（哲学社会科学版），2018（3）：122.
③ 冯莉，曹霞 . 破题生态文明建设，促进经济高质量发展 [J]. 江西师范大学学报（哲学社会科学版），2018，51（4）：74-80.
④ 王帅龙，李豫新，曹梦渊 . 空间溢出视角下创新型人力资本与经济高质量发展 [J]. 调研世界，2022（8）3-12.
⑤ 时丹丹，马慧子，林琳. 经济高质量发展研究的知识结构与演化路径 [J]. 统计与决策，2022，38（11）：124-128.

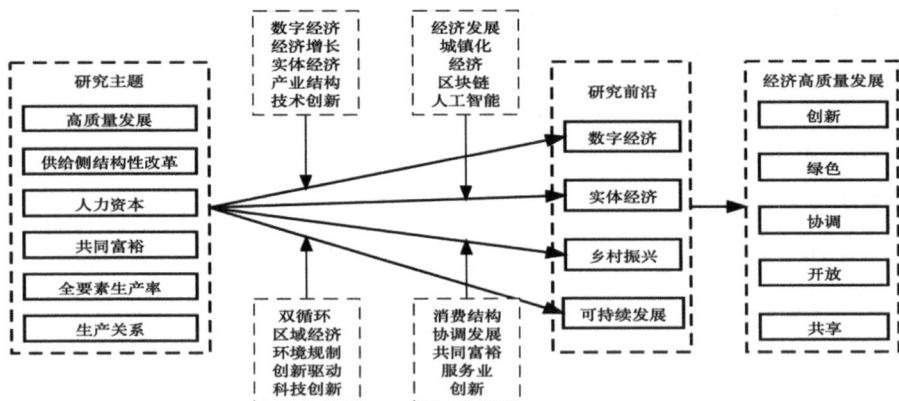

图2-9 经济高质量发展研究前沿

资料来源：ZHANG WEI, ZHAO SIQI, WAN XIAOYU, YAO YUAN. Study on the effect of digital economy on high-quality economic development in China[J]. PloS one. 2021, 16（9）.

第一，数字技术赋能是经济高质量发展的重要机遇。在当今世界，数字经济以发展速率、辐射范围和影响程度作用于重塑全球经济与服务我国经济高质量发展。Zhang 等[1] 论证数字经济发展水平高的地域对于地方经济的助推作用更强。段联合[2] 采用 31 个省份 2019—2021 相关数据，从数字化要素相关的资源开发潜力与资源基础两维度分析，论证了数字经济发展可以通过对地方产业赋能的方式进一步促进地方经济高质量发展。未来阶段，为关注经济高质量发展，在数字经济发展方面，应把重点放在解决数字经济对就业和社会中弱势群体带来的冲击；并更多地关注数字经济产业化，以数字经济去催生新产业与新业态，加速数字技术赋能实体经济的发展。

第二，实体经济是经济高质量发展的重要着力点。实体经济是整个经济系统有机构成的一部分。黄聪英[3] 指出，加快产业结构升级、增强技术

---

[1] ZHANG WEI, ZHAO SIQI, WAN XIAOYU, YAO YUAN. Study on the effect of digital economy on high-quality economic development in China[J]. PloS one. 2021, 16（9）.

[2] 段联合. 数字化要素资源禀赋与商贸流通业扩容提质的关系——基于省域面板数据的分析 [J]. 商业经济研究，2022（17）：29-32.

[3] 黄聪英. 中国实体经济高质量发展的着力方向与路径选择 [J]. 福建师范大学学报（哲学社会科学版），2019（3）：51-61+168.

创新能力、优化企业营商环境是实现中国实体经济高质量发展的着力方向。黄群慧[1] 提出了实体经济分类的分层框架，并在此框架下测算了我国经济增长情况，论证了实体经济的发展作为党的十八大以来经济高质量发展的重要着力点的重大意义，并为之提供重要理论支持。

第三，乡村振兴是推动经济高质量发展的根基。乡村振兴，首先需要人力扎根于农村进行乡村建设，而乡村建设需要提高的是自身产业生产水平，这个过程必定离不开具有技能的新型职业农民。脱离了农民的乡村，必定没有办法真正意义上实施新农村建设，乡村振兴也注定只是空想。Wang 等[2] 认为城乡间的发展水平差异，在目前阶段依旧是我国在经济发展进程中的薄弱环节。未来阶段，应通过新型职业农民培训、城乡融合等方式以产促农，进而实现经济高质量发展。

第四，实现可持续发展是实现经济高质量发展的关键。Peng[3] 指出对地方环境法的完善可以促进地方生产率的绿色发展，进而实现经济高质量发展。王培鑫和吕长江[4] 采用 2003—2015 年我国地级市经济数据，研究创新对于环境污染强度的作用效果，为实现经济可持续发展研究提供了实践经验，为实现经济与生态共赢提供了研究思路。

2.2.2.2 职业教育与经济高质量发展互动关系相关文献综述

我国职业教育经济学在对国外学者的理论研究中逐渐发展壮大，并伴随着我国职业教育的深入发展而开拓创新。20 世纪 80 年代以来，我国学者翻译了大量国外职业教育经济学著作，为我国职业教育与经济发展相关研究提供参考。伴随着对于国外研究成果的借鉴与思考，国内学者开始注重职业教育对于经济发展的重大意义，相关研究成果也不断涌现。就现有研究来看，职业教育与经济发展相关性研究重点表现在职业教育同经济增

[1] 黄群慧. 论新时期中国实体经济的发展 [J]. 中国工业经济，2017（9）：5-24.

[2] WANG M, KANG W M, ZHANG R Y. The Gap Between Urban and Rural Development Levels Narrowed[J]. Complexity, 2020.

[3] XIN PENG. Strategic interaction of environmental regulation and green productivity growth in China: Green innovation or pollution refuge?[J]. Science of the Total Environment. 2020, 732.

[4] 王培鑫，吕长江. 环境保护与经济发展能否和谐共进？——来自创新的经验证据 [J]. 南开管理评论：2023（1）：67-83.

长的相关程度、两者的成本与收益比例、现阶段的职业教育发展对于制造业人力资源积累作用与就业市场的供需平衡等问题上。

1. 关于职业教育与经济发展的研究

第一，职业教育与经济发展的研究阶段划分。对于教育在推动经济社会发展中的意义，中国古代思想家早已意识到教育是富民强国的关键手段。例如，墨子认为"国有贤良之士众，则国家之治厚"[①]。20世纪初，蔡元培与孙中山先生创立了"工业教育"。蔡元培先生认为，伴随工业发展，对受过职业教育的人才需求量将会变大，因此，进行职业教育也是劳动者解决生计的最主要手段[②]。古楳所著于1934年出版的《中国教育的经济观》，也被视作中国教育经济学的开山之作。目前国内学者们对职业教育与经济发展的研究可分为三个阶段：1978—1985年的初步探讨阶段、1985—1992年的初步发展阶段和1992年以来的蓬勃发展阶段。1978—1985年，国内学者主要从事对国外有关职业教育相关著作的翻译工作，并尝试在国外文献研究基础上，结合国家发展问题进行初步探析。此时学者多认为虽然不能直接看出职业教育对于经济的推动效果，但可以看出经济发展受到教育的约束。1985—1992年，国内的经济发展模式是以计划经济为主，在对于计划经济与商品经济发展问题的讨论中，职业教育改革和计划市场经济发展有关的研究范畴较为狭小，重点聚焦于市场经济变革对发展怎么样的职业教育更优，研究视角仅限于教育和计划商品经济。1992年开始，国家确定了要建立社会主义市场经济体制，市场经济的发展促使大量企业都需要相关技术类人才以提升生产能力，所以，这个阶段对于职业教育体制改革的研究较为丰富。

第二，职业教育可以为经济发展提供动力源。职业教育能够为国家经济发展提供大批高素质的技能人员，可以对企业的生产力、产业结构等带来诸多裨益。李礼等[③]通过1978—2019年高职教育发展与经济发展的相关

---

① 墨翟. 墨子（中国国学经典读本）[M]. 哈尔滨：北方文艺出版社，2014.
② 朱宗震，徐汇言编. 黄炎培研巧文集 [M]. 成都：四川人民出版社，2009.
③ 李礼，俞光祥，吴海天. 高职教育发展与经济发展的协调关系分析 [J]. 中国高等教育，2021（7）：59-61.

数据进行协整检验，系统分析了中国职业教育与经济社会发展之间的潜在关联与现实关系，并对中国职业教育与经济社会发展之间的相互关系与变化规律开展了初步的研究与探讨，认为专业化的劳动力人才供给对于经济发展、科技进步都有着显著正向的促进作用。李迪[1] 认为，职业教育培训是解决产业结构、就业等矛盾的基础。熊惠平[2] 认为，具备全民性、个性化职业教育体系对促进就业，避免阶级固化，具有重要意义。

从区域创新环境角度分析，经济高质量发展是长期动态性发展，需要以创新促进结构性调整，增强经济发展动力。马永红和李保祥[3] 收集我国2012—2016 年各省份区域创新环境指数，以 Lasso 模型分析得出结论：首先，我国各区域的创新环境指数大都还处于一个较低水平；其次，我国各区域中的区域创新环境与经济发展之间存在不均衡性，需要进行供给侧改革。就区域创新环境的各要素来看，创新人才环境是其中最为重要的结构组成部分，即人力资本存量与科技人才强度两大要素的供给变化，会通过以改善区域创新环境的角度促进区域经济的高质量发展。在这个要素升级过程中，职业教育无论是在增扩人力资本存量还是培训高层次科技创新人才的过程中都具备举足轻重的作用。这一阶段的很多在读博士将研究方向定在职业教育的经济学研究上，并对我国职业教育与经济发展的各方关系展开了深入探索。例如蒋义[4] 的博士论文，从产业发展的角度对职业教育促进经济增长的作用机制进行论证研究。陈用芳[5] 以劳动生产率的变化为抓手，研究职业教育的特殊属性、对经济增长方式的改变方面等。

第三，职业教育是共同富裕的重要推动力。职业教育尤其是中等职业教育，是帮助缩小城乡收入差距，实现共同富裕的重要基础路径。在实现

① 李迪. 发展我国职业技术教育的经济学思考 [J]. 职业技术教育，2001，22（13）：5-7.
② 熊惠平. 基于就业导向和创新型国家建设的高职教育——"上手快"和"后劲足"的关系解析 [J]. 职教论坛，2006（13）：29-31.
③ 马永红，李保祥. 区域创新环境对经济发展质量的影响 [J]. 统计与决策，2021，37（22）：120-124.
④ 蒋义. 我国职业教育对经济增长和产业发展贡献研究 [D]. 财政部财政科学研究所，2010.
⑤ 陈用芳. 经济增长、经济增长方式的转变与高等职业教育 [D]. 厦门大学，2007.

技能就业、提升人力资源储量方面，习近平[①] 在分析与把握实现共同富裕的实践途径中，认为在高质量发展的推进途中应注意强化就业导向问题。就业是民生之本，不断促进就业质与量的双重提升是经济质量增长的重要方面，在这个过程中则需要不断壮大实体经济、扩充岗位、增大人力资本投入和不断加强职业教育质量，以适应实体经济高质量发展需要、切实防范失业风险。汤玉梅和杨熙[②] 认为"人"是生产力中最具活力的能动因素，是最能推动共同富裕的能动力量。从职业教育高质量发展角度培育高素质技能人才对于扩充共同富裕的人力资源基础具有决定性作用。

在缩小城乡收入差距，实现区域均衡方面，安雪慧和元静[③] 认为职业教育是提升劳动者技能素质的基础路径，加大职业教育的经费投入对缩小城乡居民的可支配性收入差距具有显著积极效用。刘复兴[④] 将共同富裕归纳为新时代中国特色社会主义职业教育的价值根本。在现阶段，创新是经济发展第一动力，人才则是促进经济发展的重要资源。职业教育可以通过对于产业结构的改善，推动生产力的跃升与国民财富的可持续性提升。汤玉梅和杨熙[⑤] 还从城乡结构变迁角度分析出我国实现共同富裕的短板在于农村，职业教育可以在辅助农业、农村发展方面大有作为，加速促进城乡、区域协调发展。

2. 职业教育投资的成本与收益研究

在成本方面。首先，学者们对于职业教育投资成本的探讨主要分为"资源论"和"价值论"两种。资源论认为，投入给职业教育领域的直接资源与间接资源之间会产生各种额外成本；价值论则将对职业教育本身的资本投入也归于投入的资源成本之内。

———————

① 习近平. 正确认识和把握我国发展重大理论和实践问题 [J]. 求知，2022（6）：4-7.
② 汤玉梅，杨熙. 共同富裕与职业教育高质量发展的价值逻辑与优化路径 [J]. 中国人民大学教育学刊，2022（4）：80-90.
③ 安雪慧，元静. 中等职业教育：城乡共同富裕的基础路径——基于省级面板数据的实证研究 [J]. 教育研究，2023，44（3）：124-139.
④ 刘复兴. 教育与共同富裕——建设促进共同富裕的高质量教育体系 [J]. 教育研究，2022，43（8）：149-159.
⑤ 汤玉梅，杨熙. 共同富裕与职业教育高质量发展的价值逻辑与优化路径 [J]. 中国人民大学教育学刊，2022（4）：80-90.

其次以相应的划分模式对职业教育的投入成本进行分类划分。按照会计核算方式划分，教育投入成本又可包括现金成本和非现金成本；根据成本费用的产生形式，教育投入成本又可区分为实际成本与机会成本。

最后是有关于职业培训中的投资成本负担者问题的研究。就目前来看，职业教育作为准公共物品，普遍共识为政府部门应至少需要负担部分投资成本。也有些研究者主张个人应负担部分投资成本，因为职业教育的最主要目的就是帮助劳动者获取技能实现就业，这个过程中的直接受益人就是劳动者自身。但是由于职业院校建设、维护以及办学所需各项业务联系以及配套设施的整体投资费用巨大，个人无法承受相应的资金，因此，学者们认为应扩大社会资本的融入能力，接纳更多的企业、社会等捐赠。

在收益方面。第一，企业参与的收益影响研究。冉云芳[1] 在对于浙江省 89 家在校企合作模式下职业院校的收益率研究时发现，企业在这个项目中的参与程度会对成本收益产生不同的影响，高匹配度的校企合作收益率会更高。Yang等[2] 利用2005—2007年我国不同所有制企业相关面板数据，研究企业在职培训对于生产率的影响，证明在职培训等职业教育模式可以对企业人力资本质量产生提升，并有助于促进生产率提高。

第二，职业教育收益率研究。赵人伟[3] 以 Mincer 分析法，对我国教育投资的个人收益率进行了实证探究。得到的结果是，每多进行一年的教育，个人回报率即可增加 3.8%。舒强和张学敏[4] 通过全国抽样调查，发现基础教育每增加一年，年收入就能提高 1.8%，而职业教育每增加一年，年收入增加值就多 3%。

---

① 冉云芳. 企业参与现代学徒制的动机及其对成本收益的影响 [J]. 教育与经济，2021，37（6）：71-80.
② CHIH-HAI YANG, CHUN-HUNG LIN, DAW MA. R&D, Human Capital Investment and Productivity: Firm-level Evidence from China's Electronics Industry[J]. China & World Economy, 2010, 18(5)：72-89.
③ 赵人伟. 收入分配差距较大的形成原因与解决途径 [J]. 求是，2011（2）：32-33.
④ 舒强，张学敏. 农民工家庭子女高等教育个人投资的收益风险 [J]. 高等教育研究，2013，34（12）：50-59.

李照清[①] 使用永续盘存法对于2011—2017年我国六省的相关数据进行建模分析，结果论证物质资本存量及人力资本存量都与单位内的劳动产出具有正向相关关系。

第三，有关增强职业教育效益的策略研究。学者们所给出的指导意见主要包括：提升学生素质，科学设置专业课程，做到课程内容与就业需求密切相关，实现实时就业的新课程模式。冉云芳[②] 以单因素方差分析法对制造业、服务业的70家企业进行调查，认为从职业教育院校方面来看，应更加合理地改变自身院校与对标企业的技能匹配程度，降低学生流失率以吸引更多企业的资本投入。

3. 关于职业教育与人力资本积累的研究

2015年，中国经济增长前沿课题组在研究经济增长问题时，将人力资本积累列入经济促进增长的一大方面[③]。张平和郭冠清[④] 认为，马克思把劳动循环放在"资本循环"之列具有其历史客观局限性，并论述了资本主义的工业化生产模式实质上是劳动力的"贫困积累"，破除了资本占用劳动力的恶性循环，论证推动人力资本的持续累积、建立新的共享体制是中国社会主义市场走向经济高质量转型的关键。

按照传统西方经济学的理解，人力资本是指通过长期积累到劳动者自身的知识和能力来表达的输出能力，而这种输出能力也是企业提升产出效益的关键。同样，这些能力也会为员工提供额外的福利，是一项产生经济价值的投资。张鹏等[⑤] 认为自2012年以来中国经济增速换挡、供给侧结构性改革加速了城市化新模式的演变进程，原有的用于支撑低技能密度工业

① 李照清. 区域经济发展与高职教育互助共生关系的实证研究——基于6省数据的分析 [J]. 现代教育管理，2019（11）：111-115.
② 冉云芳，张文静，陆莹绮. 基于行业类别视角的企业参与职业教育办学成本收益分析 [J]. 职教论坛，2021，37（5）：26-38.
③ 中国经济增长前沿课题组. 突破经济增长减速的新要素供给理论、体制与政策选择 [J]. 经济研究，2015（11）.
④ 张平，郭冠清. 社会主义劳动力再生产及劳动价值创造与分享——理论、证据与政策 [J]. 经济研究，2016，51（8）：17-27+85.
⑤ 张鹏，张平，袁富华. 中国就业系统的演进、摩擦与转型—劳动力市场微观实证与体制分析 [J]. 经济研究，2019（12）.

的就业模式在逐渐丧失活力，低端化的人力资本与实际就业系统之间的适应能力不相匹配，需要专业性的职业教育系统来进行就业人员培训。何菊莲等[1] 以熵权改进 TOPSIS 法对 1999—2019 年的职业教育中人力资本水平进行评判，认为对于人力资本的投入链与产出链要注重融合发展，也是因为教授内容的特殊性，职业教育在培训大量的技术型和操作型人员方面，有着难以取代的功能。

王川[2] 认为目前职业教育的"教条论""线性论""工具论"三大理论误区都会对职业教育的人力资本培养带来负面影响，造成普通群众盲目崇尚高等教育，致使职业教育领域的社会地位远远小于普通教育。但是，实际上在混合所有制企业的发展规律下反而应更注重应用型人才的培养[3]。于金富[4] 在进行经济转轨下政治经济学范式研究中认为，资源配置改革是经济转轨的有效路径，并基于此建议改变职业教育的人才培养模式，从根本路线中提升企业生产效率，加速经济转轨进程。

从人力资本的就业质量视角分析，李桂荣和李文华[5] 为论证职业教育院校毕业的学生相较于初中、高中毕业的学生会有更好的就业质量，采用 CGSS（中国综合社会调查）中 2013、2015、2017 年相关数据的 3222 个样本，分析职业教育在不同情况下的就业市场回报情况，结果论证职业教育劳动者的就业质量具有显著优势。

4. 发展职业教育的经济政策研究

徐国庆[6] 认为在制定教育发展政策时要考虑国家经济发展与产业形态的联系，在以经济运行模式支撑的前提下，设置具有可协调能力的现代职

① 何菊莲，陈郡，梅烨. 基于经济高质量发展理念的我国高等教育人力资本水平测评 [J]. 教育与经济，2021，37（6）：44-52.

② 王川. 关于职业教育研究的三个问题 [J]. 职教论坛，2015（31）：15-20.

③ 钱津. 论坚持和完善中国特色社会主义基本经济制度的现实要点 [J]. 武汉科技大学学报（社会科学版），2021，23（5）：469-475.

④ 于金富. 中国经济转轨的新政治经济学研究范式 [J]. 武汉科技大学学报（社会科学版）：2019，21（6）：669-675.

⑤ 李桂荣，李文华. 读中职真的"不值"吗——基于就业质量视角的实证分析 [J]. 教育发展研究，2022，42（Z1）：39-44+56.

⑥ 徐国庆. 我国二元经济政策与职业教育发展的二元困境——经济社会学的视角 [J]. 教育研究，2019，40（1）：102-110.

业教育政策。牛征[①] 从民办职业教育院校高质量发展的角度提出，合理的价格机制可以激励社会力量对职业教育院校的投资。陈先运[②] 在总结了职业教育投入与区域经济发展作用关系的基础上，指出职业教育课程建设要与地方特色经济发展相融合，走产学研相互结合的办学道路。吕玉曼和徐国庆[③] 提出职教政策制定必须紧扣经济政策，强调多功能的统一。徐国庆[④] 以经济社会学视角，对我国的二元经济政策以及职业教育发展困境进行分析，认为重新定位企业在市场中的角色，以高水平职业教育支撑我国高端制造业发展，可以为经济高质量发展提供更为广阔的发展空间。

2.2.3 文献评述

2.2.3.1 职业教育发展方面

自 20 世纪 80 年代开始，我国职业教育的研究伴随着职业教育实践的发展而不断前进。但发展速度、发展规模以及社会认知程度等方面的局限性导致职业教育的研究无法获得相应提升，在学术研究方面也一直处于相对冷门的科研范畴之中。尽管涌现出了部分杰出成果，但是总体上处于初级阶段的客观现实并未改变。近些年，我国政府加强了对职业教育领域发展的关注力度，并制定了许多扶持职业教育发展的有利优惠政策，有利推动了我国职业教育研究的蓬勃发展。

第一，我国有关职业教育的理论基础还存在对国外的依赖现象，理论基础主要为劳动价值理论、公共物品理论、人力资本理论和经济增长理论等，有关于职业教育对应的投资收益率分析大多数采用内部分析法，缺乏与国内实际国情相结合的独立性理论体系。

第二，对职业教育发展趋势缺乏科学有效的评估系统。目前，国内对

---

① 牛征. 浅析民办职业教育机制 [J]. 教育与职业，2005（29）：16–18.
② 陈先运. 高等职业教育与地方经济建设发展的关系 [J]. 中国高教研究，2005（3）：49–51.
③ 吕玉曼，徐国庆. 改革开放以来我国职业教育政策的演变——基于宏观社会经济政策的视角 [J]. 职教论坛，2016（34）：44–51.
④ 徐国庆. 我国二元经济政策与职业教育发展的二元困境——经济社会学的视角 [J]. 教育研究，2019，40（1）：102–110.

职业教育发展程度的相关绩效评价更侧重于定性分析。虽有部分学者在尝试定量分析，但指标体系还不算完备，评估方式亟须更加规范化。

第三，关于现代职业教育体系的研究相对薄弱。新型农民的职业培育对于我国乡村振兴、城镇化建设、扩大中等收入群体等方面都是极佳的切入点，可以为农民就业、提升收入、减弱能力贫困等带来益处。"高精特"技能人员培训是加速我国基础性核心技术攻坚、打造人才创新高地的有效措施。所以，研究现代职业教育体系发展对于构建新发展格局，实现经济高质量发展等有着重要现实意义。

第四，目前的职业教育经济学研究范畴较为狭小，视角亟须拓宽。我国目前研究主要集中在职业教育与经济发展的关系、职业教育的成本与效益等几个方面，研究范畴亟待进一步扩展。

2.2.3.2 职业教育促进经济高质量发展方面

第一，我国经济转型升级与供给侧结构性改革，加速了城市化新模式的演变进程，原有的用于支持工业化的低技能就业模式在逐渐丧失活力，低端化的人力资本与实际就业系统之间的适应能力不相匹配，需要专业性的职业教育系统来进行就业人员培训，以适应经济的高质量发展。

第二，可持续发展是实现经济高质量发展的关键。创新是可持续发展的重要支撑环节，创新型人力资本可以从工业生产率提升等方面，为经济高质量发展带来有效提升。

第三，高质量的经济发展意味着满足人们的服务与生活需求、不断提升投入产出效率以增容经济效益。经济发展的动力优化问题中，寻求出新的人力资本、技术能力等动力源以摆脱旧动力源的束缚，可以有效解决我国经济运行过程中的需求不足等问题。

第四，职业教育发展是经济发展尤其是区域经济高质量发展的重要引擎。区域内更为专业化的人力资本可以为地方特色经济企业带来递增型经济收益，进而带动其他要素发生收益变化，实现规模效益的增长。

基于此，结合现有文献与理论基础，为后文论证职业教育与经济高质量发展的辩证关系、具体分析两者的重要作用与作用机制提供基础保障。

2.3 理论研究

2.3.1 马克思主义政治经济学理论

本书基于生产力理论分析了职业教育与经济发展，基于资本有机构成理论分析了职业教育与高质量发展，基于社会资本再生产理论分析了职业教育与经济高质量发展，并基于经济增长理论分析了技术进步、职业教育与经济增长。

2.3.1.1 职业教育与经济发展：基于生产力理论

1. 马克思生产力概念的理论背景

1776 年亚当·斯密在《国富论》中讨论社会分工时首次提出"劳动生产力"这一概念来强调在生产过程中劳动者的作用，认为"劳动生产力上最大的增进……都是分工的结果"[①]。此时他将生产力归结为劳动生产力，认为劳动是劳动者在特定时间内工作量的大小，是社会财富的源泉，劳动生产力本身受劳动者熟练程度、技巧等的影响，而这又"似乎是分工的结果"[②]。1803 年，萨伊在对亚当·斯密劳动价值论研究基础上，提出了生产三要素：劳动、资本、自然，认为"这三者是创造产品所不可缺少的因素"[③]。二者的差异源于亚当·斯密处于工场手工业向机器工业过渡期，当时社会条件下对生产力的研究仅为劳动者的熟练程度与技巧；到萨伊时，机器在资本主义生产过程中的地位有所增加，除了劳动外，对自然的索取和资本转化作用的地位日益突出。1841 年，李斯特《政治经济学的国民体系》在对经济发展阶段理论进行研究的过程中提出"生产力理论"，认为生产力是"获取物质财富的力量"[④]。尽管他也提出了"国家生产力是生产财富中物质力量与精神力量之和"[⑤]的观点，但是他这里的"精神力量"是用以控制物质生产来影响生产力的，还不具有自身精神生产的能力。

---

① 亚当·斯密.国民财富的性质和原因的研究 [M].北京：商务印书馆，1972：5.
② 亚当·斯密.国民财富的性质和原因的研究 [M].北京：商务印书馆，1972：5.
③ 萨伊.政治经济学概论 [M].北京：商务印书馆，2009：79.
④ 弗里德里希·李斯特.政治经济学的国民体系 [M].北京：商务印书馆，1961：79.
⑤ 弗里德里希·李斯特.政治经济学的国民体系 [M].北京：商务印书馆，1961：101.

1848 年舒尔茨的《生产的运动》（*Die Bewegung der Production*）[①] 谈论了物质生产力在社会生产中的重要作用，并认为国家是在社会生产到一定阶段后的产物，并从物质生产角度将社会生产分为"手工、工具、工场制造和机器"[②] 四个阶段，认为人在物质生产中"更多是以精神性的方式进行活动的操纵者和领导者"[③]。这也是舒尔茨生产力概念的核心。舒尔茨的理论对赫斯产生了直接的影响，在《论货币的本质》[④] 一文中，通过货币异化思想研究，将生产能力归结为生产过程中人们具备的主体生产技能，将生产力归结为生产过程中拥有的物质力量。舒尔茨和赫斯都看到了自然力在生产过程中的重要作用，在舒尔茨基础上，赫斯的生产力理论主要有两大突破：第一，将生产力确立为人在生产过程中所拥有的物质力量；第二，建立生产力与交往间的对应关系。

2. 马克思生产力概念的双重视阈

一方面，唯物史观视域下的生产力。马克思认为，生产力是人们从事物质生产的能力。现实生产过程包括一定的生产关系、劳动者、自然条件、科学技术、劳动资料等要素，但生产关系、劳动者与自然条件三要素并不属于生产力。第一，生产关系。1847 年，马克思在《哲学的贫困》中描述到"人们是在一定的生产关系范围内制造……社会关系和生产力密切相连"[⑤]。生产力是在特定生产关系下发挥作用，生产关系是生产的外部条件。第二，劳动者。劳动者是生产过程的主体，"因为任何生产力都是一种既得的力量，是以往的活动的产物……这种能力……决定于在他们以前已经

① 张一兵. 舒尔茨：物质生产力的量与质性结构——舒尔茨《生产的运动》解读 [J]. 学术界，2018（11）：5-15.

② 弗里德里希·威廉·舒尔茨. 生产运动：从历史统计学方面论国家和社会的一种新科学的基础的建立 [M]. 李乾坤，译. 南京：南京大学出版社，2019：39.

③ 弗里德里希·威廉·舒尔茨. 生产运动：从历史统计学方面论国家和社会的一种新科学的基础的建立 [M]. 李乾坤，译. 南京：南京大学出版社，2019：37.

④ 莫泽斯·赫斯，刘晖星. "真正的"社会主义者文章选译论货币的本质 [J]. 国际共运史研究资料，1982（4）：179-208.

⑤ 中共中央马克思恩格斯列宁斯大林著作编译局. 马克思恩格斯选集（第一卷）[M]. 北京：人民出版社，2012：222.

存在、不是由他们创立而是由前一代人创立的社会形式"①。生产力是人类历史活动中的产物，在前人劳动者基础上继承而获得。第三，自然条件。马克思认为自然条件在生产过程中发挥着重要作用"自然条件在经济上可以分为两大类：生活资料的自然富源……劳动资料的自然富源"②。

马克思关于生产力的表述为"特殊的生产条件……既包括表现为个人特性的主体的生产力，也包括客体的生产力"③。基于此，可以把唯物史观视域下的生产力按照《马克思列宁主义哲学词典》中的生产力内涵定义归结为"社会在生产领域所具备的主体力量与客体力量之和"④。其中科学技术是生产力发展的主体力量，生产资料是客体力量。

另一方面，政治经济学视域下的生产力。马克思在《资本论》中认为"生产力当然始终是有用的、具体的劳动的生产力，它事实上只决定有目的的生产活动在一定时间内的效率"⑤ "劳动生产力是由多种情况决定的，其中包括工人的平均熟练程度，科学的发展水平和它在工艺上应用的程度，生产过程的社会结合，生产资料的规模和效能，以及自然条件"⑥。从政治经济学视域来看，生产力是人们在单位时间内生产活动的效率，劳动生产是现实生产力的反映，且劳动生产力受到诸多因素的影响。

3. 生产力与经济高质量发展

马克思的《资本论》中包含了对于生产力发展的具体分析，这些分析包含了马克思关于产品创新、技术创新与制度创新的思想，为本书研究职业教育促进经济高质量发展奠定理论基础。

第一，产品创新。马克思在研究相对剩余价值生产时提出了"已经受

---

① 中共中央马克思恩格斯列宁斯大林著作编译局. 马克思恩格斯文集（第十卷）[M]. 北京：人民出版社，2009：43.
② 中共中央马克思恩格斯列宁斯大林著作编译局. 马克思恩格斯选集（第二卷）[M]. 北京：人民出版社，2012：256.
③ 中共中央马克思恩格斯列宁斯大林著作编译局. 马克思恩格斯文集（第八卷）[M]. 北京：人民出版社，2009：146.
④ 阿·科辛. 马克思列宁主义哲学词典 [M]. 郭官义，译. 北京：东方出版社. 1991.
⑤ 中共中央马克思恩格斯列宁斯大林著作编译局. 马克思恩格斯文集（第五卷）[M]. 北京：人民出版社，2009：59.
⑥ 中共中央马克思恩格斯列宁斯大林著作编译局. 马克思恩格斯文集（第五卷）[M]. 北京：人民出版社，2009：53.

它支配的产业由于生产方法的改变不断发生革命"①。其中生产方法的改变就是对于产品的创新，并以此方式获得更多剩余价值。基于这一原理，可以论证职业教育通过对产业间产品的更新迭代而获取更多生产力，进而增大现有资本积累。

第二，技术创新。《资本论》中对于技术创新的表述方式为"技术变革""科学技术的应用""使用新的机器"等，技术创新可以帮助资本家节约生产成本进而获得更多剩余价值。通过劳动者的教育与训练即职业教育可以提高劳动者素质与生产技能，使劳动者能够发明与运用新的生产技术，从而促进技术创新。

第三，制度创新。特定的生产关系决定生产力的发展，《资本论》中论述了手工业向工厂制度转变过程中，生产技术变革需要通过具体的生产组织形式及其管理制度的创新来实现，这也对企业员工总体素质与企业管理技能提出了更高要求。因此，马克思企业制度与管理创新思想为发展现代职业教育体系、促进经济发展提供了科学的理论基础。

2.3.1.2 职业教育与高质量发展：基于资本有机构成理论

资本有机构成理论是帮助理解资本积累、社会再生产、利润形成等概念的关键理论。资本有机构成是对资本结构的表述，反映资本有机构成部分之间的关系与特征。了解资本有机构成理论应首先明确马克思提出的"资本"是什么，进而了解资本的构成部分是哪些，在清楚资本有机构成的基础上继而分析资本有机构成的规律、经济效应及影响因素，并说明资本有机构成理论是研究职业教育促进经济高质量发展理论基础的原因。

就资本内涵而言，马克思在《资本论》第一卷第二篇"货币转化为资本"中认为"商品流通是资本的起点"②，资本循环可以实现资本转化的连续性，且"一切循环的共同点是价值增殖，这是资本主义生产的根本目的和

---

① 中共中央马克思恩格斯列宁斯大林著作编译局. 马克思恩格斯文集（第五卷）[M].
  北京：人民出版社，2009：584.
② 中共中央马克思恩格斯列宁斯大林著作编译局. 马克思恩格斯选集（第二卷）[M].
  北京：人民出版社，2012：156.

动机"① 。马克思将货币转化为资本的过程描述为：资本家预支货币（G）—购买商品（W）—卖出商品（W）—收回货币（G'），G' 与 G 之间的转化过程即货币转化为资本的过程。资本家在整个商品流通中需要的是赚取中间差额（G'–G）即"剩余价值"，而剩余价值就是资本增殖的源泉。但是，在价值增殖过程中资本家需要购买到一种特殊商品② ，就是"生产资料和生活资料的占有者在市场上找到出卖自己劳动力的自由工人"③ 。

综上所述，资本家购买生产资料以及劳动者所出卖的劳动力，并将劳动力作用于生产资料，生产出商品，新商品以高于生产资料及劳动力总和的价格卖出，所产生的收益（剩余价值）就是货币的增殖。由此可看出，货币的增殖源自购买的劳动力所能创造的价值，基于此，马克思认为劳动力的使用价值具有"价值源泉的属性"④ 。

就资本有机构成的内涵而言，上文分析了资本家为获得更多的价值增殖，需要在最初阶段预支货币分别用来购买生产资料和劳动力。购买劳动力和生产资料这两部分的预支货币在价值增殖过程中发挥着不同的作用，理解作用的不同首先需要理解劳动的二重性。劳动的二重性指的是具体劳动和抽象劳动，其中"具体劳动生产使用价值，抽象劳动生产价值"⑤ 。劳动在价值形成过程中首先是加入新的价值，即劳动者在生产资料中注入新的有用的劳动。例如工人将棉花纺成纱线的过程就是劳动的过程，在这个过程中需要劳动者依靠手、眼的协调劳作，帮助棉花形成新的价值即纱线，马克思将这个过程表述为"通过自己的劳动加进价值……他的劳动是一般的抽象的社会劳动"⑥ 。

① 中共中央马克思恩格斯列宁斯大林著作编译局. 马克思恩格斯选集（第二卷）[M].
　　北京：人民出版社，2012：12.
② 注：此处的特殊商品就是指劳动力。
③ 中共中央马克思恩格斯列宁斯大林著作编译局. 马克思恩格斯选集（第二卷）[M].
　　北京：人民出版社，2012：164.
④ 中共中央马克思恩格斯列宁斯大林著作编译局. 马克思恩格斯选集（第二卷）[M].
　　北京：人民出版社，2012：164.
⑤ 中共中央马克思恩格斯列宁斯大林著作编译局. 马克思恩格斯选集（第二卷）[M].
　　北京：人民出版社，2012：3.
⑥ 中共中央马克思恩格斯列宁斯大林著作编译局. 马克思恩格斯选集（第二卷）[M].
　　北京：人民出版社，2012：181.

劳动在价值形成过程中另一结果是旧价值的转移，即原有资料的价值转移到新的产品之上，例如棉花纺成纱线，棉花本身的价值就转移到了纱线上，就是"把这些生产资料的价值转移到产品上，从而把这些价值保存在产品中"①。商品的二重性表明了资本在增殖过程中的不同职能，马克思为区分两部分资本在价值增殖过程中的不同作用，分别将它们称之为"不变资本"与"可变资本"。这也就是资本的构成部分。

可以看出，不变资本部分并不能改变自身原有价值量，可变资本部分劳动力除了可以生产自身等价价值之外，还可以生产剩余价值。这也是"价值由劳动创造"的缘由所在。

资本的积累过程就是资本构成变化的过程，不变资本与可变资本的比率则是资本的价值构成，也可以说"生产资料的价值和劳动力的价值即工资总额的比例"②是资本的价值构成。而生产过程中所使用的生产资料量与使用这些生产资料所必需的劳动量之间的比率为资本的技术构成。"由资本技术构成决定并且反映技术构成变化的资本价值构成"③就是资本的有机构成。以牧场养牛为例子，假设牧场30头奶牛，10个工人，奶牛价值3000，工人工资共计100，从价值构成来看：不变资本为3000，可变资本为工人工资100；则资本技术构成就是30头奶牛与推动奶牛产奶的10名工人之比，30∶1（生产资料／劳动力），资本价值构成就是奶牛价值与工人工资之比，3000∶100（不变资本／可变资本）。资本的有机构成就是反映奶牛与推动牧场运营的工人之间量的关系，也就是劳动生产率或技术效率。资本技术构成会受到生产力与技术水平差异的制约，可以反映某一阶段的生产力水平，是"资本有机构成的真正基础"④。

资本的有机构成理论揭示了经济发展的动态变化过程，伴随着经济发

① 中共中央马克思恩格斯列宁斯大林著作编译局. 马克思恩格斯选集（第二卷）[M]. 北京：人民出版社，2012：181.
② 中共中央马克思恩格斯列宁斯大林著作编译局. 马克思恩格斯选集（第二卷）[M]. 北京：人民出版社，2012：273.
③ 中共中央马克思恩格斯列宁斯大林著作编译局. 马克思恩格斯选集（第二卷）[M]. 北京：人民出版社，2012：274.
④ 中共中央马克思恩格斯列宁斯大林著作编译局. 马克思恩格斯全集（第四十六卷）[M]. 北京：人民出版社，2001：173.

展质量的提升，对于劳动力的技能需求也水涨船高，进而要求我们依靠职业教育逐步提升劳动力质量。特别是在当前第四次产业革命兴起、数字经济大力发展的背景下，"数字鸿沟"会导致劳动力就业结构的重大变化，对劳动者产生挤出效应，职业教育必须适应这种重大变化，改革职业教育自身体系模式，为培养实用性人才提供基本保障，否则会进一步加剧劳动力过剩问题。

2.3.1.3 职业教育与经济高质量发展：基于社会资本再生产理论

1. 社会资本再生产的理论背景

1758 年，魁奈的《经济表》[①]（*Tableau Ecollomique*）首先以阶级划分的方式将国民分为三个阶级（生产阶级、土地所有者阶级和不生产阶级），并将三个阶级设定为社会再生产的出发点，讨论经济运行中生产、流通与再生产的循环过程。但是，由于经济表的整体表述是把所有使用价值综合在一起，存在中间再生产过程的中断问题，导致经济表并不易被世人接受。

亚当·斯密继承了魁奈的观点，并在这基础上提出了"斯密教条"，认为社会总产品的价值 = 工资 + 利润（利息）+ 地租，但是亚当·斯密却忽略了在商品价值构成中的生产资料价值。

1857 年，马克思在《〈政治经济学批判〉（导言）》中指出"一定的生产决定一定的消费、分配、交换和这些不同要素相互间的一定关系"[②]。说明了社会再生产是一个多方相互联系的整体概念。1863 年马克思在伦敦写给恩格斯的信中附带了他对魁奈的经济表理解（见图 2-10），并随信表达了他对于亚当·斯密社会总产品价值的质疑，并重新对比分析了魁奈的《经济表》，并形成了社会再生产初步框架。

图 2-10 构建出了社会再生产理论的框架雏形，马克思从产品最终用途视角，将社会总产品分为生活资料与机器原料两部类，从劳动价值论与剩余价值论角度将总产品划分为不变资本、可变资本和剩余价值；回归到

---

① 弗朗索瓦·魁奈. 魁奈《经济表》及著作选 [M]. 晏智杰，译. 北京：华夏出版社，2006.

② 中共中央马克思恩格斯列宁斯大林著作编译局. 马克思恩格斯选集（第二卷）[M]. 北京：人民出版社，2012：714.

资本主义现实中，继而将剩余价值细化为利润①。

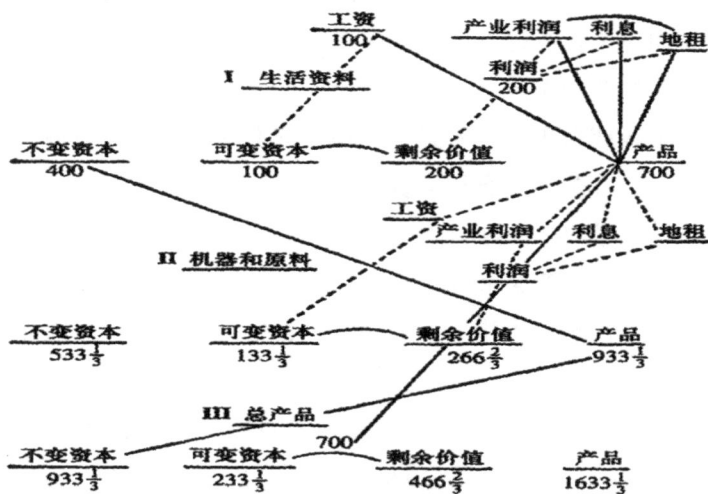

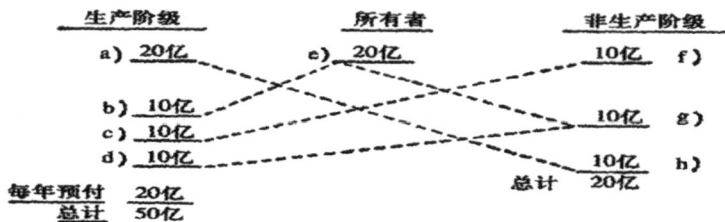

图 2-10　马克思给恩格斯的信中所附的社会再生产过程图表

资料来源：中共中央马克思恩格斯列宁斯大林著作编译局. 马克思恩格斯文集（第十卷）：书信选编 [M]. 北京：人民出版社，2009：206.

　　图 2-10 也是马克思在对亚当·斯密社会总产品价值的质疑中，科学地提出了两个社会再生产理论的前提，即社会总产品在两种形式上的构成方式。第一，价值形式中社会总产品是不变资本、可变资本和剩余价值之和。第二，在实物形式上是生产资料的第一部类和生产消费品的第二部类之和。

　　1866 年，马克思在讨论劳动力价值时提出"扩大的规模再生产"并提出"直到一种新的、根本的革命把它消灭，并以新的历史形式再恢复这种

———————

① 此处利润包含：产业利润、利息和地租。

原始的统一为止"①。认为魁奈本身混淆了"价值与使用价值"②，并阐
明了社会再生产的过程是循环往复的过程，这是对于魁奈的再生产理论的
升华。继而在《资本论》第一卷中点明社会再生产的条件"生产的条件同
时也就是再生产的条件"③，再生产就是"不断地把它的一部分产品再转
化为生产资料或新生产的要素"。在《资本论》第三卷中将再生产的环节
列为"生产、分配、流通和消费"④。恩格斯在《马克思和洛贝尔图斯》
中评论到马克思的社会再生产理论是"共产主义的理论基础"⑤。

　　2. 以社会再生产理论认识经济双循环

　　社会再生产理论中指出经济循环包含生产、分配、流通和消费四个环
节。习近平总书记强调"构建新发展格局，要坚持扩大内需这个战略基点，
使生产、分配、流通、消费更多依托国内市场，形成国民经济良性循环"⑥。
这是对马克思社会再生产理论的新的继承与发展（洪银兴，2021）⑦。

　　"生产直接是消费，消费直接是生产"⑧，生产创造出消费资料（产品），
消费资料在消费中完成并创造出新的生产需要。这也是我们现在提出新发
展格局要以扩大内需作为战略基点的原因。

　　《资本论》（第二卷）中提到"分配上出现的是地租、工资、利息

---

① 中共中央马克思恩格斯列宁斯大林著作编译局. 马克思恩格斯文集（第三卷）：
1864—1883 年著作 [M]. 北京：人民出版社，2009：55.
② 中共中央马克思恩格斯列宁斯大林著作编译局. 马克思恩格斯文集（第三卷）：
1864—1883 年著作 [M]. 北京：人民出版社，2009：632.
③ 中共中央马克思恩格斯列宁斯大林著作编译局. 马克思恩格斯文集（第五卷）：资
本论（第一卷）[M]. 北京：人民出版社，2009：653.
④ 中共中央马克思恩格斯列宁斯大林著作编译局. 马克思恩格斯选集（第二卷）[M].
北京：人民出版社，2012：670.
⑤ 中共中央马克思恩格斯列宁斯大林著作编译局. 马克思恩格斯文集（第四卷）：恩
格斯 1884—1895 年著作 [M]. 北京：人民出版社,2009：586.
⑥ 习近平. 关于《中共中央关于制定国民经济和社会发展第十四个五年规划和
二〇三五年远景目标的建议》的说明 [N]. 人民日报，2020–11–04（002）.
⑦ 洪银兴. 政治经济学视角的新发展格局 [J]. 马克思主义与现实，2021（1）：7–11+203.
⑧ 中共中央马克思恩格斯列宁斯大林著作编译局. 马克思恩格斯选集（第二卷）[M].
北京：人民出版社，2012：706.

和利润"① 。个人消费能力受收入影响，社会消费力则取决于社会分配，也就是马克思所言"社会消费力取决于以对抗性的分配关系为基础的消费力"② 。基于此，我们现在研究国内大循环需要注重两方面问题。第一，调整收入与分配，关注低收入群体的工资收入提升，这方面需要通过发展职业教育培育劳动力获取低技能以缩小收入差距。第二，调整积累与消费，这方面就需要"有为政府"，扩大公共消费支出，提升整体消费率。

流通速度取决于"生产过程更新速度与消费速度"③ 两方面。利润也只有在"流通中通过流通获得"④ 。国内大"循环"，本身就是对"流通"的概括，流通同消费进行结合形成消费需求后，流通才能为获取市场需求增长、产品创新创造空间。

扩大再生产中还涉及供给问题，因为经济内循环，不仅是消费的流通循环，也是产业链的循环畅通。第一，产业链的更新迭代可以带来自身的消费需求，诸如更换仪器、技术供给等。第二，产业链的循环还可以带来更大的市场消费需求，为市场提供更高质量的产品。但是在满足产业链循环方面还需要职业教育同产业发展双方同时发力，以产学研结合模式加速产业链的"智力"升级；还应提升国际资源配置能力，为实现国内国际双循环的国际布局培育新动能。

2.3.1.4 技术进步、职业教育与经济增长：基于经济增长理论

资本是经济增长的关键，马克思经济增长理论其本质是内生的，因为在他看来技术进步与劳动生产率提高的原因是资本的趋利性。企业为获得高额利润会引进先进技术来提升资本有机构成，以带来生产资料的增长；相反生产资料的增长又会带来更多资本帮助企业改善技术，提升整体生产效率，具体在《资本论》中表述为"一些生产资料的增长是劳动生产率增

---

① 中共中央马克思恩格斯列宁斯大林著作编译局. 马克思恩格斯选集（第二卷）[M]. 北京：人民出版社，2012：709.
② 中共中央马克思恩格斯列宁斯大林著作编译局. 马克思恩格斯选集（第二卷）[M]. 北京：人民出版社，2012：524.
③ 中共中央马克思恩格斯列宁斯大林著作编译局. 马克思恩格斯选集（第二卷）[M]. 北京：人民出版社，2012：536.
④ 中共中央马克思恩格斯列宁斯大林著作编译局. 马克思恩格斯选集（第二卷）[M]. 北京：人民出版社，2012：540.

长的结果，另一些生产资料的增长是劳动生产率增长的条件"①。

如前所述，马克思认为反映技术水平的资本有机构成是技术构成与价值构成的有机统一，即"资本技术构成的这一变化，即生产资料的量比推动它的劳动力的量相对增长，又反映在资本的价值构成上，即资本的不变组成部分靠减少它的可变组成部分而增加"②。马艳③将这种变化归类为外延资本有机构成的变化，但它表现的是生产资料与劳动力的数量的变化，而质量本身不发生改变。这种思维模式与马克思当时所处的机器大工业时期相关，劳动者整体受教育程度低，劳动生产率的变化不会影响当时的简单劳动模式，但是现阶段的劳动力结构则是以脑力为主的复杂劳动，所以在现阶段，以外延资本有机构成变化带来的技术进步就会导致价值与使用价值形态的偏离。

与此对应的是以劳动复杂程度与技能提升等促进技术进步的内生性技术进步。这种资本有机构成变化被称之为内涵资本有机构成的变化（马艳，2009）。它可以有效避免价值与使用价值形态的背离。在马克思的价值论中"比较复杂的劳动只是自乘的或不如说多倍的简单劳动"④。马克思将价值用简单劳动度量，则复杂劳动可以创造出大于简单劳动的价值。也就是说企业引进复杂劳动力也可以获得价值总量的增长，且可以获得比等量简单劳动更多的经济增长。这表现在现实经济增长中具有两种情形：第一，劳动复杂程度提升，同等时间创造更多劳动产品；第二，技术创新，产品复杂程度提升，则质量增加。

技术进步是增大资本积累来促进经济高质量增长的有效手段，而技术进步在人力资本中的体现就是扩大中等职业教育的学生群体，帮助多数劳动者获取技能，消除贫困，增容高等职业教育受众来进一步提升技术，获

① 中共中央马克思恩格斯列宁斯大林著作编译局. 马克思恩格斯选集（第二卷）[M]. 北京：人民出版社，2012：256.
② 中共中央马克思恩格斯列宁斯大林著作编译局. 马克思恩格斯选集（第二卷）[M]. 北京：人民出版社，2012：256.
③ 马艳. 马克思主义资本有机构成理论创新与实证分析 [J]. 学术月刊，2009，41（5）：68-75.
④ 中共中央马克思恩格斯列宁斯大林著作编译局. 马克思恩格斯选集（第二卷）[M]. 北京：人民出版社，2012：121.

得技能革新。托马斯（Thomas）[①] 对于马克思偏向性技术进步进行了深入分析，认为剩余价值的内生动力以及市场竞争的外部压力会迫使资本家在劳动过程中进行技术革新，在降低生产成本的同时获得更多利润，这种劳动生产率提升、资本生产率下降的模式就是技术进步、资本积累的过程。赵峰和张建堡[②] 从马克思主义随机演化视角，针对这种资本积累的模式进行了探究，并推论出技术进步—资本积累—经济增长的路径，并认为我国经济符合且会在这一路径中伴随着演化进程而不断强化。

在此进一步依据数理模型对技术进步是增大资本积累、促进经济高质量增长的有效手段进行论证，假定产出：

$$Y(t) = K(t)^\alpha H(t)^\beta \left[A(t)L(t) \right]^{1-\alpha-\beta}, \quad \alpha > 0, \quad \beta > 0, \quad \alpha + \beta < 1 \quad （2-2）$$

假定 K 为人力资本投资，假定 H 为人力资本存量，L 为劳动力总人数，A 为技术进步率，已知条件为 $\dot{K}(t) = S_K Y(t)$，$\dot{L}(t) = nL(t)$，$\dot{H}(t) = S_H Y(t)$，$\dot{A}(t) = gA(t)$，其中，S_H 为人力资本中用于投资比例，S_K 为人力资本中用于积累比例。

设定 $k = K/AL$，$h = H/AL$，$y = Y/AL$，则规模报酬不变情况下人均有效产出公式为：

$$\frac{Y}{AL} = \left(\frac{K}{AL}\right)^\alpha \left(\frac{H}{AL}\right)^\beta \left(\frac{AL}{AL}\right)^{1-\alpha-\beta} \quad （2-3）$$

推导得：

$$y(t) = k(t)^\alpha h(t)^\beta \quad （2-4）$$

由（2-4）式对 t 进行求导：

---

① THOMAS R. MICHL. Biased Technical Change and the Aggregate Production Function[J].International Review of Applied Economics, 1999 (2).

② 赵峰，张建堡. 技术进步、资本积累与经济增长———一个马克思主义随机演化的视角 [J]. 当代经济研究，2021（12）：25-35.

$$\dot{K}(t) = \left(\frac{K'(t)}{AL}\right)_t = \frac{\dot{K}(t)(AL) - K(t)(\dot{A}L + A\dot{L})}{(AL)^2}$$

$$= \frac{S_K Y(t)(AL) - K(t)(gAL + ALn)}{(AL)^2} \qquad (2\text{-}5)$$

$$= \frac{S_k Y(t) - K(t)(g+n)}{AL} = S_K y(t) - k(t)(g+n)$$

$$= S_K k(t)^\alpha \, h(t)^\beta - k(t)(g+n)$$

同理得： $\qquad \dot{h}(t) = S_H k(t)^\alpha \, h(t)^\beta - h(t)(g+n) \qquad (2\text{-}6)$

当处于平衡增长路径时，$k = h = 0$，所以由（2-5）式、（2-6）式可得：

$$S_K k(t)^\alpha h(t)^\beta = k(t)(g+n) \Longrightarrow k(t) = \frac{S_K k(t)^\alpha h(t)^\beta}{g+n} \qquad (2\text{-}7)$$

$$S_H k(t)^\alpha h(t)^\beta = h(t)(g+n) \Longrightarrow h(t) = \frac{S_H k(t)^\alpha h(t)^\beta}{g+n} \qquad (2\text{-}8)$$

对（2-7）式、（2-8）式分别取对数：

$$lnh(t) = lnS_H + \alpha \, lnk(t) + \beta lnh(t) - ln(n+g) \qquad (2\text{-}9)$$

$$lnk(t) = lnS_k + \alpha \, lnk(t) + \beta lnh(t) - ln(n+g) \qquad (2\text{-}10)$$

移项并解方程组得：

$$(1-\beta) \, lnh(t) = lnS_H + \alpha \, lnk(t) + ln(n+g) \qquad (2\text{-}11)$$

$$(1-\alpha) lnk(t) = lnS_k + \beta lnh(t) + ln(n+g) \qquad (2\text{-}12)$$

并将（2-11）式、（2-12）式代入（2-5）式，得到：

$$lny = \frac{\alpha}{1-\alpha-\beta} lnS_k + \frac{\beta}{1-\alpha-\beta} S_H - \frac{\alpha+\beta}{1-\alpha-\beta} ln(n+g) \qquad (2-13)$$

由公式（2-13）可得，经济增长程度与劳动力数量、人力资本投资、人力资本积累技术进步等都具有相关关系[①]。

由此可见，马克思认为技术进步是经济增长源泉，而技术进步本身又有内涵与外延的区分，内涵的技术进步可以推动经济增长，而职业教育又可以促进经济进步。随着经济增长理论的提出，学者们对于人力资本、技术创新等对经济高质量发展的研究也逐渐深入，为本书研究职业教育促进经济高质量发展提供有利条件。

2.3.2 新发展理念在职业教育中的主要表现

高质量的经济发展需要与教育、文化等多领域进行合作扩展，这是观念互通、思维互动的重要体现。职业教育是农村地区、贫困地区人民摆脱贫困的直接有效手段，建设现代职业教育体系对实现经济高质量发展、完成两个百年奋斗目标有着重要意义。

经济高质量发展需要充分体现创新、协调、绿色、开放、共享的新发展理念，实现量的合理增长与质的有效提升。

第一，以"创新"理念服务科技强国。党的二十大为我们指明了"创新是第一动力"，创新能力提升的过程中"人才是第一资源"。职业教育可以通过开发积累外显性与内隐性人力资本，增加产品科技含量，提升全要素生产率，推动经济高质量发展。首先，通过创新人才集聚促进经济高质量发展。职业教育可以加大教育投入，可以增强劳动力对先进技术的转化能力，为加速传统行业改造升级提供新鲜活力，并在新兴行业方面，为新型产业的崛起提供强大动力源[②]。冯明[③] 采用 2009—2020 年我国 30 个

---

① 王留鑫，洪名勇. 内生增长模型视角下人力资本对农民收入增长的影响 [J]. 统计与决策，2016（23）：110-112.
② 宋大伟. 坚持创新驱动引领中国经济高质量发展 [J]. 中国科学院院刊，2019，34(10)：1152-1155.
③ 冯明. 创新要素集聚、城市创新能力与经济高质量发展 [J]. 技术经济与管理研究，2023（2）：43-49.

省份的面板数据得出结论，认为高技能型人才队伍集聚（创新人员集聚）可以有效赋能城市创新与经济高质量发展。为研究创新人才集聚与经济高质量发展的关系，崔祥民和柴晨星[①] 采用空间杜宾模型对 2004—2018 年长三角部分城市创新人才集聚对经济发展质量的空间溢出效应进行探究，结论认为创新人才规模对经济高质量发展边际贡献递增，为我们论证创新对经济高质量发展提供了支撑。其次，职业教育可以通过创新驱动来提升全要素生产率，促进经济高质量发展。桑倩倩和聂玉香[②] 采取 2006—2016 年237 个地域的面板数据分析教育投入对经济高质量发展的作用机制，研究认为教育投入可以提升劳动者对于外来技术的消化吸收能力并将之作用于生产，提升经济生产效率。王建康和韩倩[③] 就从创新驱动对城市经济发展质量角度，以我国 285 个地市的相关面板数据分析并论证了创新能力对于经济发展质量具有正向空间溢出效应，并认为教育培训可以作为中介，提升城市创新能力并使得政府对资源进行重新配置，进一步循环提升经济发展质量。

第二，以"协调"理念促进区域联动、产业结构协调。历经接续发展，我国职业教育体系伴随社会经济发展需要也进入了高质量发展阶段。高质量发展要求职业教育实现均衡发展与内涵发展。其一，职业教育帮助实现区域协调发展。在东部地区，依据"高精特"企业实际需要，设立高技能职业教育培训院校，深化产学研合作，帮助实现东部地区科技质的提升。在中部地区，设立特色农业产业技术培训，为培育新型职业农民、提升产品产能有效赋能。在西部地区，依照西部大开发实际所需，建设对应特色培训学校，为我国西部大开发战略提供人才支撑。其二，职业教育帮助实现产业协调。依据第一、二、三产业的产业链条特征，形成结构规模合理，专业布局紧凑的优质职业教育培训体系，为产业结构升级迭代提供合理动

① 崔祥民，柴晨星. 创新人才集聚对经济高质量发展的影响效应研究——基于长三角 41 个城市面板数据的实证分析 [J]. 软科学，2022，36（6）：106-114.
② 桑倩倩，栗玉香. 教育投入、技术创新与经济高质量发展——来自 237 个地级市的经验证据 [J]. 求是学刊，2021，48（3）：86-99.
③ 王建康，韩倩. 创新驱动是否促进了城市经济高质量发展？[J]. 科学学与科学技术管理，2022，43（11）：88-106.

能。其三，职业教育帮助实现城乡协调。深化职业教育内部各个环节、层面的体系改革，充分发挥职业教育的民生功能，以普惠式教育助推低技能劳动力实现能力减贫，增加居民收入，缩小城乡收入差距。

第三，以"绿色"理念增强经济发展适切性。绿色理念不仅是对资源的节约，也是对于客观规律的遵循。职业教育发展为要素节约型经济建设提供了人力保障。现代职业教育体系不是对于传统技能人才培养教学模式的照搬，也是对生态发展客观规律的遵循，还是对生态产能提升进行服务的适切性教育。绿色发展需要创新作为核心动能，对应而言，人力资本能力越高，对于绿色技术的吸收能力与利用效率越强，可以通过技术的溢出效应来进一步提高绿色生产力，促进绿色协调发展。

第四，以"开放"理念实现经济多元融合。我国经济发展正处于向创新驱动转型时期，党的十九大将"人才对外开放"摆在了推进国家对外开放首要位置，主动参与人才竞争、不断开辟对外开放新赛道、增强新动能是对外开放的发展方向。高素质劳动力向出口导向型产业流入，可以显著提高出口产业的技术复杂程度[①]。实行对外开放可以加速扩张技术外溢与知识引进，为我国高新技术产业智力提升与核心技术攻关都可带来正向影响。

第五，以"共享"理念促进共同富裕。职业教育从覆盖面上做到了"面向人人"，从人的发展角度上做到了给予"人人出彩"的机会。职业教育以这种面向各层次，实现终身学习的"共享"模式为共同富裕的实现奠定基础。职业教育学校在发展过程中同地方产业、经济发展需要实现精准对接，以产教融合模式在产业园、工业区的发展中逐渐摸索、主动求变。在技术研发、资源融合等方面进行跨界融合，为经济高质量发展实现"智慧共享"，提供智慧支撑。

2.3.3 新结构经济学理论

新结构经济学运用和创新现代经济学研究方法，以马克思主义中国化

---

① LI J, LU Y, SONG H. Long-term impact of trade liberalization on human capital formation[J]. Journal of Comparative Economics, 2019, 47(4):946-961.

时代化为指导，具体体现在其视角和框架上，即"一个中心，三个基本点"。"一个中心"指的是一个经济体在每个时点给定、随时间可变的要素禀赋结构（the factor endowment structure），是新结构经济学认识世界的起点，反映和创新了马克思辩证唯物主义物质第一性的原则[①]。"三个基本点"的第一个基本点指的是一个经济体在每个时点的各种结构的内生性（the endogenous structure），即生产结构（指产业结构及每个产业所用技术的结构）内生于要素禀赋结构，基础设施结构与上层制度结构（包括金融结构、教育结构、科研结构、空间结构、开放结构、环境结构、制度结构等）内生于生产结构，也就是发展的本质——一个经济体如何从生产力水平低的产业、技术、软硬基础设施的结构升级到生产力水平高的产业、技术、软硬基础设施的结构；第二个基本点是扭曲的内生性（the endogenous distortion），即扭曲是内生于不同层次结构变迁的难易和速度的不同或由于政府的干预等导致对内生适宜的生产结构、基础设施结构和上层制度结构的偏离，也就是改革的本质——如何消除扭曲变成一个各种结构环环相扣都没有扭曲的状态；第三个基本点是经济运行的内生性（the endogenous operation），即由于结构和扭曲的内生性，经济运行的规律也呈现内生性，也就是运行的本质[②]。

　　本节在西方人力资本理论基础上运用新结构经济学相关理论，推导新结构经济学中的最优人力资本结构理论，探讨人力资本积累、职业教育与经济高质量发展的关系以及内生性经济增长、职业教育与经济高质量发展三者的内在联系。

[①]　在历史唯物主义的理论体系中，经济基础决定上层建筑，上层建筑反作用于经济基础，因此，相对于上层建筑，经济基础具有第一性；经济基础由生产力和生产力所决定的生产关系组成，因此，相对于生产关系，生产力具有第一性；生产力则由一个经济体的产业和产业所使用的技术决定，一个经济体的产业和产业所用的技术则内生决定于该经济在每个时点给定、随着时间可变的劳动、土地、资本等要素禀赋和其结构决定，因此，要素禀赋和其结构在历史唯物主义的分析框架中具有"第一性物质"的地位。

[②]　付才辉. 新结构经济学：一场经济学的结构革命———种（偏）微分方程思路下内生（总量）生产函数的解读 [J]. 经济评论，2017（3）：81-103.

2.3.3.1 人力资本与经济增长

人力资本理论是当前世界经济发展理论中的核心内容，人力资本也是促进当今时代经济高质量发展的重要动力源。柏拉图在《理想国》中首次提出了教育的经济价值，1662 年威廉·配第在《赋税论》中区分自然价格与市场价格时，提出生产商品时所耗费的劳动时间对于商品价值起决定性作用，还提出"劳动是财富之父"的观点；亚当·斯密在威廉·配第观点的基础上认为劳动技巧的熟练程度和对生产选择的判断能力都与生产效率密不可分，而这些劳动技巧需要经过对人的教育培训获得，而教育培训本身是需要付出时间与学费的，但这些投入可以在后期得到偿还，这种思想被认为是早期的人力资本思想萌芽。

1960 年，舒尔茨的《人力资本投资》（*Investment in Human Capital*）第一次系统地阐述了人力资本理论，提出人力资本是促进经济增长的主要原因，即经济的发展程度取决于劳动力的质量，并科学地回答了有关人力资本的关键性问题。第一，人力资本对于经济增长的贡献。从劳动力市场中不同劳动者的收入差异为切入点，发现教育层次、健康程度是收入差异的主要原因，认为人的劳动能力提升可以带来劳动生产率的提升。第二，人力资本的投资范围与内容。他认为人力资源包含劳动力数量与质量两方面，将形成人力资本的费用作为测量人力资本投资的方式，并将在职培训、与劳动者健康有关的活动、学校教育、成人学习项目与为获得工作机会而进行的个人和家庭迁徙五方面作为提升劳动者生产能力的方面。舒尔茨的这些研究为人力资本理论的形成产生了深远的影响。

贝克尔是继舒尔茨后对于人力资本理论做出重大贡献的经济学家，1964 年发表的《人力资本》（*Human Capital*）[①] 在完全竞争的市场理论框架下，以在职培训为载体建立了人力资本投资理论。在职培训的成本分为在职培训的直接培训费用与劳动者参与培训时间上的机会成本。劳动者参与培训必然减少工作时间，减少边际产出，但培训后单位时间内的劳动生产率提升又会加速边际产出的增加。以在职培训中的收入支出为切入，从

---

① BECKER G S . Human Capital: A Theoretical and Empirical Analysis, with Special Reference to Education [M]. University of Chicago Press, 1994.

实证角度分析人力资本投资对个人经济收入、就业决策的重大影响，从微观经济层面为建立人力资本理论奠定基础、为发展教育经济学开启了新的篇章。

人力资本理论被提出后迅速被世界各国的决策者作为扩大人力资源、促进经济发展的政策依据，并促使国际宏观经济环境发生巨大变化，人力资本理论也在此背景下得到了进一步的发展。1988年卢卡斯在《论经济发展机制》（*On the Mechanics of Economic Development*）[①] 中构建两类人力资本模型，第一类为学校教育，在此人力资本可以分为直接生产与人力资本积累两部分，而人力资本积累保证了经济增长的持续性；第二类为家族遗传型专业人力资本积累，并为此论述了人力资本投资的溢出效应。1990年罗默发表的《内生技术变迁》（*Endogenous Technological Change*）[②] 提出人力资本是经济增长的重要动力、人力资本的存量对经济发展质量至关重要。2003年赫克曼和卡内罗合著的《人力资本政策》（*Human Capital Policy*）[③] 在贝克尔[④] 基础上从个体人力资本投资入手，提出生命周期人力资本收益曲线，认为人力资本投资是一个滚动过程，前期投资会对后期投资产生影响，则学前教育、学校教育、在职培训三者的收益率应为依次递减，并以此得出结论人力资本投资对象应更偏向于低年龄段劳动者。

2.3.3.2 内生性经济增长、职业教育与经济高质量发展

亚当·斯密（1776）在《国富论》中提出分工是促进经济增长的方式。阿罗[⑤] 在此基础上提出"Learn by Doing（干中学）"理论，认为技术进步加速人力资本积累，进而以技能水平提升方式、精细化分工模式促进经济

---

① LUCAS R E.On the mechanics of economic development[J]. Journal of Monetary Economics,1988(22)：3-42.

② PAUL M. Romer.Endogenous Technological Change[J]. Journal of Political Economy,1990(5)．

③ HECKMAN J，Carneiro P. Human Capital Policy[J]. NBER Working Papers, 2003, 30(2004): 79-100.

④ BECKER G S . Human Capital: A Theoretical and Empirical Analysis, with Special Reference to Education [M]. University of Chicago Press, 1994.

⑤ ARROW K J. The Economic Implications of Learning by Doing[J]. The Review of Economic Studies, 1962, 29(3)：155-173.

发展。罗默[①] 将资本、劳动（非熟练资本）、人力资本（熟练资本）、技术水平作为生产要素首次建立内生经济增长模型，认为知识与技术是经济增长的源泉，即技术进步与人力资本等内生性变量是决定经济增长的因素。

卢卡斯[②] 在罗默关于人力资本研究的基础上对人力资本溢出模型进行研究，认为阿罗的"干中学"理论对于人力资本的形成大有裨益，且人力资本积累是加速技术进步的重要形式。1990 年罗默给出了经济增长的第二个模型，将知识存量也作为了生产要素。

在此之后的经济增长理论研究发展分为两个方面，其中一方面就是卢卡斯、罗默等为代表的西方经济学者将知识积累作为经济增长的动力。内生经济增长多强调的是技术的内生性，并以"干中学""人力资本溢出"等解释技术内生性问题，并认为劳动力除表达投入数量外还应包含劳动者素质、技能水平等。

本书在此以索罗模型为基础，探讨人力资本与经济增长的具象关系。

在索洛模型中资本为（K）、劳动为（L）、知识为（A），一定量的知识（技术进步）$A(t)$ 与资本与劳动的函数（$f(K, L)$）相结合可以促成产出（Y），具体形式为：

$$Y(t) = A(t) f(K, L) \tag{2-14}$$

对（2-14）式求时间（t）的导数，得：

$$\dot{Y} = \dot{A} f(K, L) + A \frac{\partial f}{\partial K} \dot{K} + A \frac{\partial f}{\partial L} \dot{L} \tag{2-15}$$

对（2-15）式两端同时除以 Y，得：

① ROMER PAUL M. Increasing Returns and Long-Run Growth[J]. Journal of Political Economy, 1986, 94(5) : 1002-1037.
② LUCAS R E. On the mechanics of economic development[J]. Journal of Monetary Economics,1988(22) : 3-42.

$$\frac{\dot{Y}}{Y} = \frac{\dot{A}}{A} + \frac{A\partial f}{Y\partial K}\dot{K} + \frac{A\partial f}{Y\partial K}\dot{L} \qquad （2-16）$$

在完全竞争市场中，要素价格按边际产量支付，则工资价格为：

$$w = A\frac{\partial f}{\partial L} = \beta\frac{Y}{L} \qquad （2-17）$$

资本品价格为：

$$r = A\frac{\partial f}{\partial K} = \alpha\frac{Y}{L} \qquad （2-18）$$

将（2-14）式、（2-18）式带入（2-16）式得：

$$\frac{\dot{Y}}{Y} = \frac{\dot{A}}{A} + \alpha\frac{\dot{K}}{K} + \beta\frac{\dot{L}}{L} \qquad （2-19）$$

在其中，劳动力投入（L）本质就是人力资本的投入，从理论分析来看，人力资本投入扩大，则人力资本增长率增加，进而总产出增加，经济实现有效增长。

2.3.3.3 新结构经济学的最优人力资本结构

从新结构经济学的"一个中心、三个基本点"出发，以处于一定发展阶段的经济体的要素禀赋结构为中心，能够决定该经济体的最优产业结构、具有自生能力的企业的工作岗位特征及其技能结构，从而形成对人力资本结构的特定需求①。如果经济体内人力资本的供给能够与这一内生决定的产业需求相匹配，则构成了最优人力资本结构，即人力资本结构供给能够动态适应要素禀赋结构所决定的产业需求，以实现经济增长的效率最大化。不同于传统人力资本理论单纯强调人力资本积累的重要性，新结构教育经济学更关注人力资本与产业结构的动态匹配与变迁，并进一步强调职业教

---

① 林毅夫.百年未有之大变局下的中国经济发展与新结构经济学的自主理论创新 [J]. 新疆财经，2024（1）：5-11.

育在实现这种匹配中的关键作用。职业教育体系通过调整其课程安排和资源配置，能够提供不同阶段产业发展所需的人力资本，从而促进教育投资的回报最大化，并提升人力资本的积累速度，对产业结构升级的推动作用也随之增强。在工业化初期，职业教育主要服务于制造业和劳动密集型产业，侧重培养技术操作型工人，而在经济转型和高质量发展阶段，则需将重点转向创新型、高技能人才的培养，以满足技术密集型和知识经济对劳动力的高层次需求。

由于人力资本积累具有外部性、福利性、超前性、创造性以及产权不可分性等特征，政府在最优人力资本结构的形成中扮演着不可或缺的角色。一方面，政府需超前规划，通过政策引导和财政支持推动职业教育资源的合理分配，使职业教育能够顺应产业结构的变迁趋势，从而化解结构性失业问题并促进社会公平与包容。另一方面，政府还需通过普及基础教育、加强高等教育和职业教育的协调发展来弥合城乡和地区间的教育资源差距，以确保各类人群都能获得必要的技能培训，提升人力资本的市场适应性。以中国为例，自刘易斯转折点以来，初中教育的普及为农村劳动力向工业部门的转移奠定了基础，而在当前迈向高质量发展的阶段，政府需进一步普及高中教育、提升高等教育的普及化水平，并加大对职业教育的投入，为创新经济储备面向未来的人力资本。与此同时，职业教育的产教融合和校企合作也需进一步深化，以确保培养出的人才能够直接适应岗位需求并创造更高的劳动生产率。

最优人力资本结构理论的核心在于分析人力资本收益率的最大化与人力资本结构和产业结构匹配程度的关系。当职业教育提供的人力资本结构能够高度适应产业需求时，人力资本的边际收益将实现最优，既能促进劳动者就业与收入水平的提高，又能推动产业转型升级和经济的长期可持续增长。因此，职业教育不仅是实现最优人力资本结构的工具，也是推动经济高质量发展的重要抓手。在中国从高速增长阶段迈向高质量发展的关键时期，职业教育改革应以促进人力资本供需匹配为核心，通过结构调整与资源优化，全面提升劳动力素质和市场适应性，为经济转型和长期稳定增长提供坚实的人力资本保障。

在探讨最优人力资本结构理论时，可以引入一个简单的理论模型来推导人力资本结构与产业结构匹配的重要性。假设一个经济体的生产函数为 $Y=F(K,L,H)$ 其中 K 代表物质资本，L 代表普通劳动力，H 代表人力资本。人力资本可以进一步细分为不同技能水平的劳动力，如低技能 H_L 和高技能 H_H，即 $H=H_L+H_H$。

要素禀赋与产业结构：根据要素禀赋理论，不同经济体由于资源禀赋的差异，其最优产业结构也不同。在一个要素禀赋以低技能劳动力为主的经济体中，劳动密集型产业可能占据主导地位，而高技能劳动力密集的经济体则更适合发展技术密集型产业。

人力资本与生产效率：假设生产函数具有规模报酬不变的性质，我们可以写出边际产出方程：

$$MP_H = \frac{\partial Y}{\partial H} = f(H_L, H_H) \qquad (2\text{--}20)$$

表示不同技能水平劳动力对产出的边际贡献。最优人力资本结构要求此边际产出最大化，即：

$$\frac{\partial MP_H}{\partial H_L} = \frac{\partial MP_H}{\partial H_H} = 0 \qquad (2\text{--}21)$$

这意味着经济体的人力资本供给应与其产业需求相匹配，以实现边际产出的最大化。

教育投资与人力资本收益：假设教育投资 E 的回报函数为 $R(E)$，其收益率 r 取决于人力资本与产业结构的匹配程度：

$$r = \frac{\partial R}{\partial E} = g(H_L, H_H, I) \qquad (2\text{--}22)$$

其中 I 代表产业结构。最优人力资本结构要求 r 最大化，即：

$$\frac{\partial r}{\partial H_L} = \frac{\partial r}{\partial H_H} = \frac{\partial r}{\partial I} = 0 \qquad (2\text{--}23)$$

这反映出教育体系需要动态调整，以确保人力资本供给能够满足产业结构的变化需求。

政府的角色：政府通过政策调控影响教育投资和人力资本积累。假设政府的目标函数为社会福利最大化 $W=U(Y)-C(E)$，其中 $U(Y)$ 是产出带来的效用，$C(E)$ 是教育投资的成本。政府需要在不同人力资本层次间进行资源分配，以满足，即 $U'(Y) \cdot MPH=C'(E)$，这意味着政府需要通过政策引导和财政支持，确保教育投资的边际效用等于其边际成本，从而实现人力资本结构的最优配置。

通过上述模型推导，我们可以清晰地看到，最优人力资本结构的实现依赖于人力资本供给与产业需求的动态匹配，而职业教育在这一过程中起到关键作用。政府的政策引导和教育体系的调整共同确保人力资本收益的最大化，推动经济的可持续发展。

2.3.4 理论基础总结与归纳

从总体上来说，马克思主义政治经济学理论科学地阐明了职业教育与经济发展之间的内在联系，阐释了职业教育对经济高质量发展的重要作用。具体说来，马克思主义政治经济学对职业教育与经济高质量发展的重要作用的科学解释包括以下三个层面的主要内容。

第一，微观层面。马克思主义政治经济学的生产力理论论证了人力资本、创新、物质资本的扩张会以渗透或替代的模式加速资本积累、扩大现有生产力，即适度扩张职业教育的招生规模与经费投入可以促进经济增长。

第二，中观层面。马克思主义政治经济学的资本有机构成理论论证了提升数据要素生产能力、改善创新要素发展环境可以扩大数据增强型技术进步，为我国实现创新高地建设、扩张高技能型人才规模提供可能。伴随着新技术在生活中的逐渐渗透，对于高技能型人才的客观需要是未来企业对劳动力需求的重要方向，就职者若想适应技能需求的转变，就必须发挥主观能动性来推动技术创新，获取稳定工作。

第三，宏观层面。马克思主义政治经济学的社会资本再生产理论证明，提升劳动力收入水平对增大人民消费品规模具有显著影响，进而影响整体生产资料积累，为本书研究扩大中等收入群体、构建以扩大内需为战略基点的新发展格局提供理论基础。经济增长理论正如马克思所叙述的"生产资料的增长是劳动生产率增长的结果",为本书研究优化职业教育资源,提高职业教育资源配置效率,促进经济高质量发展提供理论依据。

同时,在对西方经济学相关理论的探讨中也获得了部分理解,人力资本理论论证了人力资本水平提升可以以知识积累与迭代方式加速技能偏向型的技术进步,进而增加中间产品技术赋能,加速经济转型升级,即加大人力资本投资,发展职业教育,是提升人力资本的质量与存量,实现经济高质量发展的关键。经济增长理论论证了知识积累、技术水平进步等可以刺激企业技术吸收能力,提升产品生产效率。

第3章
职业教育促进经济高质量
发展的机理分析

本章从马克思主义政治经济学角度并借鉴西方经济学的相关理论，对职业教育与经济高质量发展的内在联系以及经济高质量发展对职业教育的推动作用进行讨论。

3.1 职业教育与经济高质量发展的辩证关系

本节从建设现代经济体系进程中，职业教育和技能要素投入促进生产力发展的机理、数字经济时代资本有机构成提高对职业教育的需求、职业教育与经济内循环的关系、高层次人力资本投入与出口企业产品竞争力的关系，以及经济高质量发展对职业教育的推动作用几方面，具体阐述了职业教育与经济高质量发展的辩证关系。

3.1.1 职业教育结构与经济发展的辩证关系

新结构经济学强调经济体内生结构的演变与经济发展的相互作用，在这一框架下，职业教育结构的调整不仅影响到劳动力的素质和技能水平，而且直接关系到产业结构的优化和经济增长的质量。

首先，职业教育作为人力资本的重要组成部分，其结构调整直接影响到经济体的要素禀赋结构。新结构经济学认为，要素禀赋结构是经济体在每个时点上给定并随时间变化的资源配置基础。职业教育通过培养高素质的技术工人，提升了劳动力的技能水平和适应能力，从而优化了要素禀赋结构。这种优化不仅提高了劳动生产率，而且为产业结构的升级提供了必要的人力资本支持。具体而言，职业教育的课程设置、教育质量和培训水平决定了经济体在技术创新和产业升级中的比较优势，从而影响到经济增长的路径和速度。

其次，产业结构的调整是经济增长的重要驱动力，而职业教育在这一过程中扮演着关键角色。新结构经济学强调产业结构内生于要素禀赋结构，而职业教育则是优化要素禀赋结构的核心手段。通过提供多样化的课程和技能培训，职业教育可以培养出符合市场需求的技术工人，支持新兴产业的发展和传统产业的转型升级。这种结构性的调整不仅提高了产业的附加值，还增强了经济的整体竞争力和抗风险能力。此外，职业教育通过技能培训和技术转化，推动了产业结构的动态调整和升级，促进了经济的可持续增长。

在新结构经济学的视角下，经济增长不仅依赖于要素的积累，还取决于结构的协调和优化。职业教育通过提高人力资本质量，促进了技术进步和产业升级，从而推动了经济增长。然而，这一过程中也可能出现结构扭曲的问题，例如教育资源配置不合理、课程设置与市场需求脱节等，这些问题可能导致劳动力市场供需失衡，影响经济增长的质量和效率。因此，需要通过政策干预和制度创新，优化职业教育结构，确保其与产业结构和经济增长的协调发展。

政策层面上，政府应加强对职业教育的规划和引导，促进教育结构与产业结构的匹配。一方面，通过政策激励和资金支持，鼓励职业院校加强与企业的合作，推动产教融合，促进培训成果的产业化应用。另一方面，政府应积极推动教育改革，优化课程设置和人才培养模式，提高教育质量和适应性。此外，政府还应加强对职业教育的监管和评估，确保教育资源的合理配置和有效利用。

在新结构经济学的框架下，职业教育结构、产业结构与经济增长之间的关系是动态的、内生的。职业教育通过提升人力资本质量和促进技术创新，推动了产业结构的优化和经济的高质量增长。然而，在这一过程中也需要警惕结构扭曲的风险，通过政策干预和制度创新，确保职业教育与结构和经济增长的协调发展。未来的研究可以进一步探讨不同国家和地区在教育结构调整和产业升级中的经验和教训，为实现可持续的经济增长提供理论支持和实践指导。

3.1.2 职业教育对经济高质量发展的促进作用

我国现在处于传统经济体系向现代化经济体系转换的过程中[1]，伴随着人民日益增长的物质需求，我国部分领域的消费需求无法获得及时有效供给，导致出现了大量"需求外溢"。这说明我国存在深层次的供给与需

---

[1] 经济高速增长向经济质量发展转换过程。

求矛盾。适应社会主要矛盾的变化，必须优化资源配置，提升经济发展质量[1][2]，以保持经济发展可持续性[3][4]。高质量发展是全面建设社会主义现代化国家的首要任务，建设现代化经济体系是推动高质量发展的关键[5]，而现代化的经济体系建设需要中国特色职业教育体系予以支撑。

为进一步探索职业教育与经济高质量发展之间的逻辑关系，本书在此以现代化经济体系概念为核心构建研究逻辑框架。鉴于经济体系概念的系统性特点，本书综合运用经济学方法共同确立核心要素：第一，微观层面——社会主要矛盾运动推动社会生产力发展；第二，中观层面——技术进步不断推动经济结构与产业结构调整，特别是向数字经济转变；第三，宏观层面——技术创新与人力资本投资不断推动经济高质量增长。

矛盾是事物发展的动力，社会主要矛盾的转变构成了本节分析的逻辑起点[6]。传统经济体系向现代化经济体系转变的三个核心要素为：我国社会主要矛盾已经由"人民日益增长的物质文化需要同落后的社会生产之间的矛盾"转化为"人民日益增长的美好生活需要和不平衡不充分的发展之间的矛盾"，为了满足人民的美好生活需要，必须优化要素的合理配置以促进生产力的持续发展；在产业体系方面，推动工业主导转向以数字经济主导，推动产业内部从低端主导转向中高端主导；由高速增长转向中高速增长，由投资、要素驱动转变为依靠创新驱动来实现可持续增长。进一步地，与此对应的逻辑链条：社会主要矛盾推动生产力发展，生产力的持续健康发展有赖于建立现代经济体系，而建立现代经济体系的核心是实现"创

① 杨耀武，张平. 中国经济高质量发展的逻辑、测度与治理 [J]. 经济研究，2021，56（1）：26-42.
② 经济发展质量：相对于经济增长的一国（或地区）在一定时期内因经济发展使居民当期所享受的福利水平变化，以及未来福利水平可持续提升的能力。
③ 经济发展可持续性：物质资本（由投资所形成的设备和建筑物等）、人力资本和自然资本构成的人均复合财富稳定。
④ ARROW K J, DASGUPTA P, GOULDER L H, et al. Sustainability and the measurement of wealth[J]. National Institute of Economic and Social Research (NIESR) Discussion Papers, 2010, 3(2):226-234.
⑤《质量强国建设纲要》。
⑥ 高培勇，杜创，刘霞辉等. 高质量发展背景下的现代化经济体系建设：一个逻辑框架 [J]. 经济研究，2019，54（4）：4-17.

新成为引领经济发展的第一动力"。

上述逻辑链条反映了传统经济体系向现代化经济体系转变的过程，而职业教育作为中间变量起到的作用是：数字经济的发展推动了以物联网、区块链和云计算为代表的新兴技术兴起。这些技术不仅改变了产业体系的运作方式，同时也创造了新的商机、服务模式乃至组织模式。从现实来看，现代经济体系对于数字技术与信息通信技术的依赖程度在逐渐加深。产业需要通过数字化转型来提高效率、降低成本、改进生产流程、增加市场份额以及提供创新性产品和服务，企业需要通过收集、分析和利用大数据来进行精确分析，以便更好地了解市场需求、客户行为和竞争环境，并更快速地做出理想决策。此外，数字经济提供了更多的创新和创业机会。低成本的数字化平台和市场准入门槛使创业公司更容易进入市场，并推动了创新的竞争。但一些传统产业可能会减少就业机会，需要人们获得新的数字技能。在经济高速增长带动居民收入增加的同时，居民更加关注产品与服务质量以及对美好生活呈现出多样性、个性化的需求。而社会主体需求的改变，必然要改变现有资源的配置，形成新的要素组合函数，发挥职业教育优化资源配置的基础性作用。

3.1.2.1 现代经济体系中教育和技能要素投入促进生产力发展的机理

现代化经济体系的建设受益于技术创新的迅速发展，加大了职业教育与技能要素投入，可以应用自动化、数字化、人工智能和机器学习等新技术的渗入方式改善生产工艺、提高效率和降低成本，进而促进生产力发展。

在资本投资方面，现代经济体系通过吸引资本投资提高生产力。投资可以用于购买新设备、建设更高效的生产线、培训员工以应用新技术等。这些投资可以加速生产力的增长。

在教育和技能投资形成的人力资本方面，发展现代化经济体系需要具备现代技术和管理知识的工作人员。因此，职业教育和技能发展对于提高生产力至关重要。受过良好教育和培训的员工更有可能在现代经济体系中取得成功，并更有效地助力生产力的提高。

第一，职业教育可以为经济发展提供直接生产力。职业教育院校可以以为经济社会发展培训专业化的劳动者的模式，来直接为国民经济和社会发展带来创造财富的力量。马克思说"大工业的本性决定了劳动的变换……用适应于不断变动的劳动需求而可以随意支配的人……职业学校是另一个要素"①。教育是改变劳动能力的形式，可以使劳动能力专业化，经过职业教育和培训的专业技术人员，能够获得更多机会了解特定生产领域之中对应的生产原理，拥有获得劳动技术的能力。当特定的生产要求同对应的生产实践相结合时，就有获取更多财富价值的机会以创造更多经济财富，进而实现转型升级，实现高质量经济发展。经历特殊技能培训的劳动者，他们所从事的工作属于复杂劳动。在相同工作的时间范围，复杂劳动比简单劳动能够提供更多的社会价值，可以提供比简单劳动更多的经济价值。

第二，职业教育为经济发展准备间接生产力。其一，职业教育具有发展与传授科学技术的功能。可以以职业教育培训为载体，进行技术的传播。被教育者以及相关产业部门可以运用和传播这些科学知识，以便于将生产力中的人和物质匹配结合，进而转化为现实生产力，促进经济发展。其二，职业教育有直接生产科学技术的功能。职业教育本身就承载着技术研发的任务。研究成果的社会应用，完成了技术自身的产出与创造，也推动了社会生产力的转化。其三，职业教育具有"再生产"的功能。职业教育在承担为相关部门培养大批复合型人力资本的同时还促进该部门的"再生产"，是促进企业以及社会科技进步的推动力。

第三，职业教育为经济发展铸就精神生产力。生产力可以在层次上细分为物质生产力与精神生产力②。精神生产是增强人的大脑对新事物认知能动性的劳动过程，并不断提供新思想、新观点、新理论用以指导生产实践，提高劳动效率，进而促进经济发展。职业院校不仅需要对受教育者进行应有的文化与技能教育；还需要重视对学生的人生观与价值观的培养，帮助学生树立正确的价值方向与民族认同感，使他们可以充分发挥主观能动性，进而产生巨大的精神生产力。

① 中共中央马克思恩格斯列宁斯大林著作编译局. 马克思恩格斯选集（第二卷）[M].
北京：人民出版社，2012：249.
② 马晔,卫兴华. 用唯物史观科学把握生产力的历史作用 [J]. 中国社会科学, 2013(11):
46−64+203.

3.1.2.2 数字经济时代资本有机构成提高对职业教育的需求

马克思在进行资本有机构成分析时所处的时代是工业革命的爆发时期，当时是以制造业为主，研究对象因此主要集中于物质生产领域。但现代市场经济的发展已经步入人工智能等为主的数字经济时代。在此背景下，资本有机构成理论有必要进行理论的现代扩展。

传统制造业的生产部门特点多为高投入、高能耗，而现代新兴产业更多依赖于技术等非物质资源投入，具有高效率、低能耗的特征。所以，在现代企业发展中，技术与创新是核心，企业会加大在员工教育与培训方面的资本投入，扩充高技能者员工比重以提升竞争能力。依据发展需要，技术、创新等要素投入就需要作为无形劳动与其他生产要素进行结合，并最终体现在生产之中。这在资本有机构成中的体现为：在不变资本方面，以创新、专利等为代表的无形资产比重增加；在可变资本方面，工人在提升自身能力方面的教育投入成本增加，则劳动力的价值已经不仅仅是马克思当时所指代的体力劳动收益，还应包含人力资本收益价值。由此而得，人力资本是员工在个人技能、学习与创新方面的能力表达，更多体现的是劳动者的工作效率与能力。但是这种能力并不是所有人都一样或都具备的，具备能力的个体可以依据能力高低而获得不同等级的劳动收入。所以，当不变资本固定时，企业人力资本投资高，资本有机构成的值相对较低。

在数字经济时代，针对就业问题，更多的学者选择讨论就业创造还是就业毁灭的问题，本书依据资本有机构成理论进行简要讨论。数字经济时代加速了技术进步，从资本有机构成角度来看，技术进步促进资本有机构成提升，对应的不变资本相对于可变资本增加，造成原岗位出现技术失业，产生过剩人口，但同时，新技术的兴起，会增加其他部门就业岗位，依据补偿理论来看会造成就业增加。数字经济时代，由于制造业信息化与机器人的广泛使用，容易出现就业极化问题，其中就业极化在此又可以分为技术极化[1] 与空间极化[2]。就业极化即由于制造业等技术行业的行业细分，

---

[1] 就业极化：技能型劳动者就业份额呈现中间减少，两端增长的"U"形分化趋势。
[2] 空间极化：地域上出现差异。

对应的高技能、中技能与低技能部门中中等技能劳动力减少，高等技能劳动力与低技能劳动力需求上升。

进而从劳动报酬占比（工资率）角度对就业极化问题进行细化分析。就业极化可以分两种情况讨论：第一，在没有就业技能障碍的情况下，中等技能劳动力需求下降，对低技能与高技能劳动力的需求同步增加，但按技术进步加持的社会现状来看，该情况并不符合现代化经济体系的现实需要；第二，在有就业技能障碍的情况下，中等技能劳动者需求减少，则原中等技能劳动者下滑到低技能劳动者的行列中，高技能劳动者数量不变。数字技术构成的框架下，技能提升，对高技能劳动者的需求量只会逐渐增大，则此情况造成的后果就是高技能人才短缺、收入差距扩大、技能壁垒阻碍产业升级、劳动力与市场脱节等。

为解释这种现象，本书使用资本有机构成理论用公式进行逻辑表述，首先，按照马克思在《资本论》中对于资本有机构成的表述可以表达为：

$$资本有机构成 = \frac{不变资本}{可变资本} = \frac{不变固定资本 + 不变流动资本}{可变资本}$$

（3-1）

将 x 部门 t 时期投入的可变资本总量表示为 $Vx(t)$，不变资本总量为 $Cx(t)$，则公式（3-1）资本有机构成 $R(t)$ 可以表示为：

$$R(t) = \frac{Cx(t)}{Vx(t)} \tag{3-2}$$

社会经济总有机构成 $P(t)$ 为：

$$P(t) = \frac{\sum_{x=1}^{n} Cx(t)}{\sum_{x=1}^{n} Vx(t)} \tag{3-3}$$

Lx 为 x 部门 t 时期生产单位产品耗费的劳动力，$Yx(t)$ 为 x 部门 t 时期期初部门总产值，下一期该部门总产值为 $Yx(t+1)$，则各部门对劳动力的需求增长率 $L(t)$ 为：

$$L(t) = \frac{\Delta Lx}{Lx} = \frac{\sum_{x=1}^{n} Lx(Yx(t+1) - Yx(t))}{\sum_{x=1}^{n} LxYx(t)} \tag{3-4}$$

将公式（3-2）中的可变资本 $Vx(t)$ 当作劳动力需求代入公式（3-4）：

$$L(t) = \frac{\Sigma_{x=1}^{n} \, Vx(Yx(t+1) - Yx(t))}{\Sigma_{x=1}^{n} \, VxYx(t)}$$

$$= \frac{\Sigma_{x=1}^{n} \, VxYx(t+1) - \Sigma_{x=1}^{n} \, VxYx(t)}{\Sigma_{x=1}^{n} \, VxYx(t)}$$

$$= \frac{\Sigma_{x=1}^{n} \, VxYx(t+1)}{\Sigma_{x=1}^{n} \, VxYx(t)} - 1 \qquad （3-5）$$

公式（3-4）中 $t+1$ 时期 x 部门所需的可变资本量为 $VxYx(t+1)$，社会使用的总的公式可变资本量为上式求和，即 $V(t+1)$，t 时期社会总可变资本量为 $V(t)$，代入公式（3-5）可得：

$$1 + L(t) = \frac{V(t+1)}{V(t)} \qquad （3-6）$$

为进一步确定社会总资本有机构成同公式（3-6）的关系，引入 t 时期社会资本总量 $C(t) + V(t)$：

$$1 + L(t) = \frac{\dfrac{V(t+1)}{C(t+1)+V(t+1)} * (C(t+1)+V(t+1))}{\dfrac{V(t)}{C(t)+V(t)} * (C(t)+V(t))} \qquad （3-7）$$

由公式（3-2）得 $R(t)$，代入公式（3-7）得：

$$1 + L(t) = \frac{R(t+1)}{R(t+1)+1} * \frac{(C(t+1)+V(t+1))}{C(t)+V(t)} \qquad （3-8）$$

假设资本总量年增长率为 $f(t)$，则：

$$C(t+1)+V(t+1) = (C(t)+V(t)) * (1+f(t)) \qquad （3-9）$$

对公式（3-9）进行变形得：

$$1 + f(t) = \frac{C(t+1)+V(t+1)}{C(t)+V(t)} \qquad （3-10）$$

进一步使用公式（3-10）对公式（3-8）进行简化可得

$$1 + L(t) = \frac{R(t)+1}{R(t+1)+1} * (1 + f(t)) \qquad （3-11）$$

由公式（3-11）可以看出劳动增长率同资本增长率、社会总资本有机构成都具有密切相关关系。

数字技术资本有机构成的提高影响就业结构进而需要职业教育改变，其机理为：

假设经济体中包含两大部类，根据马克思的定义，资本有机构成 $R = C/V$，而两大部类的资本有机构成分别为：

$$R_A = \frac{rK}{wL_A} \qquad （3-12）$$

$$R_B = \frac{mI}{nL_B} \qquad （3-13）$$

其中 r 为第一部类不变资本投资价格指数，w 为低技能劳动者的工资指数，m 为第二部类的结构资本投资价格指数，n 为高技能劳动者的工资指数。K 为不变资本存量，I 为结构资本存量，L_A，L_B 为低技能和高技能劳动者的人数。将 L 设为技能部门劳动总量，k 为劳动投入占劳动总量的比例，则：

$$L_A + L_B = L ; \quad L_B = kL ; \quad L_A = (1 - k) L \qquad （3-14）$$

技术进步会带来机器设备的增加和更新迭代，因此假设技能型技术进步通过影响高技能劳动者影响第二部类的不变资本，即有：

$$K = a_3 L_B + a_1 L_{BE} \qquad （3-15）$$
$$L_B = L_{B1} + a_2 L_{BE} \qquad （3-16）$$

其中，L_{B1} 表示发展传统工业体系第一部类的高技能劳动者数量，L_{BE} 表示发展数字工业体系高技能劳动者数量，a_3 表示传统工业体系自身第一部类通过高技能劳动者对第二部类不变资本的作用程度，a_1 表示数字工业体系技术进步通过高技能劳动者对传统工业体系第二部类不变资本的作用程度，a_2 表示数字工业体系技术进步通过高技能劳动者对传统工业体系第一部类高技能劳动者投入的影响程度。

因此，整个社会的资本有机构成为两大部类资本有机构成的加权平均，权重为各部门劳动者占全部劳动投入的比例，即：

$$R = \frac{L_A}{L_A+L_B} * \frac{rK}{wL_A} + \frac{L_B}{L_A+L_B} * \frac{mI}{nL_B} \qquad （3-17）$$

根据公式（3-17），要想求得达到最优时的传统工业体系和数字工业体系高技能劳动者数量的表达式，则需要求偏导数。首先，将 K 和 L_B 代入，则有：

$$R = \frac{L_A}{L_A+L_{B1}+L_{BE}L_{B1}} * \frac{r\,[\,a_3\,(L_{B1}+a_2L_{BE}) + a_1L_{BE}]}{wL_A} + \frac{L_{B1}+a_2L_{BE}}{L_A+L_{B1}+L_{BE}}$$

$$* \frac{mI}{n\,(L_{B1}+a_2L_{BE})} \qquad （3-18）$$

将上式对 L_{B1} 求偏导数得到：

$$\frac{\partial R}{\partial L_{B1}} = \frac{r}{w} * \frac{a_3\,(L_A+L_{B1}+a_2L_{BE}) - [\,a_3L_{B1}+a_1+a_2a_3)L_{BE}]}{(L_A+L_{B1}+a_2L_{BE})^2}$$

$$- \frac{mI}{n\,(L_A+L_{B1}+a_2L_{BE})^2}$$

$$= \frac{r}{w} * \frac{a_3L_A - a_1L_{BE}}{(L_A+L_{B1}+a_2L_{BE})^2} - \frac{mI}{n\,(L_A+L_{B1}+a_2L_{BE})^2} \qquad （3-19）$$

而对 L_{BE} 求偏导则得到：

$$\frac{\partial R}{\partial L_{BE}} = \frac{r}{w} * \frac{(a_1 + a_2a_3)(L_A + L_{B1} + a_2L_{BE}) - a_2[a_3L_{B1} + (a_1 + a_2a_3)L_{BE}]}{(L_A + L_{B1} + a_2L_{BE})^2}$$

$$- \frac{mI}{n} \frac{a_2}{(L_A + L_{B1} + a_2L_{BE})^2}$$

$$= \frac{r}{w} * \frac{(a_1 + a_2a_3)L_A + a_1L_{B1}}{(L_A + L_{B1} + a_2L_{BE})^2} - \frac{mIa_2}{n(L_A + L_{B1} + a_2L_{BE})^2} \quad （3-20）$$

将两个偏导数均设定为 0 即可求出最优劳动量，在此不求解。在此基础上，为分析资本有机构成与职业教育促进经济高质量发展关系，可进一步分析技术进步与就业之间的关联程度。从技术进步的补偿效应来看，整体思路为：新技术促进产业结构升级—催生新职业—增加就业机会—提升个人收入—扩大消费—增加产品供给—刺激新技术。刘冠军和李鑫[1] 在对于数字经济时代中资本构成变化趋势进行分析时，认为第一产业资本有机构成上升速度的加快会促使剩余劳动力进入第二产业，而第二产业的溢出劳动力又会进入第三产业中。

在技术进步条件下，随着资本有机构成的提升，对于劳动力的需求相对减少。但长期来看，数字经济时代，对于高技能与低技能两端的劳动力需求量增加，而对于中等技能的劳动力需求减少，整体的技术进步与就业之间的关系呈现出"U"形关系[2]。王颖和石郑[3] 对于技术进步与就业关系进一步剖析，认为技术进步会替代就业，但与此同时也会创造新的岗位刺激就业，这也就是技术进步的补偿效应。正如马克思所言"工人

① 刘冠军，李鑫. 数字经济时代资本三大构成变化及其对劳动报酬占比的影响 [J]. 人口与经济，2022（1）：1-25.
② DAVID AUTOR, DAVID DORN, GORDON HANSON. On the Persistence of the China Shock[J]. Brookings Papers on Economic Activity, 2021: 381-447.
③ 王颖，石郑. 技术进步与就业：特征事实、作用机制与研究展望 [J]. 上海经济研究，2021（6）：39-48.

随机器生产的发展而被排斥和吸引"①。也就是说，虽然新技术在人们生活中的逐步渗透，但它并没有对于就业问题产生实质性替代。但不可否认的是未来高技能型、高学历人才必将成为劳动力市场的主力军，大部分职业对于技能的要求会水涨船高，劳动力若想适应技能需求的转变，必须发挥主观能动性增加自身知识积累来推动创新，获取支撑高技能需要的稳定工作。

由此可见，发展是始终处于运动状态、呈现螺旋式上升的历史过程。职业教育与经济高质量发展间同样具备这种发展过程，二者相互依存又互为条件，没有经济高质量发展，职业教育发展无从实现，经济高质量发展可以为职业教育发展带来新动能；没有职业教育发展，经济发展质量无法得到全部满足，职业教育发展又可以促进经济进一步发展。

3.1.2.3 建设现代经济体系中职业教育与经济内循环

基于前文讨论，本书进一步对马克思社会再生产理论进行模型推导：

"社会的总生产，分成两大部类"②，第Ⅰ部类为生产资料，第Ⅱ部类为消费资料。每一部类的资本又分成不变资本（c）、可变资本（v）、剩余价值（m）。简单再生产时，均衡条件为：

$$\mathrm{I}\,(v + m) = \mathrm{II}\ c \tag{3-21}$$

扩大再生产时，资本家将 $\dfrac{m}{x}$ 用于消费，则剩余的 $m - \dfrac{m}{x}$ 转化为资本，积累基金中 $\dfrac{m}{y}$ 变不变资本，$\dfrac{m}{z}$ 为可变资本，扩大再生产时均衡条件变为（王婷，2017）③：

$$\mathrm{I}\left(v + \frac{m}{x} + \frac{m}{z}\right) = \mathrm{II}\left(c + \frac{m}{y}\right) \tag{3-22}$$

---

① 中共中央马克思恩格斯列宁斯大林著作编译局. 马克思恩格斯全集(第四十四卷)[M]. 北京：人民出版社，2001：514.
② 中共中央马克思恩格斯列宁斯大林著作编译局. 马克思恩格斯选集（第二卷）[M]. 北京：人民出版社，2012：389.
③ 王婷. 马克思社会再生产理论视域中的供给侧结构性改革 [J]. 河北经贸大学学报，2017，38（2）：43-49.

其中：
$$\frac{m}{x} + \frac{m}{z} + \frac{m}{y} = m \qquad (3\text{-}23)$$

则积累率 Q 为：
$$Q = \frac{m - m/x}{v + m} \text{ 或 } Q = \frac{m/x - m/z}{v + m} \qquad (3\text{-}24)$$

资本有机构成：
$$\frac{c}{v} = \frac{m}{y} \Big/ \frac{m}{z} \qquad (3\text{-}25)$$

进一步假设社会再生产依据使用价值划分为生产资料、奢侈消费资料[①]、消费资料[②] 三个部门[③]，W 社会总商品，对应剩余价值依旧为 m，整体依旧满足公式（3-21），资本家将 $\frac{m}{x}$ 用于消费，积累基金中 $\frac{m}{y}$ 为不变资本，$\frac{m}{z}$ 为积累追加可变资本，再生产的公式为：

$$\text{I} \left(\frac{m}{y} + \frac{m}{x} + \frac{m}{z} + c + v \right) = \text{I}W' \qquad (3\text{-}26)$$

$$\text{II} \left(\frac{m}{y} + \frac{m}{x} + \frac{m}{z} + c + v \right) = \text{II}W' \qquad (3\text{-}27)$$

$$\text{III} \left(\frac{m}{y} + \frac{m}{x} + \frac{m}{z} + c + v \right) = \text{III}W' \qquad (3\text{-}28)$$

生产资料部门平衡：

$$\text{I} \left(\frac{m}{y} + \frac{m}{x} + \frac{m}{z} + c + v \right) = \text{I} \left(\frac{m}{y} + c \right) + \text{II} \left(\frac{m}{y} + c \right) + \text{III} \left(\frac{m}{y} + c \right) \qquad (3\text{-}29)$$

推导得：
$$\text{I} \left(v + \frac{m}{x} + \frac{m}{z} \right) = \text{II} \left(\frac{m}{y} + c \right) + \text{III} \left(\frac{m}{y} + c \right) \qquad (3\text{-}30)$$

奢侈消费资料部门平衡：

$$\text{II} \left(\frac{m}{y} + \frac{m}{x} + \frac{m}{z} + c + v \right) = \text{I} \frac{m}{x} + \text{II} \frac{m}{x} + \text{III} \frac{m}{x} \qquad (3\text{-}31)$$

[①] 奢侈消费资料：包含非必要消费品和奢侈品。
[②] 消费资料：包含必要生活消费品。
[③] 中共中央马克思恩格斯列宁斯大林著作编译局．马克思恩格斯选集（第二卷）[M]．北京：人民出版社，2012：394.

推导得：
$$\text{II}\left(v + c\frac{m}{x} + \frac{m}{z}\right) = \text{I}\frac{m}{x} + \text{III}\frac{m}{x} \tag{3-32}$$

消费资料部门平衡：

$$\text{III}\left(\frac{m}{y} + \frac{m}{x} + \frac{m}{z} + c + v\right) = \text{I}\left(\frac{m}{z} + v\right) + \text{II}\left(\frac{m}{z} + v\right) + \text{III}\left(\frac{m}{z} + v\right) \tag{3-33}$$

推导得：
$$\text{III}\left(c + \frac{m}{x} + \frac{m}{y}\right) = \text{I}\left(\frac{m}{z} + v\right) + \text{II}\left(\frac{m}{z} + v\right) \tag{3-34}$$

由于消费资料主要是指"工人阶级消费"[1]，对于"资本家阶级的消费"[2] 本身不会产生显著影响，所以由公式（3-34）可以看出，消费资料部门的生产规模会随着社会生产规模的扩大、对可变资本需求的增加而进一步扩张。说明：第一，扩大劳动力收入水平对增大居民消费品规模具有显著影响，进而影响整体生产资料积累，为本书研究扩大中等收入群体、构建以扩大内需为战略基点的新发展格局提供理论基础。第二，受到职业教育培训的劳动者由于具有特定技能，往往可以获取更多工资与薪酬，帮助提升整体收入水平，减少收入差距。第三，伴随个人收入的提升，消费者具有更多能力购买商品与服务，这将有助于扩大内需，对于促进国内市场的增长和稳定非常重要。总之，职业教育对于增加居民收入和扩大内需是非常重要的因素。它不仅有助于个人提高就业和创业机会，还有助于提高技能水平，减少不平等，促进经济的增长和稳定。这些方面的综合影响有助于提高一个国家或地区的经济繁荣。

3.1.2.4 高层次人力资本投入与出口企业产品竞争力

第一，通过激励企业增加配套创新投入，提升出口企业产品质量。

---

[1] 中共中央马克思恩格斯列宁斯大林著作编译局. 马克思恩格斯选集（第二卷）[M]. 北京：人民出版社，2012：394.
[2] 中共中央马克思恩格斯列宁斯大林著作编译局. 马克思恩格斯选集（第二卷）[M]. 北京：人民出版社，2012：394.

习近平总书记强调"人才竞争已经成为综合国力竞争的核心"[1]。对高层次人力资本的投入会激励企业增加配套投入用以技术研发，则企业的技术吸收能力进一步增大。通过这种后发型优势增加新产品的产出或提升原产品质量。

第二，通过提升企业技术吸收能力，刺激企业新产品产出。高层次技术人员的扩张促使企业知识网密度增加，可以加强技术人员的交流深度与频率，而想法交换本身可以提升创新效率[2]。另外，相较于新产品的增加，产品质量升级是对于企业技术的前沿性突破，可以更好地增强出口企业竞争能力[3]，而高层次人才对于企业研发能力依旧具有正向促进作用[4]。

在此，本书引用葛新庭和谢建国[5]关于"人才引进对于低端锁定"的影响进行数理模型推理，假设代表性企业遵循规模报酬不变的 C–D 函数：

$$Y_{it} = \varphi_{it} K_{it}^{\alpha K} L_{it}^{\alpha L} M_{it}^{\alpha M} \qquad (3-35)$$

其中，$\alpha_K + \alpha_L + \alpha_M =1$ 代表企业产出，φ_{it} 为企业生产率，K_{it}、L_{it}、M_{it} 分别代表企业所用的资本、劳动和中间品数量，α_K、α_L、α_M 分别代表资本、劳动和中间品的产出弹性。

此外，假定企业生产率是人才引进 h_{ct} 的函数，且有 $\dfrac{\mathrm{d}\varphi_{it}}{\mathrm{d}h_{ct}} > 0$。假定企业中间投入由国内中间品 M_{it}^D 和国外中间品 M_{it}^I 构成，其表达式为：

$$M_{it} = \left[\left(M_{it}^D \right)^{\frac{\sigma-1}{\sigma}} + \left(M_{it}^I \right)^{\frac{\sigma-1}{\sigma}} \right]^{\frac{\sigma}{\sigma-1}} \qquad (3-36)$$

[1] 张超超. 夯实全面建设社会主义现代化国家基础性战略性支撑 [N]. 学习时报，2023–01–11（001）.

[2] 沈国兵，袁征宇. 企业互联网化对中国企业创新及出口的影响 [J]. 经济研究，2020，55（1）：33–48.

[3] CHE Y, ZHANG L . Human Capital, Technology Adoption and Firm Performance：Impacts of China's Higher Education Expansion in the Late 1990s[J]. The Economic Journal, 2018（614）：75–105.

[4] 佟家栋，张俊美. 高层次人力资本投入与出口企业创新产出：横向创新与纵向创新 [J]. 国际贸易问题，2021（12）：19–33.

[5] 葛新庭，谢建国. 人才引进能否破局价值链低端锁定——基于中国制造业企业出口附加值的研究 [J]. 国际经贸探索，2023，39（3）：19–35.

其中 $\sigma > 1$，为国内外中间品的替代弹性。企业所用中间品的价格指数 P_t^M 也可以分为国内中间品价格 P_t^D 和国外中间品价格 P_t^I 的函数：

$$P_t^M = \left[\left(P_t^D \right)^{\frac{\sigma-1}{\sigma}} + \left(P_t^I \right)^{\frac{\sigma-1}{\sigma}} \right]^{\frac{\sigma}{\sigma-1}} \tag{3-37}$$

而企业面临的生产要素包括利率 r、工资 w、国外中间品价格 P_t^I 和国内中间品价格 P_t^D，其中利率和工资是外生变量。企业根据成本最小化原则安排中间品的配置，即满足如下有约束的极值问题：

$$\min \ P_t^D M_{it}^D + P_t^I M_{it}^I$$

$$\text{s.t.} \ M_{it} = \left[\left(M_{it}^D \right)^{\frac{\sigma-1}{\sigma}} + \left(M_{it}^I \right)^{\frac{\sigma-1}{\sigma}} \right]^{\frac{\sigma}{\sigma-1}} \tag{3-38}$$

根据拉格朗日乘子法，构建的拉格朗日函数为：

$$F\left(M_{it}^D, M_{it}^I, \lambda \right) = P_t^D M_{it}^D + P_t^I M_{it}^I - \lambda \left\{ M_{it} - \left[\left(M_{it}^D \right)^{\frac{\sigma-1}{\sigma}} + \left(M_{it}^I \right)^{\frac{\sigma-1}{\sigma}} \right]^{\frac{\sigma}{\sigma-1}} \right\}$$

$$\tag{3-39}$$

因此国外中间品投入 $P_t^I M_{it}^I$ 占中间品总投入 $P_t^M M_{it}$ 的比例为：

$$\frac{P_t^I M_{it}^I}{P_t^M M_{it}} = \frac{1}{1 + \left(P_t^I / P_t^D \right)^{\sigma-1}} \tag{3-40}$$

加入人才引进政策，为创新进行赋能，则国内中间品价格指数降低：

$$\frac{\partial \left(P_t^I / P_t^D \right)}{\partial ino} \frac{\partial ino}{\partial h_{ct}} > 0 \tag{3-41}$$

企业按成本最小化生产即：

$$\min_{(K_{it}, L_{it}, M_{it})} r_t K_{it} + w_t L_{it} + P_t^M M_{it} \tag{3-42}$$
$$\text{s.t.} \ Y_{it} = \varphi_{it} K_{it}^{\alpha K} L_{it}^{\alpha L} M_{it}^{\alpha M}$$

由公式（3-42）可得生产成本[①]：

$$c_{it} = \frac{1}{\varphi_{it}} \left(\frac{r_t}{\alpha_K} \right)^{\alpha_K} \left(\frac{w_t}{\alpha_L} \right)^{\alpha_L} \left(\frac{P_t^M}{\alpha_M} \right)^{\alpha_M} \qquad (3-43)$$

$$\alpha_M = \frac{P_t^M M_{it}}{c_{it}} \qquad (3-44)$$

企业出口国内附加值率：

$$DVAR_{it} = 1 - \frac{P_t^I M_{it}^I}{P_{it} Y_{it}} \qquad (3-45)$$

将公式（3-41）、公式（3-43）、公式（3-44）代入公式（3-45）得企业出口国内附加值率（DVAR）：

$$DVAR_{it} = 1 - \frac{1}{1 + \left(P_t^I / P_t^D \right)^{\sigma-1}} \alpha_M \frac{1}{\mu_{it}}$$

$$\mu_{it} = \frac{P_t^I}{C_t^I} = \frac{\varphi_{it} P_{it}}{\left(\frac{r_t}{\alpha_K} \right)^{\alpha_K} \left(\frac{w_t}{\alpha_L} \right)^{\alpha_L} \left(\frac{P_t^M}{\alpha_M} \right)^{\alpha_M}} \quad ; \quad \frac{\partial \mu_{it}}{\partial \varphi_{it}} > 0 \qquad (3-46)$$

μ_{it} 为生产率 φ_{it} 的函数，在此表示为成本加成，对公式（3-45）一阶求导得：

$$\frac{\partial DVAR_{it}}{\partial \mu_{it}} = \frac{1}{1 + \left(P_t^I / P_t^D \right)^{\sigma-1}} \alpha_M \frac{1}{(\varphi_{it})^2} > 0 \qquad (3-47)$$

$$\frac{\partial DVAR_{it}}{\partial \left(P_t^I / P_t^D \right)} = \alpha_M \frac{1}{\mu_{it}} (\sigma-1) \alpha_M \frac{\left(P_t^I / P_t^D \right)^{\sigma-2}}{\left[1 + \left(P_t^I / P_t^D \right)^{\sigma-1} \right]^2} > 0 \qquad (3-48)$$

---

① 生产成本：企业边际成本。

合并公式（3-46）和（3-43）可以表达为：

$$\frac{\partial DVAR_{it}}{\partial \mu_{it}} = \frac{\partial DVAR_{it}}{\partial \mu_{it}} \cdot \frac{\partial \mu_{it}}{\varphi_{it}} \cdot \frac{\partial \varphi_{it}}{\partial h_{it}} \cdot \frac{\partial DVAR_{it}}{\partial (P_t^I/P_t^D)} \cdot \frac{\partial (P_t^I/P_t^D)}{\partial ino} \cdot \frac{\partial ino}{\partial h_{it}} > 0$$

（3-49）

总结来看，第一，企业扩大生产可以提升企业自身的成本加成，根据公式（3-47）可以论证企业成本加成会引起企业出口国内附加值提升。第二，根据公式（3-48）可以论证国内中间品的价格下降可以增加企业出口国内附加值，即依据"资本—技能互补假说"，论证创新能力是改善国内中间品市场、增加国内中间品种类、产生进口中间品产生替代的方式[①]。进而可以证明高技能劳动力的人才引进同企业出口国内附加值之间具有正向关系，人才流入可以以资源整合的方式提升所在企业生产率、创新能力，并通过资源互补方式扩宽企业成本加成渠道、中间品配置渠道，促进企业国内附加值提升，即公式（3-49）。同时，高技能劳动力的集聚又可以促使地区间企业学习交流机会增加，进而以区域交流方式提升地区整体生产效率。

3.1.3 经济高质量发展对职业教育的推动作用

经济高质量发展也为中国特色职业教育体系提供坚实支撑。1848 年，马克思在《共产党宣言》的第二章讨论无产者与共产党人时，建设性地提出教育是由"进行教育时所处的社会关系决定"[②]，而教育的发展最终依赖于经济的发展程度[③]，应使用社会教育来替代家庭教育模式。职业教育同人类的发展相伴相生，最初的职业教育形式是氏族内部的父代子传，伴随家庭小作坊的日益壮大，为满足生产需要，在手工业生产阶段开始出现

① CHEN T, CHEN X, LUO W, et al. Foreign Direct Investment and Innovation: Evidence from Chinese Firms' Patent Filings[J]. The Singapore Economic Review, 2023, 68(2): 507−538.
② 中共中央马克思恩格斯列宁斯大林著作编译局. 马克思恩格斯选集（第一卷）[M]. 北京：人民出版社，2012：434.
③ 中共中央马克思恩格斯列宁斯大林著作编译局. 马克思恩格斯选集（第一卷）[M]. 北京：人民出版社，2012：434.

了师徒制度。在机器出现后，诞生了以班级为主要组织形式的现代学校，开始出现规模化的教育方式，也是职业教育发展的雏形。

经济发展对教育具有重要意义，可以由教育发展、教育制度、教育思想三个维度来进行理解。如图 3-1 所示，我们在判断教育发展程度时，通常采用的判断模式为教育规模、教育水平，具体指标选用一般为所研究的教育阶段学生入学率、劳动人口的实际受教育年限等。所以可得，社会生产力水平一定程度上可以决定教育发展水平。伴随着社会的发展，人们对于教育的需求从最开始的满足简单劳动所需能力解决温饱问题，到现在的智能化工业阶段，满足物质、文化、精神需求，对于教育的需求能力在不断地进行演变与进化；但是，就社会资源供给来说，社会资源分配除教育外还应包含军事、农业等其他方面，这些教育方面的社会资源供给量也是决定教育发展水平的重大因素之一。在探讨教育制度这个问题中，教育制度本身就是法律与政治制度所组合成的上层建筑中的一部分，由上文分析可得，经济基础决定上层建筑，所以，侧面证明了经济决定教育。从教育思想角度进一步分析，马克思的历史唯物观认为，社会存在决定社会意识，教育思想作为社会意识中的一部分，必须符合社会经济发展的客观需求。

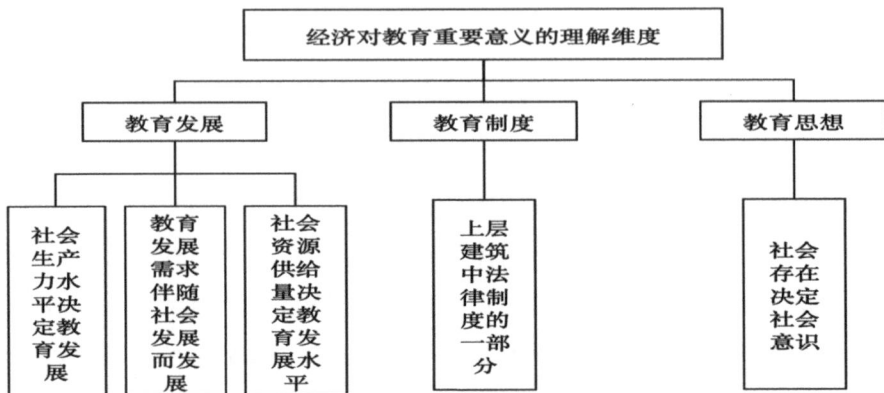

图 3-1　经济对教育重要意义的理解维度

通过前文的一系列分析，笔者得出职业教育与经济高质量发展的辩证关系，即职业教育可以促进经济的高质量发展，同时国家的经济发展水平决定职业教育的发展道路。

第一，经济基础可以对职业教育发展能力起决定性作用。经济水平是发展职业教育的基础，物质生产是我们实现生产的基础性活动，职业教育是在物质生产基础上的社会活动，也必须以经济作为基础，现代化市场经济在为职业教育发展创造条件的同时也对进一步发展职业教育提出了新的要求，即需要职业教育与经济发展趋势动态结合。

第二，经济发展是职业教育发展的关键。现代职业教育体系建设与人才培养需要耗费大量的物质资料，即大量的资金。这些资金的来源无论是财政拨款还是企业捐赠都离不开国家的经济发展能力，也就是说，经济是职业教育发展的保障力量，经济发展的好坏决定了对于职业教育经费的投入能力，更关系到职业教育的发展速度与规模。

第三，经济发展直接决定职业教育的发展方向。职业教育存在的本身是为经济建设提供具有对应能力的劳动力。所以，经济建设过程中的用人需求要折射出职业教育未来的发展方向，职业教育的发展要依靠产业结构的转变而实施动态调整。

第四，市场经济发展趋势影响职业教育的发展走向。为满足国家经济结构调整和科技进步，职业教育人才培养需要通过科学合理地设置学科专业结构、课程结构和培养模块。而职业教育的发展趋势也应该关注当前在社会主义国民经济中占有主导的行业特点，这也需要将职业教育的学科专业结构和课程结构与上述行业特点紧密联系。此外，如果在培养中一直采取填鸭式教学方法，就很容易脱节于市场经济发展的趋势，而培育符合市场经济发展趋势的应用型人才也会困难得很多。所以，市场经济发展趋势已经确定了职业教育的人才培养模式。

3.2 不同层次职业教育促进经济高质量发展的内在逻辑

建设多层次多维度职业教育体系是促进经济高质量发展的逻辑必然。其中，中等职业教育培训是扩大中等收入群体、缩小城乡收入差距的有效手段；产教融合型的特色职业教育是全面推进乡村振兴、优化产业结构的重要支撑条件；高等职业教育的发展是建设现代化经济体系的内生动力；深层次人力资源开发是推进高水平对外开放的现实需要。

3.2.1　建设多层次多维度职业教育体系是促进经济高质量发展的根本条件

建设多层次多维度职业教育体系是立足新发展阶段、贯彻新发展理念、构建新发展格局、促进经济高质量发展的逻辑必然。

3.2.1.1　建设多层次多维度职业教育体系是进入新发展阶段的客观必要

发展是始终处于运动状态中、螺旋式上升的历史过程，并不会以人类理解的完美状态结束，同时"一切依次更替的历史状态都只是人类社会由低级到高级的无穷发展进程中的暂时阶段"[①]。马克思将资本主义向社会主义转变的过程划分为三个阶段：第一阶段为"前者向后者的转变时期，即过渡阶段"[②]，第二阶段为"这种内部斗争（同拉萨尔派）的第一阶段"[③]，第三阶段为"共产主义社会高级阶段"[④]。可见，马克思和恩格斯在对未来社会主义的预想中依旧认为社会主义制度并不是一成不变的，而是与其他所有制度一样属于"经常变化与改革的社会"[⑤]。

在十九届五中全会上，习近平总书记强调"社会主义初级阶段不是一个静态、一成不变、停滞不前的阶段……而是一个动态、积极有为、始终洋溢着蓬勃生机活力的过程"[⑥]。我们正在社会主义初级阶段中经历具体阶段的新跃升，仍然处于解放发展生产率、摆脱不发达状态的历史进程下，

① 中共中央马克思恩格斯列宁斯大林著作编译局. 马克思恩格斯选集（第四卷）[M]. 北京：人民出版社，2012：243.
② 中共中央马克思恩格斯列宁斯大林著作编译局. 马克思恩格斯选集（第四卷）[M]. 北京：人民出版社，2012：1004.
③ 中共中央马克思恩格斯列宁斯大林著作编译局. 马克思恩格斯选集（第四卷）[M]. 北京：人民出版社，2012：572.
④ 中共中央马克思恩格斯列宁斯大林著作编译局. 马克思恩格斯选集（第四卷）[M]. 北京：人民出版社，2012：947.
⑤ 中共中央马克思恩格斯列宁斯大林著作编译局. 马克思恩格斯选集（第四卷）[M]. 北京：人民出版社，2012：619.
⑥ 张洋. 深入学习坚决贯彻党的十九届五中全会精神　确保全面建设社会主义现代化国家开好局 [N]. 人民日报，2021-01-12（001）.

建设中国特色职业教育体系是进入新发展阶段的客观必然。

3.2.1.2 多层次多维度职业教育与新发展格局内在逻辑关系

第一，发展多层次多维度职业教育是实现扩大内需的有效途径。一方面，职业教育是构建全方位、多层次、动态平衡内需体系的战略选择。《扩大内需战略规划纲要（2022—2035 年）》指出，坚持扩大内需战略基点，是加快构建以国内大循环为主体、国内国际双循环相互促进的新发展格局的必然选择。完整的内需体系建设需要注意三大主体间的联系，即以居民消费作为基础，以完整产业链满足生产资料需求，发挥政府主要在教育、基础建设等方面的重要作用以促进科技创新、产业升级。

如表 3-1 所示，完整的内需体系涉及各个层次的发展需求，并且所有的需求又需要依据实践而不断提高。在经济高质量发展过程中，伴随人民收入提升、中等收入群体扩大，需要逐渐改进产品生产模式，生产更为符合人民日益增长文化生活需要的高质量产品，以新产品替代原有需求，加速供需结构的改善，提升国内需求向新技术的供给转换能力。

表 3-1　多层次内需体系建设内在需求

主体		内在需求
居民消费	生存性消费需求	注重数量、价格
	发展性消费需求	注重品质、科技能力、个性
产业发展	生产资料需求	厂房、能源、人力资本、技术、服务、物流
政府支持	公共服务需求	医疗、教育、基础设施、交通、国防

另一方面，多层次多维度职业教育为供给侧改革提供基础。构建新发展格局的实质是转换经济发展动力，将扩大内需同供给侧结构性改革进行结合[1]。"供给侧改革"最早由西方供给学派提出[2]。以短期来看，供给

---

[1] 王思琛，任保平. 我国新发展格局构建的理论与实践研究：一个文献综述 [J]. 河北经贸大学学报，2023，44（1）：19-29.
[2] 伍成艳. 职业教育供给侧改革的内涵、理念与路径探索 [J]. 教育与职业，2017（3）：11-17.

可以自行创造需求①。从这个层面分析，在自由竞争条件下，生产力进步自然出现对于复杂劳动力的需求，则市场竞争要求职业教育快速培养对应人才以适应生产力②。凯恩斯也认为供给自身就可以创造需求。但在分析经济增长问题时，我们更应该从长期经济发展角度来进行分析③。

在经济新常态背景下，职业教育供给侧改革是适应高质量经济发展需要，引领新常态经济发展的必然选择。供给侧改革对于促进职业教育稳定发展，激发现有企业的内生动力都有着重要的意义。魏玮与张兵④ 对我国在上一轮的经济高速增长过程中，国内存在的结构性矛盾展开了深入分析，并采用滤波分析法、生产函数法与不可观测成分模型法，对我国潜在经济增长增速进行分析研究，研究结论为影响国内潜在经济增长率的主要因素是供给侧，所以供给侧结构性改革对现阶段的中国经济社会的高质量发展有着重大影响意义。"十四五"规划中也将人才强国等未来发展战略与供给侧改革政策进行了完美地契合，要求我们要重视技术以及人力资本的积累，通过就业等政策刺激劳动力积极进行职业教育培训来改善我国现有的供给侧结构，增强潜在经济发展动力，优化供给结构发展。

在人力资本存量与质量双向发展阶段，保持市场对于人力资本的供需平衡关系无疑是经济发展的重要方面。陈春霞和石伟平⑤ 为解决农村职业教育培训中可能存在的问题，以江苏为例，针对全国六个新型职业农民教育试点的学生问题开展了调查研究，在收集的 827 份有效问卷中，93.98%的农民在温饱得以满足的前提下在物质、精神、文化方面都渴望得到更高满足，愿意接受相关职业培训。在供给组织者、内容以及供给方式的调查中，更多人接受培训的目的是增加个人收入，且希望得到专业的面对面的职业

① 萨伊．政治经济学概论 [M]．北京：商务印书馆，1963：144．
② 李翀．论供给侧改革的理论依据和政策选择 [J]．经济社会体制比较，2016（1）：9-18．
③ 亚当·斯密．国民财富的性质和原因的研究 [M]．郭大力，王亚南，译．北京：商务印书馆，1972：303-320．
④ 魏玮，张兵．供给侧改革对中国潜在经济增长率的影响研究 [J/OL]．西安交通大学学报（社会科学版）：1-13．
⑤ 陈春霞，石伟平．新型职业农民培训供给侧改革：需求与应对——基于江苏的调查 [J]．职教论坛，2017（28）：53-58．

教育培训，而不是诸如广播、电视等媒体传播模式的教学。这也为我们论证了实现职业教育细化分类发展会符合更多劳动者的需求，良好且高技术含量的职业教育院校可以获得劳动者的青睐，则更多劳动者愿意接受培训，为人力市场可以供给更多的高质量型人才，满足企业用人需求。

第二，多层次多维度职业教育发展为构建双循环的新发展格局提供多层次人力资源保障。"双循环"新发展格局是促进我国产业结构升级，增强产业链韧性的重要发展战略，发展职业教育是畅通国内大循环的基础性支撑，是助力国内国际双循环的重要举措。市场经济体制确立至今，职业教育发展伴随着经济社会发展需要，历经"生产能手"型初中级人才培养——"能工巧匠"型技工培训——"大国工匠"型技能人才培养三个阶段，各个阶段的发展都是对社会主义发展规律的科学把握。新发展阶段建设中国特色职业教育体系正是对我国国情变化的科学回应，是对我国历史方位的科学判断，体现了我们党对于社会主义经济建设规律的自觉把握，对于经济高质量发展的战略布局。

在新发展阶段，职业教育发展不仅是贯彻五大新发展理念的充分体现，更是经济质量提升、实现双循环新发展格局的重要表现。职业教育在扩大中等收入群体、提升技能人员能力、坚持创新驱动、加强产业韧性、提高出口产品质量等方面都发挥了引领作用。职业教育发展一直坚持为经济高质量发展提供对应人才的目标导向，有效统筹各方资源分配，针对产业发展特色需要，动态进行课程培训改革，做到了对"双循环"的促进，增强了国内大循环的内生动力。

3.2.1.3 多层次多维度职业教育体系是促进经济高质量发展的重要渠道

中国特色职业教育体系是社会经济与人力资源之间的重要媒介，在此从系统论角度进一步分析，系统本身是由多个部分按照一定的方式相结合起来，不断演化的主体，具有自身的属性、功能与价值。陈忠和盛毅华[①] 将系统用函数表示为：

---

① 陈忠，盛毅华. 现代系统科学学 [M]. 上海：上海科学技术文献出版社，2005.

$$\frac{\mathrm{d}^2 A}{\mathrm{d}t\mathrm{d}s} = f\,(r, R, t, s) \qquad\qquad (3\text{–}50)$$

在这里 r 是关联元素，而 R 是所有元素之间的相互关系集合，t 代表时间，s 代表空间变量，f 是非线性关系，A 是整个系统的整体属性。由此可见，从系统论本身就可确定职业教育体系应具备空间、时间、关系、要素等重要属性。

结合关系论的相关函数模型进一步分析，空间变量（s）一定时，职业教育体系（A）会伴随着时间变量（t）而不断演进变化，同理得，t 一定的情况下，A 会伴随着 s 的转移而产生不同，结合经济的有机构成水平，进一步分析影响职业教育体系中的空间维度包括：地理位置、经济发展方式、产业结构与产业发展水平。不同地域中的职业教育体系应适应当地的空间维度的多样性与层次性，因地制宜进行变革。

就此，闫志勇等[1] 进一步分析职业教育系统，运用系统论的关系维度对于职业教育系统进行剖析，得出现代职业教育体系本身是环境—体系—主体，三者相互耦合的共生系统（图 3-2）。

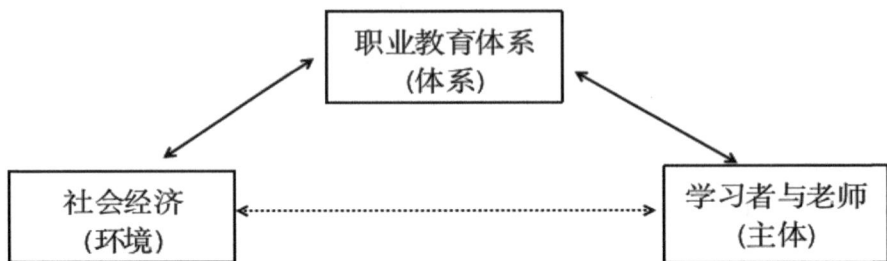

图 3-2　现代职业教育的共生系统

其中，环境与体系、体系与主体之间都有直接关联性，而环境与主体之间需要通过体系作为中介进行关联，而主体本身可以为环境与体系的可

---

[1] 闫智勇，朱丽佳，陈沛富. 系统论视域下现代职业教育体系内涵探赜 [J]. 职教论坛，2013（19）：54-58.

持续性发展提供重要的人力资源。所以，二者之间的良性互动是主体发展的必要手段。

在马斯洛需求理论中，人的需求是伴随着所处层级的改变而逐渐提升，当个人所处层级较低时，发展潜力就越大。如图 3-3 所示，伴随着经济有机构成水平的逐渐提升，其主体的需求逐渐增加，对于教育发展水平的需求也逐渐升高，这就要求现代职业教育体系根据需要和客观条件进行变革和完善，逐渐增强职业教育的适应性来满足社会经济发展的客观需要。

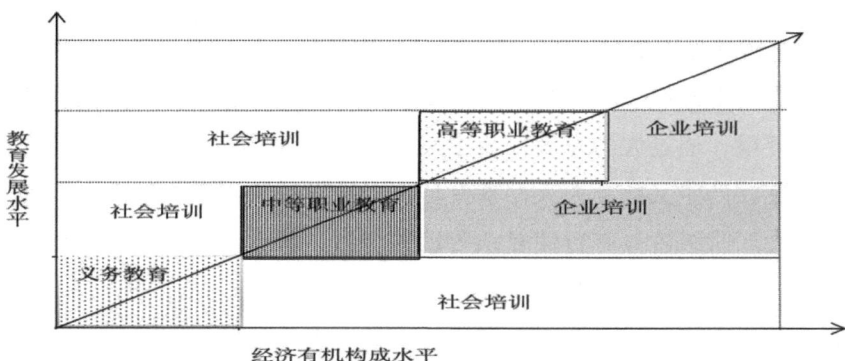

图 3-3　教育发展与经济有机构成水平的相关关系

伴随着我国经济的发展，我国的产业经济调整与升级频率会逐年增加，这需要从业者为适应经济发展的客观需求而进行不断的学习。各级各类的学习者在自身工作与学习中模式的转变与切换，需要现代职业教育体系不断发展更新以满足这种客观现实需求；同时，职业教育自身的终身教育功能也使其可以适应经济、社会、企业发展需求，做到"矢量合成"，为经济高质量发展做好培养优质各层次人力资源的媒介作用。

3.2.2　中等职业教育培训是对全面推进乡村振兴的有效赋能

党的十九届五中全会首次提出了要不断增强人民群众的"获得感"，"获得感"是人民生活高质量发展的体现，取决于经济的高质量发展。人民生活高质量发展是在更高水平上实现与经济发展良性循环的有效途径①。实现人民生活高质量发展不仅要求在分配领域增加居民收入，更要求在消费领域提供更多优质、多样化产品满足消费需求。

依据人力资本、生产力等相关理论基础，学界已经对"职业教育能提高个体收入"达成了共识②。职业教育是实现共同富裕的基础路径，对于提升居民收入，缩小城乡差距等具有重要意义③。

3.2.2.1 中等职业教育培训是解决能力贫困问题的有效手段

在《马克思恩格斯文集》之中，马克思明确指出每一个时期的历史生产以及社会结构都是这个时代的政治与经济历史基础④，也就是说，任何社会的发展本身离不开经济。无产阶级若要摆脱贫穷的命运，就需要抓住社会变革的大环境，通过大力发展社会主义生产关系，以形成相应的生产力，逐步达到在共产主义社会人人都享有自由全面发展的需求。生产力发展的动力源是无产阶级者具有行使复杂劳动的能力，即通过职业教育实现个人技能训练，进而具有生产能力⑤。

在党的十九届五中全会上发布的《中共中央关于制定国民经济和社会发展第十四个五年规划和二○三五年远景目标的建议》提出了许多有关地方职业教育协调发展的重大任务，一个重点方向就是支持建立至少一个原则上满足地方经济和发展需求的中等职业院校，依据不同地方特色与实际情况，建立具有自身特色与能力培养的职业院校，使其更加有利于当地自身的发展需要，从根本上解决能力贫困问题。

在扩大整体资本积累中，首先是消除贫困，贫困的大多数原因是低收入，而低收入的主因是没有达到与工作技能相匹配的个人能力。我国至今

① 孙洁. 改善人民生活品质：时代背景、科学内涵与创新方向 [J]. 行政与法，2022，（11）：1-7.

② 刘泽云，刘佳璇. 中国教育收益率的元分析 [J]. 北京师范大学学报（社会科学版），2020，（5）：13-25.

③ 安雪慧，元静. 中等职业教育：城乡共同富裕的基础路径——基于省级面板数据的实证研究 [J]. 教育研究，2023，44（3）：124-139.

④ 中共中央马克思恩格斯列宁斯大林著作编译局. 马克思恩格斯文集（第二卷）[M]. 北京：人民出版社，2009：9.

⑤ 陈学明. 论中国道路对马克思主义阶级斗争理论的继承和发展 [J]. 马克思主义研究，2015（5）：27-35+159.

一直对于贫困问题给予充分的关注，采用职业教育以技能助力脱贫也是国家的重要举措。改革开放至今，在扶贫范围上也成功实现了从贫困地域到贫困县、到贫困村、再到如今贫困个体的彻底脱贫转变历程，在模式上也从全员的技能普及到如今的技能定向输送的转变。今后，我们更多要考虑的是如何利用职业教育的内生力与外驱力，帮助低技能群体再技能化以摆脱返贫的可能。

教育是彻底消除贫困的治本之策，而职业教育则是可以为贫困人口实现脱贫的基本保障，更是阻断返贫的有效途径。职业教育院校自身具有很强的技能教育扶贫功能，在现阶段各级政府的扶持之下，几乎可以保障各类脱贫人口的免费入学问题，以实用型技术教学，保障各类人群学会并拥有保障基础生活的一门技能，以扩展其自身的就业渠道，改变家庭命运并获得对应收入，进而有效防止脱贫后的返贫问题。

图 3-4 职业教育造血式扶贫的现有模式与未来趋势，论证了职业教育是以"志智双扶"模式帮助低技能群体实现再技能化以摆脱返贫的有效方式。在未来阶段，职业教育不仅可以帮助低技能群体摆脱返贫，也可以依托农村职业教育等模式在多元融合的方式下助力乡村振兴，向共同富裕迈进。

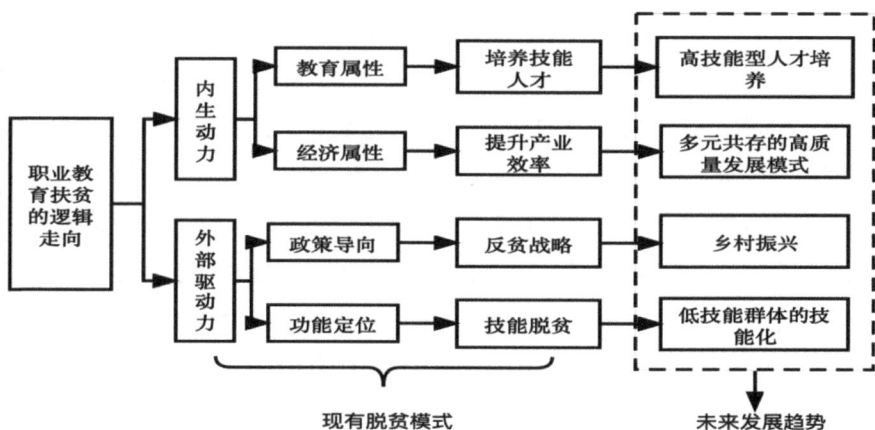

图 3-4 职业教育扶贫的逻辑走向

3.2.2.2 增强脱贫群众内生发展动力是坚持城乡融合发展的必由之路

共同富裕型社会，是指一种类似于橄榄一样中间大两端小的社会人均收入比例模型，即约 20% 的高收入或低收入人群和 60% 的中等收入群体。可见，要达到共同富裕，我们的首要任务是增加中等收入人群体量。根据 2021 年初的第七次人口普查数据，中国农村地区的总人口为 5.1 亿，占总人口的 36.1%，农村人口规模十分庞大，但是居民纯收入却很低。2013 年，国家统计局以新的方式对居民收支情况进行了调查。基于此，本书以 2013 年为节点，采用 2013—2020 年的城乡居民纯收入数据，绘制了城镇居民与农村居民纯收入比折线图（图 3-5）。如图 3-5 所示，8 年来，中国城乡居民收入差距逐年缩小，但仍然保持着 2.5 倍以上的差距。因此，增加农村居民收入是实现共同富裕的重大挑战。

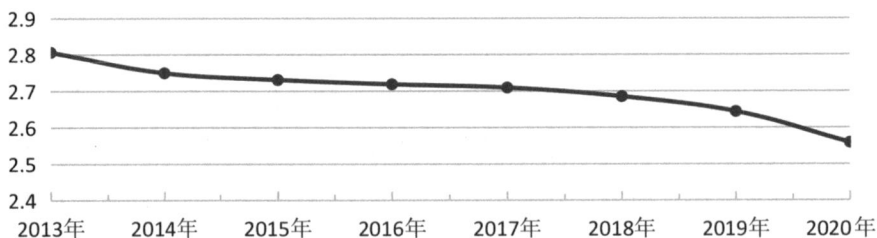

图 3-5　城镇居民与农村居民的纯收入比

2013 年以来，农民收入的主要来源：一是农业产品所得，二是进城务工所得。但就现有的收入结构来看，农民进城务工更多是在低技术含量的劳动密集型产业，这也是其与城镇居民产生收入差距比例的一大重要原因。扩大中等收入群体，一大关就是增加农村居民收入，戴望舒和王金水[①] 利用 CGSS 近十年的相关数据采用倾向值匹配法（PSM）对于我国职业教育是否可以增加居民收入问题进行了探讨，经过一系列论证试验，结论发现无论是接受中等职业教育还是高等职业教育都会使个人获得相对于没有受过相关教育更高的工资，且工资差异明显。接受中等职业教育的劳动者工资平均提升比例为 11.96%，而接受高等职业教育的劳动者平均工资提升约

[①] 戴望舒，王金水. 职业技术教育工资回报率的变迁：基于 2008—2017 年的数据分析 [J]. 高等职业教育探索，2022，21（1）：29-35.

36.21%。纽曼（Neuman）和齐德尔曼（Ziderman）[①] 以以色列职业学校毕业学生在劳动市场的实际情况进行分析，数据显示职业教育比普通高中的毕业学生收入高 10%，且具有专业技术优势的中等职业学校学生更具有择业优势。在他们的论证中，也都进一步论证了接受的职业教育水平越高的人获得收益的持续时间也越久，且在戴望舒和王金水[②] 的职业技术教育工资回报率变迁的 OLS（普通最小二乘法）模型中，采用了十年的跨度研究，又为我们充分论证了职业教育可以帮助农民迁徙到城市进行居住，且使未来子女的贫困代际传递概率会更小。

在此借鉴前文研究，根据两期代际交叠模型（OLG 模型），家庭部门的积累是由两代人共同完成的。除了 t 期之外，还有后代的 $t+1$ 期。在论证职业教育可以增强劳动者内生发展动力、减弱贫困代际传递方面，具体用数理模型论证表示如下：

假定代表性家庭的效用函数为 $u_t = c_t^{1-\beta}(n_t w_{t+1} h_{t+1} + n_t r_{t+1} s_{t+1})^{\beta}$，其中 c_t 为消费水平，假定其不低于生存水平 $\tilde{c}$；n_t 为生育率，h_{t+1} 为后代的人力资本水平，s_{t+1} 为家庭给每个后代的财富馈赠。在 t 期，家庭总收入为 $w_t h_t + r_t s_t$，支出包括 c_t 和培养 n_t 个后代的费用。这首先包括养育一个后代所需的最低时间 t，其次包括父母为每个后代提供教育支出 e_{t+1} 和财富馈赠 s_{t+1}，因此家庭的资本积累需要满足约束方程 $w_t h_t + r_t s_t - n_t(w_t h_t + e_{t+1} + s_{t+1}) \geq 0$。此外，假定物质资本在每期期末完全折旧，即下一期不存在当期的资本，每一代物质资本积累均来自父母馈赠，即有 $k_t = s_t$，且假定资本的最低阈值为 s^T。将效用函数写为对数形式，家庭决策问题为在约束方程条件下的效用最大化问题，即：

$$\max u_t = (1-\beta)lnc_t + \beta lnn_t + \beta ln(w_{t+1}h_{t+1} + r_{t+1}s_{t+1})$$

$$s.t \quad w_t h_t + r_t s_t - c_t - n_t(w_t h_t \tau + e_{t+1} + s_{t+1}) \geq 0, \ c_t - \tilde{c} \geq 0, \ s_{t+1} - s^T \geq 0 \qquad (3-51)$$

① NEUMAN S, ZIDERMAN A. Vocational Schooling, Occupational Matching, and Labor Market Earnings in Israel[J]. The Journal of Human Resources, 1991, 26(2)：256-281.

② 戴望舒，王金水. 职业技术教育工资回报率的变迁：基于2008—2017年的数据分析[J]. 高等职业教育探索，2022, 21（1）：29-35.

由公式（3-51）得家庭资本积累本身可以促使整体效用函数的最大化。则增大对人力资本投入，除了可以在当期提升居民收入水平，还可以为劳动者的后代能力资本积累提供有效路径。

3.2.3 产教融合型职业教育是区域协调发展的重要条件

第一，技术进步是增大资本积累，促进经济高质量增长的有效手段。科技创新能力是体现各国竞争能力的核心要素，创新竞争将会愈加激烈，职业教育要实现从"做大"到"做强"的艰难跨越，建成人力资源强国可以为国家实现经济社会发展、提升科技创新的国际竞争力、实现人民共同富裕都提供坚实的支撑。

第二，产教融合的职业教育模式为深化区域协调战略提供动能。在讨论经济发展问题时，发展极理论（development poles）是其中必不可少的一部分。发展极理论在1955年由法国经济学家佩鲁提出，他指出，不管是从时间或者空间上出发，经济发展水平都是不均衡分布的，有主导部门或者是创新型企业聚集的地区将会获得快速的经济发展，具有规模效益，形成"发展极"，进而再通过其自身的吸引力不断扩大生产规模，对周围产生辐射与支配作用，形成"经济空间"。它告诉了我们一个道理，即经济增长速率并不是在每一个地方都是相等的，国民经济的发展必须要注重各地域经济发展速率不均衡的情况，缩小地域间经济增速差异，构建不同层级的发展极，注重整体的经济起飞，是民族复兴的关键所在。基于此，以产教融合模式进行职业教育培训，对于整体城市化发展、民族复兴都有着积极的作用，且发展极的形成也可以从侧面形成多层次全覆盖的区域发展网格，真正意义实现共同富裕。改革开放以来，产业群逐步扩大，形成了以产业群为增长极的经济空间格局，是党和国家全面推进区域协调发展，完善经济增长的核心。

产业经济的进一步发展、产业技术的进一步变革、人力资本科学素养的提升，都为深入实施区域协调发展战略提供了重要动能。在东部地区，为推进现代化建设，设立高技能职业教育培训院校，深化产学研合作，帮助实现东部地区科技质的提能。在中部地区，为助力加速崛起，设立特色农业产业技术培训，为培育新型职业农民，提升产品产能有效赋能。在西部地区，依照西部大开发格局形成实际所需，建设对应特色培训学校，为我国西部大开发战略提供人才支撑。

第三，为构建优势互补、高质量发展的区域布局提供可能。充分发挥各个地域的特色优势，进行职业院校层级、地域互通与交流培养，为科技交流与创新提供可能。针对京津冀、长江经济带、长三角与黄河流域等不同地域发展需要，构建优势特色职业教育培训院校，量身定制特色人才培训内容，做到出校即就业，极大缩短劳动力培训时长，为经济发展效率提升提供空间。

3.2.4 高等职业教育发展是建设现代化经济体系的内生动力

高等职业教育可以为建设现代化经济体系提质赋能。产业结构是推动经济高质量发展的强大动力，高技能型人才队伍集聚（创新人员集聚）可以有效完善经济软环境，为保持我国产业链与供应链的韧性提供保障。

技能型劳动力短缺是目前产业升级受阻、居民收入滞后的阻碍因素[1]。职业教育的发展在提升低技能群体的人力资本质量的同时，首先可以帮助农村低技能劳动力实现农民就业转型，进而在此类人群具有高收入预期的情况下，转而进行更多的人力资本投入，刺激企业进入更高级别的产业生产过程以带动产业进步，扩宽更多高技能就业渠道，形成两者间的良性循环，为建设现代化经济体系提质赋能。

3.2.4.1 高等职业教育与产业结构的关系

高等职业教育与经济发展具有密切相关性。随着产业的升级转型，需要依靠智能化生产的第二产业、亟须提升服务水平层次的第三产业都对支撑行业发展员工的技术和素养提出了较高的需求。所以，职业教育的层次结构和单学科教学设置也必须进行动态调节。同时，产业结构的周期性变化也会使得职业教育内部的结构产生周期性变动。

第一，高等职业教育区域布局与产业结构关系。高等职业教育地域分

---

[1] 刘洪银. 农村职业教育与产业就业双转型的关联机制 [J]. 职教论坛，2011（22）：14-17.

配与产业结构变动的关联表现在如下三方面：其一，与行业转移的关联。由于土地价值和劳动力成本的提高，在各地方生产条件比较优越的前提下，中小企业为了节省资金往往会选择向土地价值较低和劳动力比较充足的地方进行转移，这样就会形成转移效应。但因为劳动者没有受到过专业训练，新转移区域内通常情况下的劳动者数量比较丰富，但其劳动质量却相对较低，这也使得新转移地区的职业教育的技术培养水平需要进一步提高，从而带动了新区域内职业教育资源的发展。其二，与产业布局的相互作用。由产业布局引导产业的聚集，当达到特定发展阶段后形成扩散效应，产品将进一步向周边地区扩展，进而影响对新员工技能培训需求，从而逐渐改变了职业教育的拓展模式与地域格局。其三，与产业整合的相互作用。产业融合的过程逐渐模糊了现有的产业边界，新行业也层出不穷。同时由于互联网信息技术的应用，教育行业也进一步突破了传统的教育模式，形成以网络为主要载体的新型职教模式，并迅速改变职教区域分布限制。

第二，职业教育的层次与产业结构间的关系。职业教育层次与产业结构的关系大致体现为三方面[1]。其一，与产业结构的演变间的关系。产业结构的发展随着生产技能的复杂程度而变化。原有的工人并不能在没有经过培训的情况下快速适应生产技术的提升，从就业结构中也反映出了具备高技能的技术员工供给不足，而低技能工人供给过剩的情况，这就需要职业教育培训来进行人才培养，进而转变整体结构。其二，与产业结构转移的关系。区域性的产业转移对于转入地与转出地都会产生结构上的重大冲击，这也在一定程度上进一步打开职业教育的调节空间。转入地的空间聚集效应导致当地对于相关产业技能人员需求增加进而带动职业教育发展，转出地新的产业发展带动职业教育更新迭代。其三，与产业布局的关系。合理的产业布局会带动地区产业聚集，大批类的产业集中对于精细化岗位分工等技能型人才需求更高，需要更高层次的职业教育与之配套。

第三，高等职业教育中专业构成和产业结构的变化关系。其一，与行业结构发展的关系。行业结构及其发展过程涉及各行业结构的调整与转变。

① 袁旭，康元华. 产业结构与职业教育互动关系的研究（一）——互动模型及其实践意义 [J]. 高教论坛，2006（4）：189-192.

因此高职学校就需要依据行业发展需要来动态调整教学结构以加强产教融合程度[①]。其二，与行业转移的关系。在转移过程中，转入区的行业发展壮大，同时转出区更高级的行业补充其中，这种动态流入过程需要地域的职业教育培养及时动态跟进以满足其迭代需求[②]。其三，与产业布局的关系。面临融合后所形成的新兴产业，职业教育必须从课程改革等方面积极应对，以尽量避免课程与产业结构需求间的相对时间滞后性[③]。

3.2.4.2 高等职业教育改革对经济转型以及产业结构升级具有支撑作用

职业教育有公共产品属性，改革策略重点应在供给侧改革。根据前文分析与判断，规划职业教育改革，并推动中国经济转型与产业结构的调整升级。

第一，职业教育通过稳定就业促进产业结构升级。经济的高质量发展是合理调配现有资源的必然过程。产业结构升级也离不开劳动力资源的优化配置。改革开放至今，我国农村剩余劳动力也在逐渐地由原来的低附加值企业，逐步向高附加值、高科技含量的生产部门转移，伴随着高质量经济发展需求，未来对于熟练劳动力以及高技能性综合人才的吸收能力会逐渐增强，需求量也逐步扩大，企业的分工将更加细化，这需要专业人才的呼应。职业教育还能更高效地推进乡村劳动者向城镇区域转移，并通过与行业对接，进一步提高掌握新技术和新工艺的人才质量，从而帮助他们实现稳定就业并为产业结构的顺利升级提供保障。

第二，高等职业教育通过提高劳动生产率，促进经济发展转型。高等职业教育对于提升生产效率，改善现有生产方式具有显著作用，且可以直接作用于劳动者的技能水平，促进现有技能的提升。其一，职业教育可以通过对于学生的授课等方式普及新技术与新工艺，再而由被培训者直接作用于生产线，大幅提升产业的生产效率。换句话说，职业教育的专业授课水平越高，受教育者获得的知识能力越大，劳动生产率的改进效果越明显。

[①] 朱清孟. 河南省职业教育供给侧改革的方向及对策分析 [J]. 河南师范大学学报（哲学社会科学版），2016，43（5）：172–177.

[②] 马健. 产业融合理论研究评述 [J]. 经济学动态，2002（5）：78–81.

[③] 袁旭. 高等职业教育专业立体结构调整的研究与实践 [M]. 高等教育出版社，2004.

其二，无论是学徒制还是专业授课模式所培养出来的学生，在新型工艺的使用与传播过程中，都是至关重要的角色，其对新工艺产品生产的技术水平和品质均具有决定性影响，职业教育建立合理的门槛与考核程序，为各级企业各类技术人员岗位培训优秀的人员，是新型工艺产品得以传承发展和不断创新的重要源泉。

第三，高等职业教育通过提高人力资本质量促进产业结构升级。孙海波等[1] 构建面板平滑转换模型，对人力资本集聚对产业结构升级的影响进行探究，认为人力资本集聚对产业结构升级具有正向影响。我们处于技术创新的洪流中，人力资本的质量和数量是考验世界各国发展潜力的关键标志。职业教育采用专业技能课程培养模式，将知识形态融入劳动者大脑中进而转化为生产力，从而提升了人力资源品质。但其实，我国现在的劳动年龄段人口平均受教育水平相比于发达国家，依旧处于一个比较低的水平范围，发展潜力巨大。在未来，进一步深挖人力资源潜力，注重人力资源素质拉动，挖掘第二人口红利，定会使中国国民经济的发展水平实现巨大飞跃。

第四，高等职业教育通过技术创新推动产业结构升级。专业化的技术技能人才数量对于产业结构升级意义重大。以技术进步客观规律进行分析，技术进步离不开的是发明、创新以及技术扩散，则转化为现实层面就是需要先将科学技术知识以授课方式装进受教育者大脑，再通过实际操作进行技术创新与改革，具有一定专业性的创新和变革就对技术进步具有直接推动力[2]。另外，在职业教育领域中的专业培训和技术培训也是技术传播的主要表现形式，利用被教育者在教育、实践的学习中对新技术的不断掌握和演绎，为转化创新传播提供了机会。客观上，技能人员和技术型人才的体量越大，则具有更宽的扩散范围，则传播效率越大。

综上所述，产业结构升级具有两个因素：一是针对新技术的推广应用，

---

[1] 孙海波，焦翠红，林秀梅. 人力资本集聚对产业结构升级影响的非线性特征——基于 PSTR 模型的实证研究 [J]. 经济科学，2017（2）：5–17.

[2] 蒋义. 我国职业教育对经济增长和产业发展贡献研究 [D]. 财政部财政科学研究所，2010.

二是为企业和产业的创新提供可能。目前我国的经济发展已经不再依赖简单劳动，而主要依靠劳动力对技术的掌握能力。所以，中国职业教育将给未来的技术发展带来巨大的新动能。但目前的高等职业教育模式还远无法适应中国产业结构提升对高技术和技能型人才的要求，所以，对高端制造业和新兴服务业发展的带动和导向功能，暂时还不能得到充分的发挥。

3.2.5 深层次人力资源开发是推进高水平对外开放的现实需要

新发展理念下，我国经济结构向高质量发展转换，对外贸易作为经济发展"三驾马车"之一，对经济高质量发展具有重要推动作用[1]。打造国家化技能人才高地可以以技术创新增大企业出口附加值，增大贸易竞争力[2]。

长期以来，我国以低廉的劳动力与生产成本优势嵌入全球价值链并逐渐发展为"世界工厂"，但由于劳动力成本逐年上升、环境规制强度增大等客观因素，我国出口贸易转型面临巨大压力。

3.2.5.1 以配套政策体系支撑建设制造强国

人才是实施制造业发展战略的有力支撑，强国建设的关键是人才[3]。《中国制造2025》要求到2035年我国制造业整体达到世界制造强国阵营中等水平，而这需要现代职业教育体系为制造业培养应用型工程师以支撑。

目前，我国传统制造业过多依靠资源投入，能耗过大且对资源环境影响具有负向影响。研究认为，外部知识对于企业创新具有正向作用[4]。侯

---

① 程颖慧，杨贵军. 产业结构、技术创新与对外贸易高质量发展 [J]. 工业技术经济，2023，42（5）：89-94.

② 任保平，李梦欣. 人力财富推动中国经济高质量发展的理论与机制研究 [J]. 中国经济问题，2022，332（3）：146-163.

③ 李金华. 中国建设制造强国的进程与行动框架 [J]. 南京社会科学，2018（6）：14-25.

④ HAMEED W U, NISAR Q A, WU H C. Relationships between external knowledge, internal innovation, firms' open innovation performance, service innovation and business performance in the Pakistani hotel industry[J]. International Journal of Hospitality Management, 2021, 92：102745.

建等① 以创新型人力资本视角探讨外部知识源化对制造业的影响，并选取2009—2018年制造业分行业数据探究我国制造业人力资本水平，得出结论认为，我国目前大部分制造业中的创新型人力资本水平还处于中等阶段，上升空间较大，应在创新型人力资本推动下合理调整企业内部资源，增强资本原动力。

《制造业人才发展规划指南》以人才培养模式改革的方式对标《中国制造2025》。在微观上，建立针对制造业十大领域对应的技能人才培养体系，引导课程培训与人才培养的有效衔接。在中观上，建设学校"双师型"教师队伍，企业"教练型"师傅队伍，持续推进制造业技能人才精准培训，增强劳动力对先进技术的转化能力，为加速传统行业改造升级提供新鲜活力。在宏观上，从国家政策向共建"一带一路"倡议倾斜，引导专业倾斜，为人力技能提升支撑制造强国建设铺路②。

3.2.5.2 突破中国代工企业全球价值链"低端锁定"困局

"低端锁定"是指基于全球价值链视角，跨国公司以核心能力限制代工企业知识创造与企业能力提升，并进而导致代工企业长期锁定于低端位置③。我国代工企业需要正视高级人力资源短缺导致无法摆脱被价值链主导控制的现状，并积极培育类似研发、品牌建设或营销等高端环节所需的人力资本。葛新庭和谢建国④ 论证了人力资源作为知识载体是技术传播的重要方式，Kerr等⑤ 使用美国部分公司雇主—雇员的相关匹配数据对就业结构研究，论证高技能移民可以提升企业中高级劳动力占比。

① 侯建，李思雨，庄彩云，等. 外部知识源化驱动制造业高质量创新的影响机理：创新型人力资本视角 [J]. 系统管理学报，2023，32（1）：111-117.
② 席东梅，任占营，徐刚. 支撑国家战略：做强"中国制造"的职教担当——职业教育支撑国家战略：中国制造2025座谈会综述 [J]. 中国职业技术教育，2017（28）：30-37.
③ 张慧明，蔡银寅. 中国制造业如何走出"低端锁定"——基于面板数据的实证研究 [J]. 国际经贸探索，2015，31（1）：52-65.
④ 葛新庭，谢建国. 人才引进能否破局价值链低端锁定——基于中国制造业企业出口附加值的研究 [J]. 国际经贸探索，2023，39（3）：19-35.
⑤ KERR S P, KERR W R, LINCOLN W F.Skilled Immigration and the Employment Structures of U.S. Firms[J]. Journal of Labor Economics，2015，33（S1）：S147-S186.

迈克尔·波特的《竞争战略》[①]，将人力资本定义为生产要素之一，足够量的高级人力资源可以支撑企业进行自主研发、进一步升级资本资源、增加所在企业竞争力，进而帮助企业获取更多对教育的可投入资本（见图 3-6）。产品具备竞争优势，资本积累增加则企业发展就可以摆脱"低端锁定"[②]。

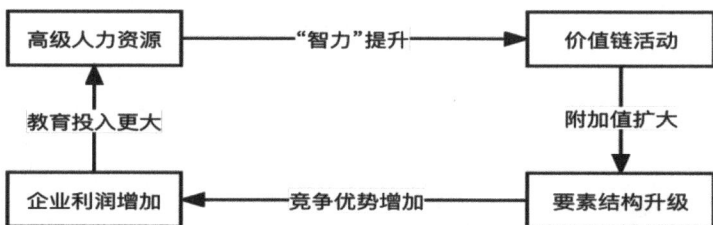

图 3-6 生产要素参与价值链活动的路径依赖

3.3 职业教育发展促进经济高质量发展的作用机制

坚持党的领导，在新发展阶段，全面贯彻新发展理念，以扩大内需为基点，构建以国内大循环为主体，国内国际双循环相互促进的新发展格局，需要确立中国特色职业教育体系对于技能人才培养的基础支撑地位。图 3-7 表现了职业教育促进经济高质量发展的作用机制。以构建中国特色职业教育体系为逻辑起点，以扩大内需为战略基点，第一，对劳动者进行技能培训可以更宽范围地扩大居民收入，帮助缩小城乡差距，实现共同富裕。第二，收入提升可以进一步提振消费，刺激对于新产品的迭代需求，以创新为驱动进一步加速全要素生产率的提升，为产品升级提供保障。第三，职业教育对于产业链的提质赋能为产业结构优化升级提供路径依赖，为实现国内大循环奠定基础。第四，以国家化技术技能人

---

① 迈克尔·波特. 竞争战略：分析产业和竞争者的技巧 [M]. 陈小悦，译. 北京：华夏出版社，1997.

② 胡大立，刘丹平. 中国代工企业全球价值链"低端锁定"成因及其突破策略 [J]. 科技进步与对策，2014，31（23）：77-81.

才培养高地建设为契机，深化国际分工、加强产品的品牌建设，为对外开放，实现国内国际双循环提供人力资源保障，推动经济高质量发展。

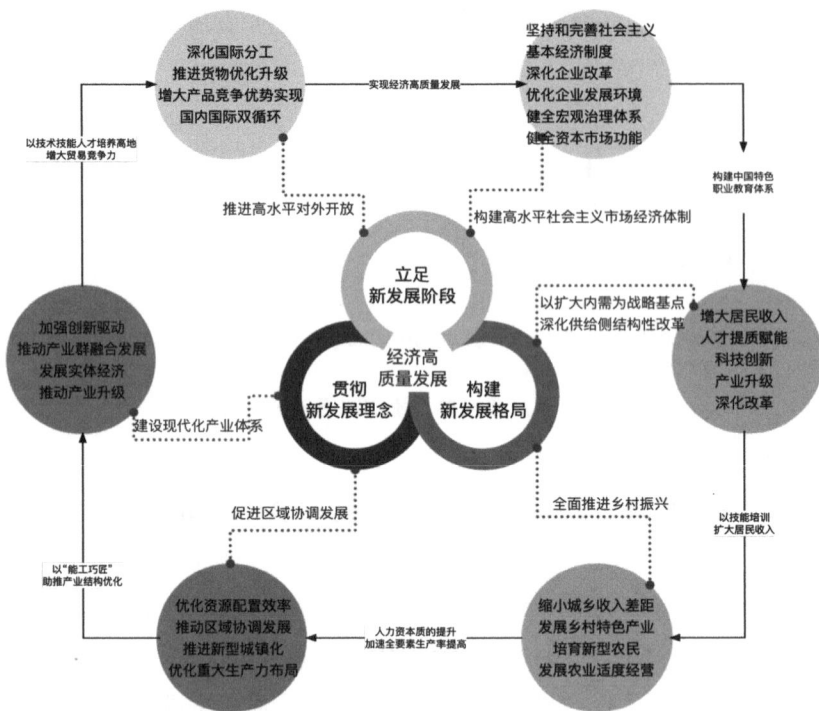

图 3-7　职业教育促进经济高质量发展的作用机制

3.3.1　通过消除能力贫困以缩小城乡居民收入差距

3.3.1.1　提升居民收入水平，消除能力贫困

目前，我国已经消除绝对贫困，但是怎样从脱贫摘帽走到乡村振兴，进而实现共同富裕是我们接下来要长期研究的问题。实现共同富裕，首先我们要先增加低收入群体的收入，增加中等收入人群体量，但这需要我们拥有足够的物质财富。提升物质财富的根本是生产力的充分发展，让更多的低收入群体进入到财富分配的过程。职业教育必须在这个过程

中充分发挥作用，通过职业技能的提高来提升低收入人员的技术能力，以此促进社会整体的劳动参与率和劳动生产率的提升。

经济增长受投资、对外贸易、技术创新、劳动力素质以及居民消费等诸多因素的共同影响。消费作为最终需求，是拉动经济增长的首要驱动力。"没有消费，就没有生产"[①]。从国家统计局公布的 2021 年我国消费率情况来看，全国的居民消费率大约为 75%，而国际普遍消费率为 80%。据计量分析论证可得，就我国目前情况而言，消费率每增长 1%，GDP 的增长率可以提升 1.5%~2%[②]。可以看出，在消费率的提高方面，我国仍然有很大的发展空间。消费不足则产品更新迭代速率减缓，进而会导致创新度不足，所以，为保证我国经济高质量发展，扩大消费需求是必然环节。而消费与收入二者属于密不可分的关系，居民的收入特别是可支配收入的持续提升能够稳定预期、提高消费能力和消费意愿。因此，在经济增长模式向消费驱动与创新驱动的转变过程中，增加居民收入是必然选择。进而言之，针对农村农民而言，从脱贫攻坚到乡村振兴，其根本措施就是以增加农民收入来提高农民的消费和生活水平。"授之以鱼不如授之以渔"，深化人才培养机制改革才能激发乡村振兴的内生动力，让大家接受职业教育正是帮助农民生活走向富裕的重要途径。

教育通过增加和扩大居民收入促进消费扩张和经济增长。一方面，目前，国内居民的消费模式是以可支配收入为基础的。发达国家的高消费水平是由于其人均收入高。因此，提高我国国人的收入能力是改善消费的最直接手段。另一方面，大多数发达国家都拥有着大量中等收入人群，而基尼系数则相对较低。但是，在我国，由于历史经济转型等复杂原因，居民收入之间的收入分配较不平衡，具有严重的两极分化问题。衡量总体收入差距的基尼系数由 80 年代初期的 0.28 上升到 2020 年的 0.468，超过了 0.4 的国际警戒线。2008 年时基尼系数曾达到过顶峰 0.491，近年来，虽然有所下滑，但仍超过了国际警戒线。国际经验表明，优先发展职业教育，提

---

① 中共中央马克思恩格斯列宁斯大林著作编译局. 马克思恩格斯选集（第二卷）[M]. 北京：人民出版社，2012：79.
② 杨瑞龙. 收入分配改革与经济发展方式转变 [N]. 人民日报，2013-2-21（7）.

升低收入居民的教育水平和能力，是合理改变收入分配结构、缩小基尼系数、扩大中等收入群体的有效措施之一。在市场经济不断完善的条件下，由于中高收入人群（如企业经理、工程技术人员等）教育水平的提升，其在劳动力市场上的边际优势也将随之减弱。随着教育程度相对较低的低收入人群（如中等职业技术培训的蓝领电工和水管工）数量有所下降，他们在劳动力市场上的竞争优势也随之增强，这一人群的收入也将随之增加。收入分配结构的改变，将为增加居民消费，推动社会经济发展奠定必要的物质基础。

相关学者的研究也可为上述分析提供一定的支撑。李阳[1] 采用《中国农村统计年鉴》中 2001—2018 年我国 31 个省份的相关数据，通过构建面板向量自回归（PVAR）模型，从宏观层面对职业教育投入对于农村居民收入的影响进行研究。研究发现，第一，职业教育对于农民的收入具有显著的正向影响，全国平均增长幅度可以达到 11.37%，但具有一定的滞后性。第二，经过技能型培训的农民在 2001—2018 年间的平均工资性收入涨幅为 12.91%，可见，职业教育是提升农民职业技能的最为有效的方式，可以直接影响农民的收入。王丽和李凤兰[2] 在 2018 年北京大学的中国家庭追踪调查（CFPS）问卷数据基础上，运用 OLS 和 QR（分位数回归）的方法，对于教育对收入以及收入分配的影响进行研究，发现在收入分配方面教育可以缩小低收入与中高收入群体之间的收入差距，在收入方面，与李阳（2021）得出了一致的结论，即教育对于收入的提升具有显著的正向影响。可见，普及职业教育，对于强化人才培养质量、增加居民收入、缩小贫富差距等都有着至关重要的作用，可以为经济长期稳定发展带来极大收益，为刺激消费打下良好的基础。

进一步地，依照现有实践经验也可支持上述判断。一般而言，偏远地区由于长期受到资源禀赋、地理位置、文化差异等影响导致整体的创新能力较低。而依照东部的试点情况分析，在城市或者周边地区设置职业教育

① 李阳. 中等职业教育对农民收入的影响研究 [D]. 广西大学，2021.
② 王丽，李凤兰. 普及化阶段高等教育对收入及收入分配的影响 [J]. 重庆高教研究，2022，10（5）：45-55.

院校可以通过对居民进行职业技能培训，进而有效促进当地居民提高劳动技能水平并增加就业机会。而在相对落后地域，依据其地域特色，在县级市或者特色乡村建立职业教育院校能够带动当地经济与农民收入。并且在形式上，随着信息技术的发展和普及，可采取远程培训等方式对于地方对口扶持。对于教学内容，可以依据国家支持情况与区域特色来进行调整，特色特办，建立具有地域特征的课程培训。考虑到农村人参加工作后受教育的机会和时间受到限制，可以灵活采用线上教育与职业教育院校相结合的方式，以提升劳动者技能为主题目标，以方便农民为主要方向去实时改进教学模式，提升农民参与度，在增加居民自身收入的同时，保障实现共同富裕。综上，信息技术的发展为进一步推广职业教育提供了技术保障，可以让职业教育以更丰富的方式、更好地推广到更多地区。

3.3.1.2 改善消费结构，实现人民生活高质量发展

第一，教育可以通过改变人类的认知观念、刺激消费欲望，获取消费技能进而丰富消费者的消费范围、提升消费水平、优化社会现存的消费结构来刺激消费增长。在调整消费结构与扩大中等收入群体的过程中，具有高学历的人群对于教育、娱乐等这些有利于个人身心素质与生活质量以及健康水平提升的精神类产品的需求也在悄然增加。尤其是在科技、经济以及文化等都多元化发展的今天，高学历人群在住房、交通等基本物质需求得以满足时，对于精神类产品的消费会在未来成为个人消费生活中最具有发展潜力的消费亮点。所以，满足人们日益增长的精神需求的消费品（诸如文创产品等）将会是未来拉动经济增长的方面之一。

依据国际经验来看，受教育程度高的居民对新的消费观念或信贷类产品的感兴趣与接受程度要高于教育程度比较低的居民。在中国，2020 年，我国劳动年龄人口中受过高中阶段以上教育的比例为 43.8%[①]，说明大多数家庭教育水平低，缺乏经济安全感，属于保守型消费模式，对于信贷类产品接受程度低，这也导致了一些人潜在的购买力很难形成实际的消费者

---

① 国家统计局 . 人口规模持续扩大 就业形势保持稳定——党的十八大以来经济社会发展成就系列报告之十八［EB/OL］.http：// www.stats.gov.cn/tjsj/sjjd/202210/t20221010_1889050.html.

需求。要想解决消费率低的问题，提升居民消费率，就需要提升居民的受教育水平，扩大居民收入，形成具备相应消费能力的中等收入人群，树立新的消费观念，让人民有花钱的意愿，乃至于敢于花钱。要用消费信贷增加居民消费，我们应从购车、购房、教育消费入手，逐步扩大信贷消费规模，扩大信贷消费范围。有关机构也要制定合理的政策，增加居民的受教育程度，帮助居民识别合理信贷与转换消费模式，逐步提升居民消费水平，以刺激消费增长、满足人民各类生活需要。

第二，职业教育的发展本身形成了增加消费需求的能力。中国特色职业教育体系的建设，不仅可以提高劳动者的综合素质，带动全要素生产率提高，还可以促进社会产业结构升级，改变社会收入分配结构，推动居民消费，促进经济增长；同时，职业教育自身的发展也是增加消费能力和促进经济增长的一个主要方面。扩大职业教育院校规模、增容各级各类受职业教育群体、全面提高职业教育服务质量，这些方面都需要配备最新的教学技术装备、扩大现有教师规模、培养并提升教师综合素养水平，而这对扩大社会总体消费需求、拉动经济增长起到积极作用。例如，教室或学校宿舍楼的建造需要大批的材料和建筑工人，而学生和教师数量的增加也需要大批的相关生活服务设施建设、相关配套设施建设。

3.3.1.3 职业教育供给侧改革是适应高质量经济发展需要

具体来说，职业教育改革就是改革职业教育不合理的供给结构，丰富现有的职业教育供给水平，在调整建立适应未来市场需求的供给结构机制的同时加强职业教育相关内涵建设，纠正各地域资源配置的扭曲，以满足不同地区经济高质量发展中对于各类型技能工人的实际需要，促进职业教育的可持续发展[1]。

在具体供给侧改革路径上，我们首先要分析在职业教育供给侧改革中我们所面临的挑战。第一，扩招后的资源供给总量面临挑战[2]。实施扩招

---

[1] 袁广林. 供给侧视野下高等教育结构性改革 [J]. 国家教育行政学院学报，2016（6）：15-22.

[2] 朱秋月，马丹. 能力评估视角下高职院校适应性发展的实然与应然——基于2020年 H 省高职院校评估数据的分析 [J]. 职教论坛，2021，37（6）：135-142.

后，意味着我国职业院校要在短时间内达到可以更多容纳 300 万人的校舍建筑面积，拥有配套职业专任教师与专业教学设备。教育部公布数据显示，我国目前共有职业教育院校 1.15 万所，但是学生数量的增长幅度与院校内教师的增长幅度之间仍然存在较大差异，且各专业大类之间分布差异明显，这并不利于职业院校做到提质赋能，需要我们进一步改善条件，为生源做好资源铺路。

第二，生源供给结构变化的挑战。目前主流的生源结构为应届初中或高中毕业生，但是在最新的规定中，对于生源的扩招对象还包含了退役军人、农民工等等，生源结构的变化需要各个院校做好对于各类生源的生活与学习方式、教育背景等个体问题的差异分析，因材施教，及时做好教育需求结构之间的平衡与调配。

第三，师资供给的挑战。面对大量的扩招，及时做好生源配套的师资配比是我们义不容辞的责任，但是，2020 年教育部的统计公报显示，我国目前职业院校的师生比已经突破了 20∶1，每位老师面对更多的学生意味着每个学生所得到的教学时间更少。进一步趋紧的专任教师数量为发展职业教育规模带来了巨大挑战。

第四，区域供给不均衡的挑战。各个地域之间存在着经济、科技能力等的差异，在对于职业院校资源供给上的差异也是十分明显。对于一些偏远地区的职业教育院校，基础设施水平以及教学资源等都还不能达到平均水平，进一步扩招生源对于教学质量的挑战无疑是巨大的。

面对上述挑战，进一步激发职业教育院校的供给活力则需要我们在新的起点上思考职业教育的供给侧改革问题，实现创新发展。第一，提升资源使用效率，扩大供给能力。经济高质量发展过程中，需要职业教育院校、企业、行业等各方面的同时发力，如果能够整合各类相关资源，如校企合作、引校进企等，可以解决学校的场地问题，还可以尽早帮助学生实现对于企业的适应能力。现在普通院校之间较为频繁使用的数字资源可以实现共享，建立全民数字资源库，为各类别学生提供更为便捷的学习方式，实现资源的灵活运用与快速流通。

第二，优化供给结构，提升师资质量。首先，多样化的生源意味着招生制度、教学体系等的全方位变革。多样化的生源意味着我们需要灵活改变招生模式，积极改变招生的制度，实现学生可以随时注册，为生源提供更强的便利性。其次，学分代替学年的模式，可以帮助更多的学生实现灵活学习，在节约学校资源的同时，提高学生学习积极性，实现快速就业。最后，构建和完善双师型师资供给模式，进一步完善学校人才招聘制度，吸纳社会上具有教育教学能力的高技能型人才，合理调配企业实践与课堂教学的分配，做到教师的双向交流，提升师生配比质量的同时也可以提升整体教师队伍的素质。

第三，充分考虑各个地域间的供给均衡问题。本书将在随后的章节具体分析目前我国各个省域间的职业教育院校资源分配情况。不一样的地域教育资源分配必然会出现不同的职业教育发展结构性失衡问题，但是只是简单的资源均分依旧会产生供给矛盾，应在综合考虑我国各个地域间的地域差异以及实际需求的情况下，合理搭配资源供给，按比例分配生源与各方面的教育教学资源，在各地区均有生源指标以及财政等资源分配的情况下再次合理竞争，进行第二次的比例分配，实现资源配置的最优化。

3.3.2 通过提高人力资本质量以助推重大生产力布局

优化重大生产力布局，促进区域协调发展，需要充分激发人才创新活力，加速提升产业全要素生产率。全要素生产率是导致经济增长的所有因素（如人力资本、技术、经济体制、专业化程度等）之和，是指除去资本和劳动力总量之外无法解释的所有经济增值部分。其中，人力资本是推动全要素生产率发展的关键部分。人力资本是可以通过教育来提高劳动者的知识水平、工作能力进而增强竞争能力，提升全要素生产率[1]。具备专业化培训能力的职业教育在人力资本积累过程中有举足轻重的作用，职教不仅是培养受教育者知识与能力的平台更是工人岗前培训与岗中技能提升的必要手段。人力资本作为经济增长的主要来源，是全要素生产率的核心要素。全要素生产率的其他组成部分也都与人力资本发展的质量与存量相关。

---

[1] 顾明远. 教育大辞典：增订合编本（上）[M]. 上海：上海教育出版社，1998.

所以,在这个时代背景下,职业教育是形成以人才为核心竞争力的重要基石。

大力发展职业教育,提升人力资本水平,是促进经济增长的有力手段。其实,从投资驱动型经济增长向创新型经济增长的转型就是将经济增长转向全要素生产率驱动的经济增长。职业教育通过提高人力资本质量带动经济增长,主要表现在如下四个方面。

第一,职业教育通过提升受教育学生的认知与非认知能力来提高劳动者在生产中的劳动生产率,这是最有效的从基本层面来提高经济增长速度的途径。在一个国家的刘易斯拐点,即劳动者总量不变、成本增加的情况下,市场对于劳动者的需求程度增大而供应数量不足,此时需要提升劳动者的劳动效率来保证企业的利益需求,这也是从劳动生产率层面提高经济增长速度的源泉所在。亨利和由由[1] 认为教育院校可以培养学生的社会、情感等方面的行为以及态度,且这些非认知性技能可以有效地反映出雇主心目中雇员的特性。杜尔拉克(Durlak)等[2] 也基于 27 万在校生的 213 项非认知能力课程学习项目进行元分析,结论得出各种非认知能力(社会情感态度、自我认知水平、处理困难能力、团队精神等)对于改善劳动生产率具有正向作用。林德奎斯特(Lindqvist)和韦斯特曼(Vestman)[3] 对于瑞典入伍士兵从认知与非认知能力进行了量表调查,结论依旧证明了在劳动力市场中类似失业者等表现力不佳的群体非认知能力较差,收入处于中位数以上的,非认知能力可以很好地帮助他们提升未来收入。阿凡纳西耶夫在 1976 年时就曾研究发现,伴随着教育水平的提升与劳动者受教育年限的增加,劳动工人在掌握新技能、熟悉新工种上所用的时间会逐渐缩小,生产过程中的废品率、机械设

① 亨利·M·列文,由由. 教育如何适应未来——以美国教育为背景的探讨 [J]. 北京大学教育评论,2013,11(02):2-16+186-187.
② DURLAK J A, WEISSBERG R P, DYMNICKI A B, et al. The impact of enhancing students' social and emotional learning: a meta-analysis of school-based universal interventions[J]. Child development, 2011, 82(1): 405-32.
③ LINDQVIST E, VESTMAN R. The Labor Market Returns to Cognitive and Noncognitive Ability: Evidence from the Swedish Enlistment[J]. American Economic Journal: Applied Economics, 2011, 3(1): 101-128.

备和用具的损坏率也明显降低^①。李建伟^②在分析我国劳动力供求格局的情况下认为，我国人口在 2022 年达到峰值，但是劳动年龄人口与劳动力供给却将不断减少，在这样的关键时期，提升劳动者的劳动效率，加强劳动人口的职业技能培训是十分必要的。这些文献研究都为我们论证了一个道理，通过职业教育课程学习可以帮助工人提升认知与非认知能力，进而让劳动者更加快速进入岗位训练模式，相应地缩短提高生产技能所需时间，更快掌握新设备操作技术，适应新生产设备环境，促进劳动生产率提升。

职业教育可以提升的不仅是个人认知与非认知能力，还可以通过为学习者丰富知识储备来提升劳动者的适应性进而提高生产力。产生这种现象的原因之一就是受过职业教育的劳动者具备分配与使用资源的能力。在生产过程中，往往需要做出很多影响生产效率的决定，做出这些决定所消耗的工作时间，以及这些决定所带来的资源消耗程度都会对于劳动生产效率产生影响，处理与分析复杂问题的能力越强则资源利用效率越高，生产的相对成本也更低。但是，这些处理问题的能力并不是空想出来的，需要同个人所拥有的知识储备量以及处理复杂问题的经验进行结合，接受过良好教育的工人可以在发现生产要素投入与生产效率之间不平衡的第一时间选择出优化投资组合，实现生产能力最优化^③。

第二，职业教育可以在受教育者知识储备量充足的同时培养创新型人才，通过对于现有知识的创新来提升技术创新，进而运用到生产中进行技术革新。这是经济可以实现长期稳定性创新发展的重要源泉。首先，经济增长过程需要创新驱动，创新的本质就是实现人才驱动。陈建明^④利用 2001—2020 年 CNKI 数据库中高职创新教育的 332 篇文章，采用 CiteSpace 软件进行图谱绘制，运用大量学者的讨论分析，所得结论与本书一致，创新驱动发展需

① 阿凡纳西耶夫 . 科技革命、管理、教育：教育学文选（俄文版）[M]. 莫斯科：教育学出版社，1976：341-342.
② 李建伟 . 我国劳动力供求格局、技术进步与经济潜在增长率 [J]. 管理世界，2020，36（4）：96-113.
③ 亨利·M·列文，由由 . 教育如何适应未来——以美国教育为背景的探讨 [J]. 北京大学教育评论，2013，11（2）：2-16+186-187.
④ 陈建明 . 基于 CiteSpace 的高职创新创业教育研究进展与趋势探析 [J]. 继续教育研究，2021（12）：45-52.

要大量人才支持，培养专业技术创新型人才在促进经济增长中具有重大意义。桑倩倩和栗玉香[①] 以 2006—2016 年 237 个地级市面板数据研究教育投入对于经济高质量发展的影响与作用机制，结果论证教育投入可以通过以消化与吸收外来技术并实现自主创新的模式来提升全要素生产率，进而实现经济的高质量发展，论证了技术创新在促进经济高质量发展方面具有稳健性。

第三，无论各个国家是怎么样的科研体制，教育在整体创新体系中的地位都是无法撼动的，其中，职业教育系统在整个国家的知识创新和技术体系发展中起到了无可替代的作用。2016 年《国家创新驱动发展战略纲要》要求推动教育创新、改革培养人才模式，将创新思维与创造能力的培养贯穿于职业教育全过程以更好完善高端创新人才与产业技能人才"二元支撑"的人才培养体系。《国家创新驱动发展战略纲要》为加速创新驱动下的职业教育发展战略、提升教育服务经济高质量发展能力、推动产学研协同创新提供了未来发展方向，为实现教育赋能创新驱动奠定基础。

第四，我们不能仅仅依赖劳动者个人的资本质量来提升生产率，还要在经济发展结构动态变化过程中寻求模式与制度创新，优化现有的资源配置结构来为劳动者创造良性创新发展环境，提升劳动者的适应能力。前两项已经论证了接受教育培训的劳动者在应对现有的技术与生产开发过程中的选择与适应能力要明显优于未接受相关培训的工人，且他们可以长期并更善于处于动态变化的工作发展环境中，并通过不断提升自身劳动效率来刺激整体生产效率提升，且这一点可以通过内生增长理论来进行进一步的阐述与论证，即不依靠外部驱动力而通过自身技术进步来保障达到经济增长的目的。换句话说，也就是人力资本可以在经济生产过程中不断实现正向促进作用，从而推动生产过程中的技术进步，以提升全要素生产率，实现经济高质量发展。研究表明，具备较高水平的劳动者会有更多的机会参与资源的分配决策之中，这会更加帮助劳动者增强劳动适应性。这也论证了提高工人的适应性程度能够有助于他们更广范围地应对劳动力市场的变

---

① 桑倩倩，栗玉香. 教育投入、技术创新与经济高质量发展——来自 237 个地级市的经验证据 [J]. 求是学刊，2021，48（3）：86−99.

动，加强劳动者面对选择的能力，帮助他们依据自身水平能力不断变化调整角色、岗位来应对新的工作形势。因此，具备较高教育水平，不仅可以提升劳动者的认知能力还可以帮助劳动者提升在不断变化的劳动力市场中的选择与适应能力，进而改善现有劳动生产率，促进实现经济高质量发展。

3.3.3 通过完善经济发展软环境以促进产业结构优化

3.3.3.1 职业教育可以加速农村特色产业发展，促进产业结构变化

第一，职业教育可以加速产业的发展。伴随着技术的变革与各地区产业结构的优化升级，职业教育需要不断地调整人才培养模式与课程专业设置来为产业发展服务。在实施乡村振兴战略的过程中，亟须对现代农业的产业技术体系进行升级，面对不一样的耕作模式、新产品与新技术的研发，需要大量拥有相关专业技能的人才进行开发研究，这也正是现代农村职业教育发展的动力源泉，侧面反映了现代农村职业教育是推动乡村振兴战略实施的重要引擎。

第二，农村职业教育支撑农村特色产业发展。农村职业教育是为乡村振兴与农业农村建设而服务的特殊教育类型。从教育对象方面来看，农村职业教育的主要教学对象是农村人口或为农业生产服务的城市转移人口；相比于传统教育，农村职业教育的服务区域更广，对于学历的要求水平更低，能够使更多农村人口获得受教育的机会。从教授内容来看，农村职业教育可以根据每个地域的地域特色来更改课程设置，因地制宜教授更加契合当地经济发展需要的课程，实用性更强。《乡村振兴战略规划（2018—2022年）》也更加明确突出了发展职业教育在乡村振兴中的重要现实意义。新的科教兴农模式从根源上解决"扶贫必先扶智"的问题，依据地方特色产业，培养该方面的技术人才，以特色产业带动当地产业的发展，形成新的发展极。以柳州为例，2021年，习近平总书记对于柳州螺蛳粉产业集聚区进行调研，仅以螺蛳粉产业为例，当地日产量可达150万袋，创造30余万就业岗位，带动5000多贫困户实现就业。农村职业教育为当地的特色人才培养，带动特色产业发展都起到了至关重要的作用，更为快速提升当地特色产业的生产效率打下良好的人才储备基础。

第三，新型职业农民助力地方产业发展。乡村振兴，首先需要人扎根于农村进行乡村建设，而乡村建设需要提高的是乡村自身产业生产水平，这个过程必定离不开具有技能的农民。脱离了农民的乡村，必定没有办法真正意义上实施新农村建设，振兴乡村也注定只是空想。石伟平[①] 认为农村与农业的主体都离不开农民，农民的教育需要应获得职业教育更多的关注，开展新型职业农民教育的教学对象更应该是那些来自农村，以留在农村进行建设为目的的孩子。

新型职业农民是指以农业作为自身工作职业的，具备相关专业技能并以农业的生产与经营作为个人主要收入来源的相关从业人员[②]。与传统的农民相比，新型职业农民更多了一份职业属性；与传统农业相比，现代化农业是人力资源、资本与技术为一体的现代产业，它需要具有科学文化知识与操作技能的农民以促进产业发展。因此，我们需要对传统农民展开职业技能培训，以满足现代农业的实际需要。

图 3-8 为新型职业农民类型。由图可见，与传统农民不同，新型职业农民的生产分工更为细化，且不同类别需要不同的技能模式与之相匹配，这需要更为专业的职业教育学校依据不同的地域特色、不同的职业分工来进行特色化的技能培训。但是，由于农民自身对于新知识接受能力的局限性，我们不能按照正常模式下的职业教育培训模式进行训练，需要更加细化职业教育培训内容，整合当地的各方面资源来分类引导。李延平和王雷[③] 以农村的供给侧结构性改革为背景，对于新型职业农民的培育进行研究，认为大批新型职业农民的培育可以为新农村建设提供人力资本，更是农业供给侧改革的关键。在这个改革过程中，农民是主体对象，应针对农民的文化程度，农村所处地域特征等进行分层、分类培训，

---

① 石伟平. 比较职业技术教育 [M]. 上海：华东师范大学出版社，2001.
② 刘琦. 乡村振兴战略下新型职业农民精准培育策略研究 [J]. 农业经济，2021（2）：86-87.
③ 李延平，王雷. 农业供给侧结构性改革背景下农村职业教育的使命及变革 [J]. 教育研究，2017，38（11）：70-74.

以满足地方、农民实际需求。葛栋栋等[1] 从生产资本与社会资本双重角度，利用 Probit 模型论证了职业教育对于发展现代农业的重要程度。刘滨和余松[2] 为论证技能培训对新型职业农民是否会影响其收入水平，利用了中介效应模型对于江西 11 个地市 2012—2017 年间的 2000 个职业农民进行问卷调查，经 PSM 分析结果论证，参加技能培训的农民其收入可以得到一定的增加，并最终得出职教可以显著提升农民收入水平的结论。

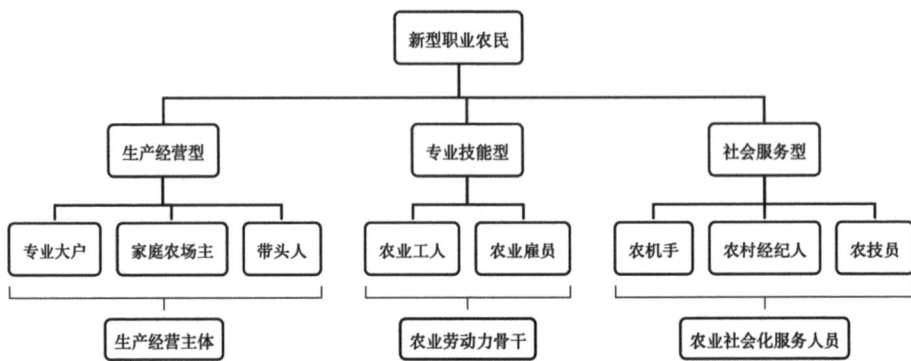

图 3-8　新型职业农民类别

可见，新型职业农民的体量与质量的双重提升为乡村振兴提供了关键性的人才支撑，职业教育也真正可以做到以市场为导向，为乡村建设培养了可以留得住且具有服务能力的实用人才。

3.3.3.2 职业教育可以通过深化产教融合，优化产业结构升级

结合背景与相关作用机制，本书以经济合作与发展组织（OECD）提出的 DPSIR 概念模型为基础，在此构建职业教育对经济高质量发展的反馈框架，为进一步研究职业教育促进经济高质量发展提供相关对策思路。

[1] 葛栋栋，余松，刘滨. 社会资本、生产资本与新型职业农民参与培训意愿研究——基于江西省"一村一名大学生工程"调查数据 [J]. 信阳农林学院学报，2021，31（4）：40-45.
[2] 刘滨，余松. 技能培训对新型职业农民收入水平的影响——基于 PSM 方法的实证研究 [J]. 信阳师范学院学报（哲学社会科学版），2022，42（1）：66-72.

在图 3-9 中，驱动力是指职业教育发展的内在驱动力，涉及政策、产业、经济等方面。压力是发展职业教育、为经济发展质量赋能的现实客观需要。在驱动力与压力的双方作用下，状态是对目前职业教育发展影响方面的客观表达，影响是发展职业教育对经济的现实反馈。这种影响则具体表现在现代职业教育体系改革过程中，职业教育在经济发展质量、新发展格局构建、人力资本投入等方面的科学响应。同时，职业教育紧盯数字经济技术前沿问题，加速专业课程的优化改造，提升数字型人才的培养数量与质量，以产教融合方式深化校企合作，以大批高质量数字化技能人才作为先导力量助推先进技术与国际接轨，加速产业优化升级。2019 年《国家产教融合建设试点实施方案》表示，将在 2025 年之前，试点建设约 50 个产教融合型城市，努力在全市和全省创建具有区域特色的产教融合型企业，来进一步完善现代职业教育体系，努力深化校企合作与产教融合。

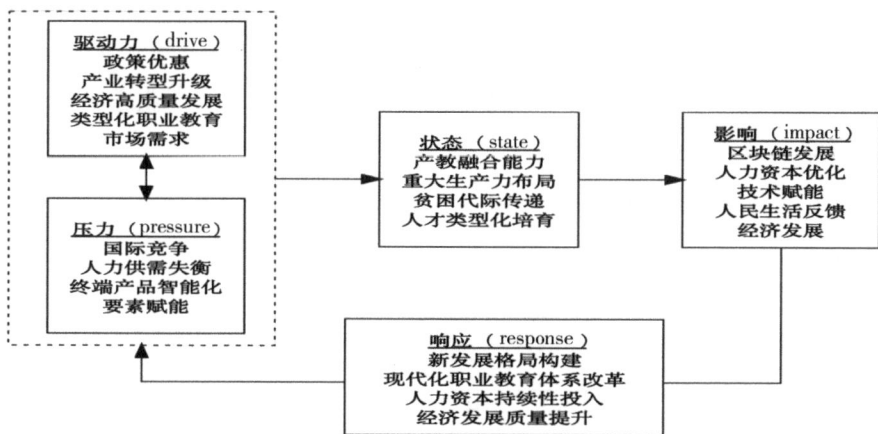

图 3-9　职业教育优化生产力布局的内驱力分析

在如今错综复杂的国际形势下，要想在科技革命中立于不败之地，不断完善产业链及其配套产品供给是我们要努力的方向。在这个过程中，职业教育是深化企业改革，为企业源源不断培养高素质人才的重要力量。如前所述，职业教育为经济社会发展培训了大量专门型劳动者，并为经济发展创造了更为丰富的宝贵财富。只有经过职业教育专业性技能培训的技术人员才能够获得了解特殊行业生产领域中的工业生产原理的能力和先进劳动技术。也只有通过把专门的生产条件与实际生产实践加以整合，才能够产生更大的产出价值以推动经济高质量发展。职业教育所培训的工人是高技能工人，其劳动形式主要为复杂劳动。在既定时间下，复杂劳动相较于简单劳动，所能创造的价值量更多，即可以创造更多的经济价值。例如，生产一线上这些具有高素质的技能型劳动者对于产业链整体的精细化管理与认知会远高于普通劳动者，这可以为新一代的产业升级提供坚实的人力资本保障，进而为产业的创新发展提供人才支撑。

3.3.3.3 职业教育可以加速技术革新，促进智能化产业升级

职业教育自身肩负着直接生产科学技术的功能。职业教育除了培养技术型人才，还肩负着科技研发的职责，其研究成果为实现科学技术的生产、创新，推动社会生产力转化带来有利条件。这种产业结构的优化与升级过程也是经济增长的重要源泉之一。在新发展格局下，产业升级意味着产业需要进行智能化发展，也就是说，如图 3-10 所示，国家经济增长的过程就是产业智能化发展的过程，即通过创新，由劳动密集型产业进阶发展到资本密集、技术密集型产业。

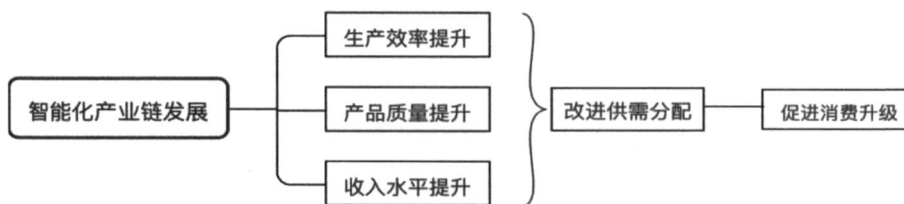

图 3-10　智能产业发展促进消费升级的传导机制

周善将和周天松① 认为产业升级与消费升级是能够促进我国经济高质量发展的两大重要方向，在分析智能化产业发展促进消费升级的传导机制方面得出结论，消费需求可以刺激产业供给的发展，而供给可以创造新一

---

① 周善将，周天松. 新发展格局下产业智能化发展的消费升级溢出效应: 理论与实证 [J]. 商业经济研究，2021（22）: 173-177.

轮的消费需求。具体来说，正如图 3-10 所表述的，职业教育从产业的生产效率、生产产品的质量双向提升角度来促进产业的智能化发展，智能化产业的发展又会从国际层面改变中端与高端产品的供需匹配，促进海外消费回流，产业收入提升则相关产业链下居民收入增加，进而最终实现消费的结构性升级。就其关系研究而言，吴振华[①] 从研究劳动报酬对产业结构的影响出发，根据系统 GMM 得出劳动报酬能够在改善消费结构，扩大消费规模等方面助推产业结构的升级，进而提升劳动报酬的有效方式则为职业教育。

产业结构优化升级，就是把国民经济的发展重心由第一产业转移到第二产业，进而从第二产业向第三产业优化升级。举例而言，第一产业的升级方法有通过向传统农业中添加现代化的科技成果，在增收增产的前提下向现代化农业大生产方向升级。在我国，有诸多因素可以影响产业结构升级，例如劳动者的专业化程度、教育发展水平、社会总需求的变化程度等，从职业教育的特殊性能够很明显发现职业教育对产业结构的优化和提升有着基础性作用，劳动力处理复杂劳动时的水平决定着产业的发展程度，职业教育为产业结构的智能化发展创造了前提条件。周善将和周天松[②] 为从实证方面论证智能化产业发展与居民收入水平、消费升级等之间的关系，在借鉴孙早和侯玉琳[③] 关于智能产业化发展对全要素生产率研究的计量模型基础上，采用 2014—2020 年相关面板数据，建立了智能化的产业发展与居民消费升级间影响机制的实证模型，经实证检验，论证了产业结构的优化升级即产业的智能化、数字化发展可以为居民消费创造更多样化与个性化的业态，刺激居民消费，同时居民日益增长的消费需求可以倒逼产业结构进行新一轮的优化升级；依据控制变量后的数据分析，可以看出居民的收入水平对于居民消费升级具有主导作用，而教育对于提升居民收入水

---

① 吴振华. 劳动报酬、消费升级与产业结构升级 [J]. 工业技术经济，2019，38（11）：101-106.

② 周善将，周天松. 新发展格局下产业智能化发展的消费升级溢出效应：理论与实证 [J]. 商业经济研究，2021（22）：173-177.

③ 孙早，侯玉琳. 人工智能发展对产业全要素生产率的影响———个基于中国制造业的经验研究 [J]. 经济学家，2021（1）：32-42.

平又有着直接的联系。据此，可以再次倒推职业教育可以通过深化产教融合提高劳动者素质，推动产业结构升级，促进经济高质量发展。

产业结构的优化升级需要具备相应知识和技能的必要劳动力群体。教育通过提高人们的知识和技能，为产业优化和升级提供前提。杨翠芬[①] 论证了国家的教育发展水平伴随着劳动者的质量、数量及产业结构的变化而动态变化。在地区的劳动密集型产业向资本密集型产业升级的过程中，需要一大批受过专业培训且熟悉中大型设备并在生产过程中能熟练运用知识与技能的职工。这要求职工必须掌握相关基础知识和具备较强的读、写、算能力，熟悉大中型机械设备生产的基本操作规程和规范，有效地完成生产工作。也只有经历过专业培训的劳动者才具备这项能力。在资本密集型产业升级为技术密集型产业过程中，需要一定比率的受到专业训练的员工。人类经济从以农业生产为主的第一产业过渡到资本密集的第二产业再跨越到现代的智能经济为主导的第三产业时代，展现出了人类知识积累、传播到创新的发展历程，教育在这一历程中是不可或缺的存在。在这种重复生产的过程中，随着教育内涵的层次和结构的变化，尤其是职业技术教育领域的专业化，分工和产品专业化将更加深入，而这本身也是促进中国产业结构演进升级的关键原因所在。所以，与农业时代相对应的是由文盲、半文盲或接受过扫盲教育的劳工所组成的群体。与大型机械工业化时代相对应的，是以受到良好教育的职工为主的工人群体。在智能生产和知识经济时期，接受良好教育的从业人员将成为创造社会财富的主体。产业提升的实质是人的提升，即人的教育技术水平、知识与创新能力的提升。总之，职业教育的发展既是为实现产业优化升级奠定必需的人才物质基础，又是产业发展中对职业教育人才客观需求的体现。诸如我国这样的发展中国家，为了提高自己的产业结构，就应该积极发展教育，增加与产业有关的人力资源积累，在提高自己的人力资源总量的同时注重教育质量的提高；同时还必须根据自身的经济结构特点和社会发展需要，通过调整和优化职业教育结构，以提高企业人力资本的结构质量和对生产发展的适配性，从而

---

① 杨翠芬. 产业结构升级与各级教育发展的动态关系——基于发达国家和地区的经验视角 [J]. 现代教育管理，2015（4）：39-44.

促进产业结构的不断升级，带动整体经济增长，如此才能进一步缩短同发达国家的经济发展差距。尤其是在当今这个大变革的发展模式下，信息科技的蓬勃发展，现代知识的加速创新与运用，现代信息传递技术手段的不断更新，会给职业教育的工作流程带来巨大的变革。大型开放式在线课程（MOOC），以及注重线上线下等多渠道发展的教学培训模式，使广泛共享优质教学资源成为可能。所以，我们必须把握这百年未有之大变局，积极推进现代职业教育发展、提高整体教育质量、注重产教融合、提升人才培养水平、创造更多优秀劳动力，提高科学技术水平与产业迭代进而推动产业升级，以实业推动经济高质量增长。

3.3.4 通过打造技术技能人才培养高地以增强贸易竞争力

职业教育可以通过对人力资源的深层次开发，助力国家硬实力构筑。其一，职业教育是国家软硬实力转化的纽带[①]。职业教育作为软实力可以通过打造国家技术技能人才培养高地的方式，增强国际竞争力与国家硬实力。党的二十大提出"推进产教融合"[②] 更是明确了职业教育对于生产力提升与贸易竞争力增大的能力。其二，职业教育发展为我国产业链与供应链的韧性保持提供保障。职业教育通过对人力资本的充分开发，发挥奠定国家硬实力的基础作用。《中国职业教育发展报告》指出，2021 年，全国设立高等职业院校共 1518 所，年招生人数约 556.72 万人，其中本科层次的职业院校共 32 所，为高端制造业解决技术"卡脖子"、加速专业升级改造等问题提供重要人力支撑。此外，职业教育为制造业与实体经济的发展累计输送了约 6100 万技术技能人才，为促进人口红利释放、推动技术向生产力转化提供基础性保障[③]。

[①] 张云，单连新.职业教育在对外关系中的多重功能与发展方略——基于国家软实力理论的思考 [J].广东技术师范大学学报，2023，44（1）：67-76.

[②] 习近平.高举中国特色社会主义伟大旗帜 为全面建设社会主义现代化国家而团结奋斗 [N].人民日报，2022-10-26（1）.

[③] 中华人民共和国教育部.中国职业教育发展报告（2012-2022 年）[J].职业技术教育，2022，43（24）：69-77.

2021 年发布的《全球价值链发展报告》中对贝图尔福（Bertulfo）等[①]全球价值链人均收入进行探究，本书结合前人研究整理得图 3–11，并将全球价值链人均收入分为两个层次：在第一层次上，人均全球价值链（简称全价）收入 = 规模（人均全价工作岗位）× 生产力（每个全价工作岗位的全价收入）。人均全价收入的提升路径只有两个：其一，规模增加，意味着参与全球价值链工作的员工数量提升，则获得就业机会的概率更大；其二，生产力提升，代表着整体功能的升级。在第二层次上，即生产力的有效分解层次，全球价值链中生产力可以划分为两类。第一类为生产活动，即诸如组装、制造等物理转化类生产活动；第二类为知识生产活动，该类别涉及类似设计、技术提升、营销、研发等包含大量附加值类生产活动。第二层次的生产力提升则表明知识生产活动的功能性升级，即知识密集型企业产出的附加值扩大。

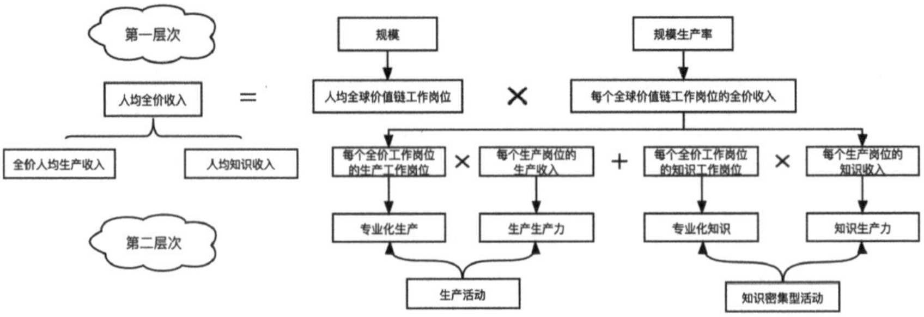

图 3–11　全球价值链人均收入分解

职业教育在对于全球价值链提升过程中，发挥着提高产品附加值的作用。其中对于培育高级技能人才，增大产品研发能力等效果尤为显著，是加大产品深层次开发，构筑国家硬实力的基础。

① BERTULFO D J, GENTILE E , VRIES G J . The Employment Effects of Technological Innovation, Consumption, and Participation in Global Value Chains: Evidence from Developing Asia[J]. ADB Economics Working Paper Series, 2021.

第 4 章

职业教育促进经济高质量发展的
历史与现状分析

本章第一节梳理职业教育促进经济发展的百年演变脉络。第二节从我国目前职业教育的整体结构和分地域职业教育发展情况两方面来概括职业教育的现状，从经济发展质量指数方面阐述我国经济发展状况。第三节对优势进行了总结。第四节从我国技能人才供需结构、职业教育在经济高质量发展中的责任担当以及高层次职业教育发展困境三方面具体分析了我国职业教育促进经济高质量发展的不足。

4.1 职业教育发展的历史

职业教育作为大工业生产发展背景下的产物，在我国最早称之为"实业教育"。自新中国成立以来，中国职业教育始终在党的集中统一领导下围绕着党的中心工作路线进行展开，时刻服务于社会经济发展的各方需要，在劳动者整体素质提升、阻断贫困人口代际传递、优化人才结构等方面均起到了难以取代的重要作用，是确保经济高质量发展的重要前提。在建党百年这个契机之中，本书将梳理我国职业教育发展的百年演进脉络，总结历史经验，为加快职业教育体制改革，构建具有中国特色的职业教育体系提供借鉴，不断开辟"中国之治"的更高境界。

4.1.1 以"工合"模式开启职业教育的早期探索（1921—1948 年）

4.1.1.1 中国近代合作运动的产生与发展

1920 年，我国中北部五省 317 个县市接连爆发严重旱灾，共造成约 2000 万人受灾，约 50 万人死亡。为对灾情进行救助，国内外人士先后成立 9 个"华洋义赈会"。与此同时，黄炎培在所创办的中华职业教育社开创性地提出职业教育的目的是增进国家生产力，为个人谋生存，将职业教育为个人谋生存与为国家增产值进行了有效链接[①]

面对当时国内外的严峻形势，党始终把职业教育作为在党的领导下的教育板块的重要组成部分，革命根据地的教育事业随之逐渐成形。1927 年

[①] 黄晶晶. 中华职业教育社早期发展历程研究 [J]. 中国职业技术教育，2016（34）：111–116.

11 月，中国共产党在土地革命战争时期建立了第一个苏维埃政权——海陆丰革命根据地[1]。教育成了当时文化建设的中心任务。《江西省苏维埃临时政纲》首先提出要推行和普及职业文化教育，并要求注重工农成年职业教育，优先发展农村教育，提高工农文化程度等。1931 年中华苏维埃第一次全国代表大会通过的《中华苏维埃共和国宪法大纲》中也对于保证工农劳苦群众的受教育权利做出了具体规定。1934 年 3 月，中国共产党颁布了《短期职业中学试办章程》，这是共产党历史中第一部对于职业教育发展进行规划的纲领性文件，在该章程指导下，结合具体工作方针，中央苏区分别对劳苦大众、红军及干部、子女三类人群设置了不同类别的职业教育专门学校，为不同类别人群开设对应的职业技能知识培训。

1937 年为保障民族抗战，职业教育设立了特殊的职业教育模式来培养高级干部以及特殊行业人才[2]，由于战时的特殊需要，职业教育义无反顾地肩负起重任，并在抗战阶段得到飞速发展。1938 年，国民政府制定了《战时各级教育实施方案纲要》，应战时需要，将职业教育学校分为了初级职业学校和高级职业学校，其中，初级职业学校负责帮助无法升学的学生以及工农在短期内利用闲暇时间补习职业技能与常识。这为职教发展提供新思路，并开始对于职业教育与普通教育的融合进行尝试，在探索与实践之中，为我国培养了大量具有特殊技能的技术型人才。

1939 年，为了组织更多的经济力量集中抗日，部分中外友人合伙组织成立了中国工业合作协会（以下简称"工合"），并按照"工合"的特殊模式开展了军用品、日用工业品等的生产来支援抗日战争，由于管理人员与技术人员严重匮乏，为此建立起了"山丹培黎学校"，将教育与生产紧密结合起来，实行半工半读，教、学、做相结合的教学模式，有力地驰援了国家的建设事业。为方便相关业务与工作需要，在"工合"基础上成立了负责统筹全区工业合作事务的总机构（中国工业合作协会），并下设五

① 王哲. 抗日战争时期职业教育发展综述 [J]. 吉林工程技术师范学院学报，2018，34（2）：49-52.
② 杨天平，黄宝春. 中国共产党教育方针 90 年发展研究 [M]. 重庆：重庆大学出版社，2015.

课与妇女工作部（见图4-1），负责全区组社、人事、统计、技术、贷款、教育等工作。

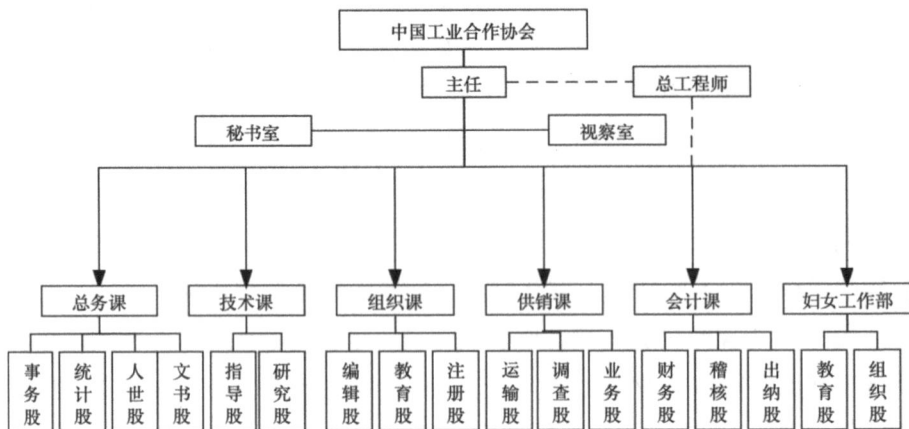

图4-1　中国工业合作协会组织系统图

资料来源：中共陕西省委党史研究室，中共宝鸡市委党史研究室. 西北工合运动史 [M]. 西安：陕西人民出版社，2018：54.

　　解放战争时期，面对着国内外新的战争形式与革命斗争方式，中国共产党对于职业教育的制度化建设加强，针对抗战时所必需的专业型人才与解放区经济建设所需的人才进行分类培养、协同发展。1946年苏皖边区政府将职业教育学校分设为了初级学校和高级学校，其中初级学校又细分为在职干部短期学校与初级职业学校[1]。1948年山东省的教育工作会议提出了对于开展规范化职业教育相关工作制度的展望。虽然在解放战争阶段并没有落实对职业教育的制度化建设，但共产党人对于中国职业教育制度探索的初心从未动摇。

---

[1] 何青. 解放战争时期中国共产党解决教育问题的认识和实践研究综述 [J]. 鄂州大学学报，2015，22（10）：9-11.

4.1.1.2 以"工合"模式发展职业教育的历史作用及贡献

抗日战争时期，职业教育院校为国家的经济建设以及战时补给需要提供了大量实用性技术人才。这些学生毕业后，直接奔赴各个行业，在增强战时后勤保障能力的同时，促进了当时工业、农业的发展，也将社会生产模式由手工业转换为了现代机器工业。

第一，为经济发展培育实用人才。其一，职业教育为战时的军事生产及抗日前线需要，培育了大批的军事技术骨干。此阶段所成立的兵工专科、技术学校等在短时间内的学员人数都有明显扩充。此阶段还有许多兵工厂单独成立了自己的职业技术学校，这些学生在毕业后也都逐渐成长为技术骨干。截至 1949 年，以西南地区为例，兵工职工数量就已经达到 4 万人，且当时的兵工职工数量也占到了西南地区当时总人口的半数以上[①]。另外，战时所需的还有大量经过专业医学培训的护士及医生。为应对此阶段的相关需要，国立同济大学、江苏医学院等医学院校先后设立了附属护士助产学校，快速培育了大批医疗护士、医生等相关技能人才，为国家贡献了真正的一线所需有用之才。其二，职业教育为培育其他各类技术人员奠定基础。在此阶段，依旧需要大批农、工、商等多类技术人员支撑经济发展。海事职业教育相关职业学校的成立更是填补了我国海事职业教育方面人才培养的空白。帮助职业院校形成了种类齐全、专业合理的职业教育体系。1940—1943 年，国民政府教育部连续三年开设中等机械电机训练班，使超万名学生进行电焊、汽车修理等专业学习，为当时的社会需要起到了极大的辅助作用。其三，职业教育促进了此阶段的实业发展。从广西桂林成立高级商业职业学校开始，1934 年南宁成立了会计人员养成所，并在国内掀起了培育精通现代管理方式的职业经理人的浪潮，为培育企业管理人才、科学发展现代企业提供了更多的进步空间。

第二，带动地方经济发展以及社会进步。1921 年—1949 年，由于客观原因，工业、农业等发展都相对滞后，职业教育在此阶段为国家努力培育各行各业人才，为经济复苏提供人才"活泉"保障，极大推动了当时的

---

① 奉莉. 抗战时期大后方职业教育发展研究 [D]. 西南大学，2011.

社会进步，为当时以"工合"模式发起运动筑牢了经济游击防线。一方面，以新技术促进经济作物发展，帮助农民获取资金。原始农业发展模式为自给自足型农业耕作，但相对来说更多的是依靠天气和地理位置。为提升农业粮食产量，职业教育逐步改进教学模式，在各地分散设立实验基地与农业职业学校，并就地扩大招生规模，培养农业技术技工。在此基础上，扩大专业分类设置。截至1938年，农业职业院校的培育人员就包含了农技推广、农事指导员、农业技术员、小学农科老师等种类，这些人才将培育优种、病虫害防治、化肥促产又进一步宣传到千家万户，为扩大耕地面积，扩大农地产量发挥了良好的作用。1936—1938年，四川的粮食总产量从28453万市担增长到了40083万市担，贵州相对粮食产量也从4127万市担增长到了5158万市担①。另一方面，以技术进步推进农副产品的品质提升。农业经济作物的发展关乎农民的生存需要，而农副产品的发展则是对于农民生活、收入状况的写照，农民可以通过农业副业的提升而获取更多可积累资金。以四川的桑蚕业为例，桑蚕作为四川的优势行业，是当地农民的主要收入来源。当地对于桑蚕职业教育培训也是极其重视，建立了一批桑蚕职业学校，仅在抗日战争期间，这些学校培养相关技术人才数量就近千人。这些学员后来不仅成为全国桑蚕技术的中流砥柱，更是将优秀技术带到了万千蚕户家中，帮助蚕户增加收益，改善家庭条件，促进农村农副产业的提量增收。

4.1.1.3 以"工合"模式发展职业教育的历史经验

以"工合"模式发展的职业教育虽对应着特定的时代需求，但依然可以表现出共通性，我们需要对这一阶段的发展进行深入思考，以更高质量地为职业教育发展总结经验。

第一，政府指导可以促进职业教育的发展。一系列法令、制度的制定，对于保障职业教育发展奠定了有效根基，更是指明了发展的方向。在此阶段下，政府的领导对于职业教育的发展起着决定性作用。职业教育的发展无论是学生培养目标，还是人才需求供给，抑或是学校基础建设都需要政

---

① 蒋君章. 战时西南经济问题 [M]. 重庆：正中书局，1943：11-12.

府给予相关方向以及大量的资金支持。且在此阶段中也有少量的私人兴办的职业教育，但整体比例在这个阶段中有所下降，更是从实际论证了政府的主导作用。

第二，发展职业教育需要依靠社会力量。职业教育院校的发展单单依靠政府力量是不够的，应在政府的指导下，动员社会的全部力量，协同发展职业教育。无论哪个行业需要发展，一定离不开的就是资金的投入，现代化的职业教育，无论是人工智能还是其他高新技术行业发展，要想培育相关技能型人才，都需要大量的配套教学设备以及高水平师资力量，仅是依靠国家的财政拨款，职业教育的发展局限性会很大。开放职业教育投资渠道，诸如校企联合培养等方式，可以根据企业特色建设针对性的课程培养体系，精准培养所需技能型人才，在节约资源的同时，达到效益最大化。

第三，培育技能人才需要顺应社会发展需要。技能人才不能盲目地闭门造车，应依据客观社会发展需求，顺应时势，为利益相关者按需提供所需人才，加强利益相关者的参与度。尽力加强学校同企业、政府、行业等的合作密集度，帮助雇主更加充分融合到教育与培训的各个环节；采用合作型人才开发路径，从雇主（企业）角度来开展特色的人才评估与需求预测，精准设置专业课程，让学生按工作本位进行学习，建成高技能型现代人才培养模式。

职业教育的发展不能是独立的，需要学校、企业、学生等多方面协同发力，共同参与以推动各级各类的实用性技能人才培养。第一，因地施教。职业教育的发展应和区域发展相结合，对接产业，扎根区域，依据地方文化传承等客观服务需求，有效地开展培训。第二，对接特定企业，依据行业与企业未来发展需要，定制专业课程，并设置相关考核制度，为用人单位培育实际所需人才。第三，政府依据实际所需，统筹规划，将职业教育发展与产业发展协同并进，提升职业教育对口支持力度，有效确保毕业生具有可以服务于家乡特色优势产业的技能。

4.1.2 面向工农，普及劳动生产知识（1949—1977 年）

4.1.2.1 将扫盲与劳动技术教育结合积蓄坚实力量

新中国成立之初，社会主义的改造和建设达到了前所未有的高度，新时期需要大批的高技术人员来支撑国家工业体系的发展。但国家长期积贫积弱致使人民存在普遍贫困的事实，导致国家在政策实施时需首先考虑解决普通群众温饱问题。应对新时期的国家需求，职业教育进入了新的发展时期，1949 年，《中国人民政治协商会议共同纲领》中的"注重技术教育"被确立为新中国的教育方针，为职业教育在新时期的改造与发展提供了政策方针①。1949 年 12 月，全国第一次教育工作会议为职业教育应如何发展提供了指导借鉴经验，新中国的职业教育也在向苏联的学习和探索中，结合我国自身国情摸索以教育为基本位的职业教育制度。伴随着政府对工农兵教育的改造，我国的中等职业技术学校也在新中国成立初期飞速发展。1950 年，《中学暂行教学计划（草案）》规定生产劳动、课外自修、社会服务等都应计划性配合正课进行。在此阶段，国家制定了职业教育的总体方向，即教育面向全民，开展免费的扫盲培训以快速提升工农的文化教育水平。

在此阶段实施职业教育的主要目标是将教育同生产生活进行结合，将"怎么做"与"怎样学"进行有机结合，实现"干中学"。以实干求取知识，体现了将政治、文化、教育相结合的教学特点，以实现面向工农群众全面发展的技术教育模式。

从教育实践的角度来细看此阶段的职业教育发展，它体现了马克思的职业教育思想同现实劳动生产实践相结合的实践原理。符合我国当时状态下的特殊国情，这种职业教育模式不仅解决了当时工农群众的低文化水平的问题，更是在社会层面彰显了职业教育对于经济建设的重大意义，对于后期的社会主义建设有着重大作用价值。

---

① 陈学恂. 中国教育史研究：现代分卷 [M]. 上海：华东师范大学出版社，1994：373，428.

4.1.2.2 以学徒教育为引导恢复发展经济

学徒制作为职业教育的重要组成部分，在建国初期的国民经济发展中肩负着教育、经济协同发展的重要功能[①]。发展经济的必要条件为工业化建设，为进一步加快工业化进程脚步，根据《中国教育年鉴 1949—1981》，1952 年，中等职业学校的学校数量院校总量就超过 794 所，学生数量也达到了 290226 人，是抗日战争时期的 9 倍。1953 年，毛泽东提出的"一化三改"（即社会主义工业化，对农业、手工业和资本主义工商业的社会主义改造）确立了社会主义工业化的主体地位，致使对于技能人才的需求量倍增。

1954 年，教育部针对当时国情与具体情况，面向 15~25 岁且具有初中或同等学力的公民，或 30 岁以内的工农干部或产业工人开放招收中等专业学校学生。16~23 岁的小学及以上文化程度的青年则可以报名至技工学校。开放式的入学条件及优惠政策为人民群众接受职业教育提供极大便利[②]。截至 1960 年，职业教育院校遍布各行各业，覆盖了煤炭、冶铁、航空、建筑、铁路等重要战略领域，为新中国成立之初的工业体系建设提供了充足的技术技能人才。

在这个时期，职业教育做到了将文化扫盲和工农运动紧密结合，以快速度提升了工农的科学文化知识，以及个人劳动生产能力，为下阶段的经济发展、国家反贫困事业都积累了丰富的经验与人才基础。

1956 年始，国家相关部门开始针对新中国成立前各地相关近 10 个行业中的旧有学徒制中优秀经验进行调研，并先后发布了一系列的调研报告来反映学徒制教育的发展与运行情况[③]，并为接下来的新学徒制改革打下良好基础。

1957 年，国务院在前期的调研基础上颁布了一系列针对新型学徒制推行的暂行规定，确定了 28 个需要实施学徒、练习生制度的行业，并规定

---

① 刘颖 . 林祥谦：中国工人运动的先驱 [J]. 党建，2020（7）：59-60.
② 宋永婷，张瑞，陈鹏 . 中国现代职业教育使命嬗变历程研究 [J]. 河北大学成人教育学院学报，2014，16（2）：70-74.
③ 朱羊，宋志成 . 关于商业旧学徒制度的调查和对新学徒制度的意见 [J]. 劳动，1957（22）：15-18.

各个行业需要将学徒、实习生都纳入国家的统一劳动工资范畴，并对于这些学生的学习时长与学习范围进行了明确规定，初步形成了"劳资两利"型师徒关系，为后期劳资关系发展以及国民经济恢复都创造了有利条件[①]。

在这一阶段的改革实践中，学徒制改革受到了人民群众的热烈拥护，职业教育在此阶段也被认为是"有效精简机构，改善生产工作进行程序，利于生产效率提升获得精简节约目的"的有效措施。在此引领下，至60年代，职业教育已经成为当时在经济建设过程中技术人员的主要来源渠道，为维护新中国的统治，发展社会经济打下坚实基础[②]。

中国共产党在探索和创造中国之治的进程中，时时关心着民众的实际需要，帮助广大民众努力向前发展，它改变了中华民族由近代以来不断衰退的悲惨命运，实现了"站起来"，并继续朝着复兴的方向迈进。

4.1.3　面向贫困劳动力，加快解决温饱步伐（1978—2011年）

4.1.3.1　面向农村，解决生存性贫困

在实现中华民族伟大复兴的进程中，必须要推动我国各方面的制度与治理体系现代化，顺应时代的发展潮流，满足人民的真正需求。以国家贫困线为基准，1978年国家贫困人口的数量为2.5亿人；以国际贫困线划分，近7亿人都还处于贫困标准框架内，面对现状，党的十一届三中全会是中国之治的一个新的起点。1978年4月22日，邓小平在全国教育工作会议开幕式上对改革开放和社会主义现代化建设新时期的职业教育工作做出了全新的战略定位，明确提出职业教育类型建设必须同经济发展相适应，这对于突破转型期职业教育发展的瓶颈具有重要的历史意义。1979年2月，在天津、山东、河南、吉林四省市分别建立4所技工师范学院，为技工院校进行专业师资培养的提案被国务院批准，这也是我国针对培育职业技术类师资队伍的首次尝试。1980年10月，《关于中等教育结构性改革的报告》掀起了全国对于职业教育的结构性改革研究的浪潮。随着技能型人才的扩

① 来文静，雷前虎，路宝利. 中国共产党百年学徒教育：历史进程与前瞻审思 [J]. 职业技术教育，2021，42（25）：12-18.
② 《中国共产党简史》编写组. 中国共产党简史 [M]. 北京：人民出版社，2021.

张，我国的经济也逐步得到了恢复与发展。改革必先改农村，如何促进农村扫盲工作的推进与促进农民增收问题是此阶段的重大课题。1981 年，《关于建国以来党的若干历史问题的决议》指出，要将脑力劳动与体力劳动、知识分子与工人农民进行有机结合。

1983 年，《关于加强和改革农村学校教育若干问题的通知》开始了我国对于农村职业教育的发展新思路[①]。以此为契机，我国农村的普通高中开始增设职业技术班，其中部分地区的普通高中也改办为了职业学校，开始对于不同年龄段的农村毕业生进行职业技术培训，农村的职业教育也在这个阶段得到了较快的发展。1984 年，国家首次把反贫困与职业教育进行了有机结合，纳入国家的反贫困治理政策版图中，以内源性贫困为研究起点，正式开启了国家的反贫困事业，并将职业教育培训作为培育人民反贫困能力的有效手段。

鉴于经济发展的客观需要，1985 年 5 月发布的《中共中央关于教育体制改革的决定》开启了与职业教育相关的体制改革。在此方针指引下，1986 年 7 月，第一次全国职业技术教育工作会议再一次提出要将农村的技能培训同成人教育相结合，振兴农村经济、发展农业生产、促进农民致富。这两个实践标志着我国的职业教育在中国共产党的领导之下迈向了改革的新征程。

1985 年发布的《中共中央关于职业教育体制改革的决定》为人们初步勾勒出了现代职业教育体系蓝图。以此为小结点，农民在改革开放的前 7 年间，实现了人均纯收入 2.7 倍增长，年增长率达 15.2%[②]，职业教育做到了帮助农村人民的普遍受益，尤其是此阶段的乡镇企业更是帮助 6967 万人实现了就业，为农民参与工业化寻得了更好的途径。

4.1.3.2 面向成人，促进劳动力转移就业

在上阶段对于农民整体贫困进行救济后，农民、农村的普遍式贫困获

[①] 朱德全，石献记. 从层次到类型：中国职业教育发展百年 [J]. 西南大学学报（社会科学版），2021，47（2）：103-117+228.

[②] 中国共产党新闻网，http://theory.people.com.cn/GB/n1/2017/0109/c217905-29008237.html.

得了极大的缓解，1991 年，《国务院关于大力发展职业技术教育的决定》把加快发展职业教育的精神具体化为党的十三届七中全会精神，为今后十年该走什么样的改革与发展道路指明了方向。1993 年，《中国教育改革和发展纲要》为深化职业教育体系建设、实行分阶段发展的政策措施，初步形成了适合社会主义市场经济体系的职业教育体系，并对其发展前景进行了展望[①]。

1994 年，国家第一个有明确目标的反贫困计划的落地实施为职业教育培训青壮劳动力、促进增收提供了可能。1996 年，《中华人民共和国职业教育法》的颁布，在之前的基础之上，通过对于职业教育体系的探索，为今后的现代职业教育体系构建奠定了框架雏形。

共同富裕是消除两极分化和贫穷基础的普遍富裕，要求解放和发展生产力，先富作为驱动带动后富，逐步实现共同富裕。因此，在改革开放初期，经济的快速发展就需要更多的高技能人才予以支持。1991 年颁布的《关于加强普通高等专科教育工作意见》对于高等职业学校的地位进行了划分，为后期的高等职业院校发展奠定基础[②]。基于此，1996 年，"三改一补"[③]发展策略实施，并启动了中国高等职业教育改革的大步前进模式。截至1998 年，我国的高等职业教育院校在校生数量发展到了 117 万人，为中国的高新技术行业发展提供了强劲的人才保障。

中共十四大进一步解放思想，推进全面改革步伐，实施以社会主义经济建设为中心的重大方针政策。在这样的大环境之下，职业教育积极变革，在推进改革发展开放的过程中，贯彻了社会主义市场经济改革方针，保持着高等职业教育规模增长，中等职业教育规模相对平稳过渡的协调发展模式。

1999 年 1 月，结合高等教育大众化的国家战略选择，我国的高等教育形成了"六路大军办高职"的繁荣场景。为进一步满足社会发展与经济建

---

① 李蔺田. 中国职业技术教育史 [M]. 北京：高等教育出版社，1994.

② 孙培青. 中国教育史 [M]. 上海：华东师范大学出版社，2000.

③"三改一补"：职业大学、部分高等专科学校和独立设置的成人高校改办高等职业教育，利用少数具务条件的重点中等专业学校改制或举办高职班等方式作为补充。

设需求，2004 年颁布的《关于以就业为导向深化高等职业教育改革的若干意见》，以就业为引导，进一步推动了我国高等职业教育改革的深入发展。为了可以更好地为全面建成小康社会增大技能型人才储量，2005 年 10 月发布的《国务院关于大力发展职业教育的决定》，将职业教育的发展理念确立为我国社会主义现代化建设、经济高质量发展培育数以亿计的高素质技术人才。

在相关职业院校扩张的同时，我们并没有忽视对于职业教育体系的内涵式建设。2002 年发布的《国务院关于大力推进职业教育改革与发展的决定》深刻表达了职业教育在社会主义现代化建设中的关键地位，并明确要从实际出发，因地制宜，以农业和西部地区发展为实际工作重点，为贫困地区培养可以留得住的实用型人才。职业教育服务"三农"，帮助广大民众致富的优势日益凸显。2003 年发布的《国务院关于进一步加强农村教育工作的决定》，更是对于新时期的农村教育工作做出了具体部署，要求开展多种形式的职业技能培训，促进农业增效、农民增收、从根本上帮助农民实现富起来。

4.1.4　面向人人，壮大中等收入群体（2012 年至今）

4.1.4.1　深化职业教育体制机制改革，创新多层次全类型职业教育模式

党的十八大至今，我们党在习近平新时代中国特色社会主义思想的科学指导下，团结带领广大人民群众，面对新的历史特点，一路奋进、开拓进取，科学把握国际国内复杂的形势变化，向中华民族的伟大复兴砥砺奋进。在新的改革进程中，国内与国际形势发生了新的变化，党和国家在百年未有之大变局下，制造业所面临的低端锁定困局更加迫切希望得到高技能型人才的智力支撑。2014 年发布的《国务院关于加快发展现代职业教育的决定》要求到 2020 年，能够全面建立符合发展需求，积极推进产教融合，中、高职业院校合理衔接，形成具有中国特色和国际水平的现代职业教育体系。

2014 年 6 月，我国发布了《现代职业教育体系建设规划（2014—2020）》，要求我国系统设计现代职业教育体系架构，促进教育体系创新

和结构调整。职业教育模式的改革也是在此时正式拉开帷幕，习近平总书记也在此后针对职业教育发表了一系列重要论述[①]。结合我国基本国情，在继承与发展马克思主义理论基础之上，将我国的职业教育体系从以下方面进行深入论述。

在社会主义核心价值观方面。职业教育的发展一直秉承着社会主义核心价值观的引导意义。第一，党的十九大将社会主义核心价值观作为当代中华民族精神的集中体现。2018 年 9 月，习近平总书记在全国教育大会上深刻阐明新时代应该"培养什么人"的根本问题，指出要努力构建德智体美劳全面培养的教育体系，形成更高水平的人才培养体系。以德为先，坚持为党育人，培养具有理想信念的全能型技术人才[②]。第二，职业教育发展坚守教育公平的基本底线。2014 年 6 月，全国职业教育工作会议在京举行，习近平总书记强调了职业教育发展的重要性，并表示要加大对农村地区、民族地区、贫困地区职业教育支持力度，努力让每个人都有人生出彩的机会。发展职业教育既保障民众受教育的权利，又为中西部贫困地区的均衡发展提供了保障。第三，职业教育发展应注重人才培养，建立良好人才观。2014 年 5 月，习近平总书记到河南考察时指出，要加快构建以企业为主体、市场为导向、产学研相结合的技术创新体系，加强创新人才队伍建设。

在战略定位方面。第一，职业教育发展目的应为实现民族伟大复兴提供坚实的人才储备及智力支撑。2015 年 10 月，党的十八届五中全会指出要建设现代职业教育体系，推进产教融合、校企合作。习近平总书记在党的十九大报告中指出："建设教育强国是中华民族伟大复兴的基础工程，必须把教育事业放在优先位置，深化教育改革，加快教育现代化，办好人民满意的教育。"第二，职业教育发展要时刻把服务发展、促进就业设定为办学方针。2019 年《国家职业教育改革实施方案》指出了我国职业教育的办学方向为"坚持以习近平新时代中国特色社会主义思想为指导，把职

① 李萍. 习近平关于职业教育重要论述的系统性研究 [J]. 高等职业教育，2021，30（1）：78-83.

② 吴忠，朱德全. 中国职业教育现代化改革的目标框架与行动路向——《国家职业教育改革实施方案》的现代化蓝图与实践方略 [J]. 高校教育管理. 2020，14（1）：115-124.

业教育摆在教育改革创新和经济社会发展中更加突出的位置"①。第三，职业教育要建设高质量的中国特色职业教育体系，并将之作为新历史起点的发展目标。2014 年习近平总书记在全国职业教育工作会议中对于职业教育发展的目标定位做出了重要批示。2014 年 5 月，国务院根据习近平总书记的批示精神，印发了《关于加快发展现代职业教育的决定》，要求到 2020 年，形成适应发展需求、产教深度融合、中职高职衔接、职业教育与普通教育相互沟通，体现终身教育理念，具有中国特色、世界水平的现代职业教育体系。

在制度改革方面。第一，职业教育中应积极促进产教融合发展与校企合作。2014 年，教育部印发《关于开展现代学徒制试点工作的意见》，并提出了积极推进产教融合、校企合作的富有现代意味的人才培养模式②。这对于教学与生产、学校与企业的有机衔接具有重大意义③。2017 年 10 月，十九大报告提出，完善职业教育和培训体系，深化产教融合、校企合作。2018 年发布的《职业学校校企合作促进办法》，在深入探究现代职业教育的培养机制时，对于未来发展路径进行了规划探究。2019 年《国家职业教育改革实施方案》把产教融合发展的改革创新管理模式带向了制度化、规范化发展的高峰。第二，推动"双师型"教师队伍建设。党的十八大以来，推进"双师型"教师队伍建设变成了职业教育发展的一大重点领域。2018 年发布的《中共中央国务院关于全面深化新时代教师队伍建设改革的意见》进一步落实了十九大精神，紧紧围绕"五位一体"总体布局，提出全方位改善中国职业教育"双师型"教师队伍建设问题，并做出到 2035 年，教师整体综合素质、专业化水平和创新能力大幅提升的目标要求。

职业教育的发展历程是国家对于人才培养总体要求的行动指南。图 4-2 反映了新中国成立以来我国职业教育人才培养一步步向现代化复合型人才

---

① 国务院印发《国家职业教育改革实施方案》[J]. 教育发展研究，2019，39（3）：77.

② 闫广芬，李文文. 新中国成立 70 年来职业教育人才培养目标的"中国特色"[J]. 中国职业技术教育，2019（36）：27-33.

③ 石伟平，郝天聪. 从校企合作到产教融合——我国职业教育办学模式改革的思维转向 [J]. 教育发展研究，2019，39（1）：1-9.

跨越的发展历程，直观地呈现出了教育观念的变革，展现出职业教育致力
于民族伟大复兴的使命担当。

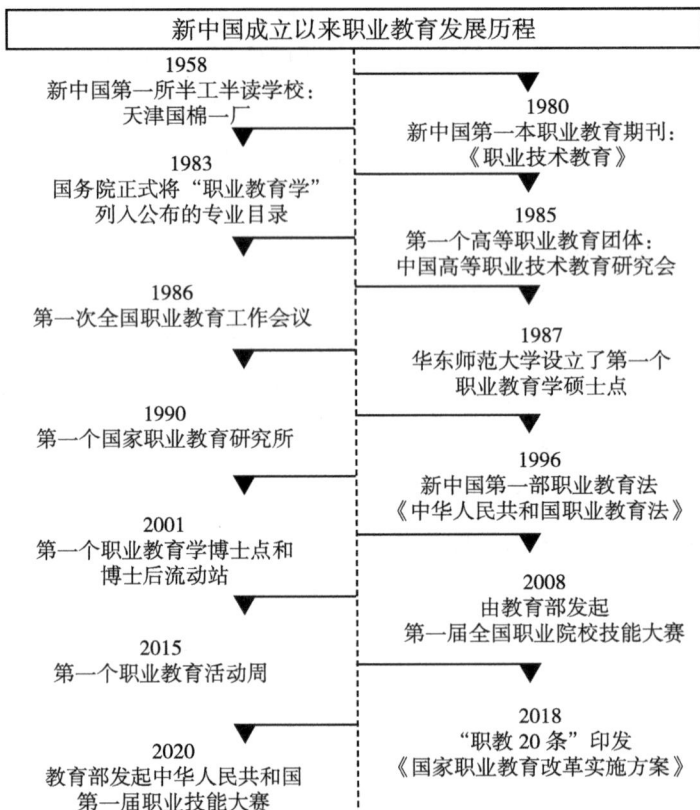

图4-2 新中国成立以来职业教育发展历程

资料来源：作者整理。

4.1.4.2 以现代职业教育，推动经济高质量发展

职业教育在促进国家经济发展上发挥着举足轻重的作用，职业教育作
为国家促进经济增长的有力手段，更是贫困人口转化为国家实际所需劳动
力的关键。

首先，经济的发展为提升劳动参与率提供了可能。新中国成立以来，
高精尖技术的发展与经济的腾飞为国家提供了充足的物质积累，而这些物

质积累加快了职业教育的发展步伐。一系列优惠政策的落地为无数贫困劳动力提供了接受教育的可能，而获得实用技术的劳动力作用于经济、企业的建设，在为自己增加劳动报酬改善家庭条件的同时也为国家资本积累带来了量的提升。在这个良性循环过程中，职业教育正是良好的赋能剂，承担着上下衔接的有效功能。

其次，职业教育为经济发展过程中潜在劳动力向现实劳动力转化提供了条件。职业教育以其相对较低的门槛，充当了服务人人的角色，为促进就业与提升劳动生产效率都提供了可能。在职业教育的整体发展过程中，从初期的以扫盲为主提升劳动力的生产效率，到改革开放时期农村技术培训提升增收能力，再到如今的多层次全方位实现面向人人的、服务各层次全龄段的个性化职教培训模式，为各级各类企业、劳动者都寻找到了最佳的对应点，成功对劳动者进行赋能，实现市场与劳动者的双向选择模式。

最后，发展本科职业教育是对职业教育适应性的增强，是服务支撑高质量经济发展的必然要求。改善职业教育在群众心目中固有认知的一个最基本的方式就是发展顶层职业教育体系，从 2014 年开始，发展职业本科就已经成为国家高度重视的问题，国务院在当年召开的全国职业教育工作大会出台的《国务院关于加快发展现代职业教育的决定》首提"探索发展本科层次职业教育"。2019 年发布的《国家职业教育改革实施方案》也提出要开展本科层次职业教育试点。

4.2 职业教育与经济高质量发展的现状

本节通过国家统计局等渠道收集相关数据，从目前职业教育的整体结构、各地域职业教育发展情况两方面依次介绍了目前初中生的升学渠道、党的十八大以来国家统计局颁布的职业教育学校数量，现存的职业教育结构与职业教育分布差异。从经济发展质量指数方面概括分析了我国近些年的经济发展状况。

4.2.1　职业教育整体结构

党的十八大以来，党和国家高度重视职业教育的发展。2014年发布的《关于加快发展现代职业教育的决定》，对于现代职业教育体系的指导思想、总体目标和政策举措进行了合理规划，将职业教育体系建设摆在了关键地位。

图4-3为目前我国初中生的升学渠道，学生在完成九年义务教育之后，可以自行选择进入普通高中或职业高中，历经阶段性训练之后分流进行更为复杂的培训。职业高中院校学生可以选择中外合作办学课程培训过渡进入出国留学阶段，或通过3+2中高职一体、单招单考、五年一贯制、免试升学四种方式进入高职院校进而考取工程硕士；也可以选择通过普通高考、成人高考与对口升学本科进入普通本科，进而进阶升学硕士、博士。普通高中学生经历三年学习后可以进一步选择高职院校或普通本科院校，进而进入硕士与博士阶段学习。

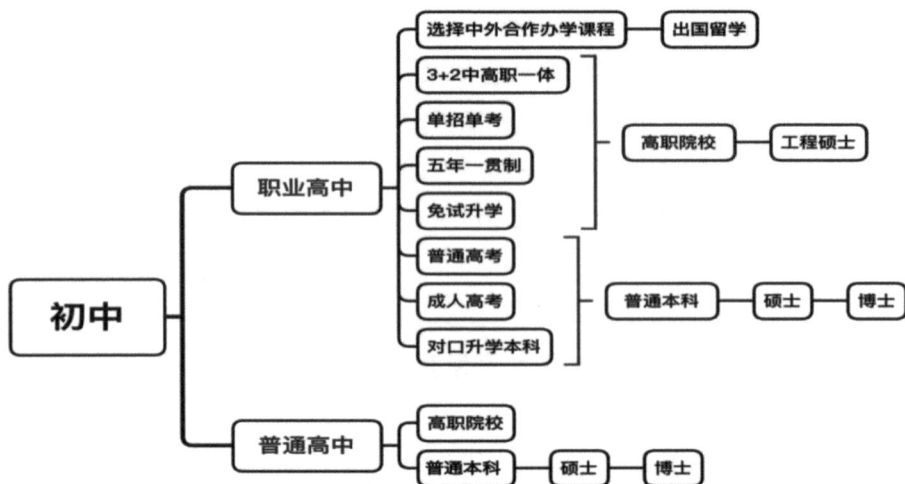

图4-3　初中生升学渠道

资料来源：作者整理。

随着一系列重大政策的落地实施，我国职业教育体系结构不断优化完善（如表4-1所示）。高等职业学校的院校数量、招生规模和在校生数量都在稳步增长；职业初中数量却持续萎缩，2012—2019 年间，数量由 49 所降至 11 所，这是由于九年义务教育的实施以及部分地区十二年制教育的推广，使得职业初中的市场需求减少，但这为我国高级职业技能人才的培养奠定了良好的基础；中等职业院校作为职业教育的主力军依然是整个职业教育结构中的重中之重，占整个职业教育学校数量的 75% 左右，是整个职业教育的核心所在。

表 4-1　十八大以来职业学校数量

单位：所

年份	高职（专科）学校	中等职业学校	职业初中学校	技工学校	总计
2012	1297	12654	49	2892	16892
2013	1321	12262	40	2882	16505
2014	1327	11878	26	2818	16049
2015	1341	11202	22	2545	15110
2016	1359	10893	16	2526	14794
2017	1388	10671	15	2490	14564
2018	1418	10229	11	2379	14037
2019	1423	10078	11	2392	13904

资料来源：《中国统计年鉴（2020）》。

表 4-2 为依据国家统计局相关数据整理后得出的我国目前职业教育的整体结构。目前，我国高职（专科）学校占总体职业学校的比例为 10.23%，但招生数量占到了总体比例的 39.41%；中等职业学校数量比重最大，为 72.48%，招生数量占总体比例为 48.93%；而职业初中和技工学校占总体比例分别为 0.08% 和 17.2%，招生数占比分别为 0.01% 和 11.65%，虽然占比不高，但也为我国职业教育的多层次发展提供了有力的支撑。

表4-2　职业教育结构

单位：万人

	高等职业教育				中等职业教育			
	学校数	招生数	在校生	毕业生数	学校数	招生数	在校生	毕业生
数值	1423	483.6	1280.7	363.8	10078	600.4	1576.5	493.5
结构比	10.23%	39.41%	39.80%	38.06%	72.48%	48.93%	48.99%	51.63%
	初等职业教育				技工学校			
	学校数	招生数	在校生	毕业生	学校数	招生数	在校生	毕业生
数值	11	0.1	0.4	0.1	2392	143	360.3	98.4
结构比	0.08%	0.01%	0.01%	0.01%	17.20%	11.65%	11.20%	10.30%

资料来源：国家统计局。

4.2.2 分地域职业学校情况

国家统计局统计指标之中高等职业学校被包含在普通高等学校之中作为整体进行统计分析，在此不具有参考价值，故采用中等职业院校的统计数值与统计指标分地域对职业学校进行对比研究。

本书选用了我国2019年31个省（自治区、直辖市）的中等职业学校数量、招生数、在校生数。毕业生数作为研究对象，按照各地区学校数量由低到高的排列进行分析，其中，学校数量最少的省份为西藏，仅有11所中等职业学校，数量最多的为河北省，有601所，地区分布差异的不平等，再一次证明了职业学校均衡发展的重要性。

由图4-4可见，我国的中等职业学校数量与在校生数量具有不对称性，学校数量的多少与在校生数量并不成正比，且各地区之间差异很大。分地域，分层次建设职业学校已经成了迫在眉睫的问题。

在对各省（自治区、直辖市）的中等职业学校学生总数有了解的基础上，进而，为了具体观测我国各个地区之间是否存在教师队伍质量的差距，按照三大地带将我国地域划分为中、东、西部进行进一步的教师队伍质量分析。学历结构是判断一个地区教学质量水平的直接表达方式，学历层次越高则更利于整体职业学校教学质量的提升。因此，本书在此沿用了赵敏和袁潇[①] 对 2015—2020 年我国各地区中等职业学校教师学历结构的划分图，来分析专任教师学历情况。由图 4-5 可以看出，东部地区的整体

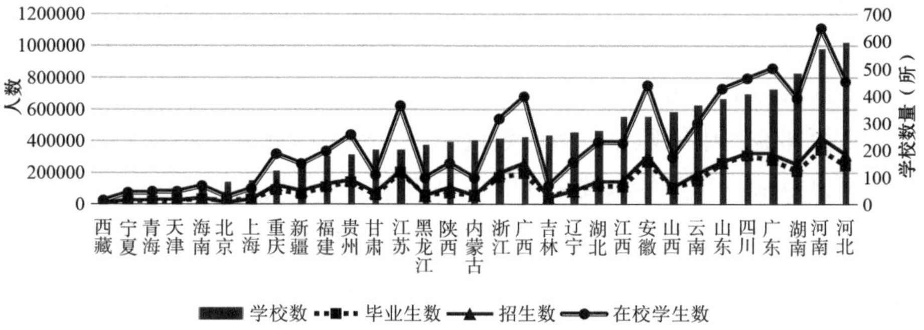

图 4-4　分地区中等职业学校情况

资料来源：国家统计局。

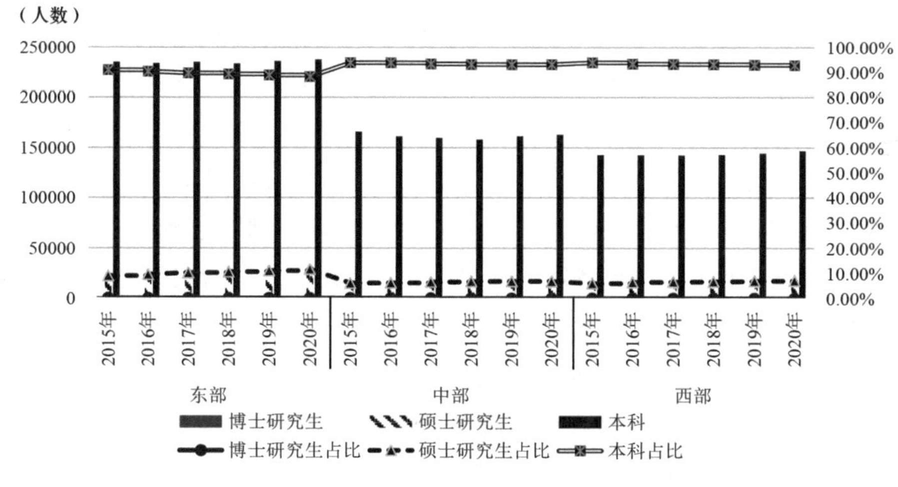

图 4-5　分地区中等职业学校教师学历情况

资料来源：赵敏，袁潇. 东、中、西部中等职业教育师资结构的现状、影响因素及优化策略 [J]. 教育与职业，2021（23）：75-81.

---

① 赵敏，袁潇. 东、中、西部中等职业教育师资结构的现状、影响因素及优化策略 [J]. 教育与职业，2021（23）：75-81.

师资队伍数量与质量都远超中部和西部地区，博士研究生学历的教师数量在东部地区占比最高，本科学历教师在东部地区的数量占比在 2019—2020 年间呈现下降趋势，说明整体的职业教育院校师资结构更为优化。中部地区占比最多的师资学历为本科生，而博士研究生占比最少，硕士研究生与本科占比在这些年里变化不大，但博士研究生的师资占比却在近六年中不断波动。西部地区相较于东部和中部地区整体师资总量最低，且博士研究生留在西部地区中等职业学校的数量在近六年中的波动也是最大的。综上分析可以得出：我国各地域之间的中等职业学校师资结构无论是数量还是质量都有很大的差别，中部和西部地区相较于东部还有巨大的提升空间。

4.2.3 中国经济发展质量情况

对于现阶段我国经济发展质量的研究是分析中国特色经济发展情况的重要环节。依据罗斯托（Rostow，2010）对于世界各经济体发展状况的划分来看，各经济体发展的普遍规律为，经由长时间的高速增长后，经济增速下降的概率会逐渐增大。与此同时，在不同发展阶段的经济体对经济质量的要求也会改变，并在对于经济发展质量严格要求的情况下进入经济发展的下一个优化阶段。

本书在此主要分析经济发展质量情况，经济发展质量更多强调的是协同性发展，即各个系统之间的协调发展程度[1]。任保平和王蓉[2] 将我国系统间协调程度细化为在经济发展过程中经济、社会、自然三者之间的质态协调程度。

为进一步研究我国近 20 年来经济发展质量情况，本书搜集了国家统计局 2002—2021 年与经济发展质量水平指数相关的数据（见表 4-3）。由于自然系统中的三项数据为逆向数据，所以，在此本书首先对其进行了逆向化处理，进而对于各个指标进行标准化处理；为保持平衡，对于三个系

① 陈浩，刘培，刘定平. 基于经济高质量发展理念的产业与就业协同发展水平测度 [J]. 统计与决策，2021，37（8）：5-8.
② 任保平，王蓉. 经济增长质量价值判断体系的逻辑探究及其构建 [J]. 学术月刊，2013，45（3）：88-94.

统的各个维度都赋予了 1/3 的权重，经加总后可得三个系统指数，进而对三者算术平均获得经济发展质量指数。

表 4-3　经济发展质量水平指数指标选取

系统选取		计算方式
经济系统	发展强度	人均 GDP
	发展稳定程度	居民消费物价指数
	发展开放程度	进出口总额 /GDP
社会系统	教育水平	普通高等学校教职工数
	文化水平	公共图书馆业机构数
	医疗水平	每万人拥有卫生技术人员数
自然系统	资源可持续度	二氧化硫排放量
		生活垃圾清运量
		化学需氧量排放量

图 4-6 反映了我国 2002—2021 年的经济发展质量以及增长率，由此可以客观地看出我国近二十年来经济增长质量的客观变化情况。就其增长率来看，波动幅度较大，且在 2009—2014 年间呈现出"U"形趋势。就经济发展质量来看，近 20 年来，我国经济发展质量呈现出波动上升趋势，但我国 2010 年之前整体经济发展质量小于 0，2012—2013 年间经济发展质量略有下降，2013 年之后整体经济发展质量水平上升趋势显著。

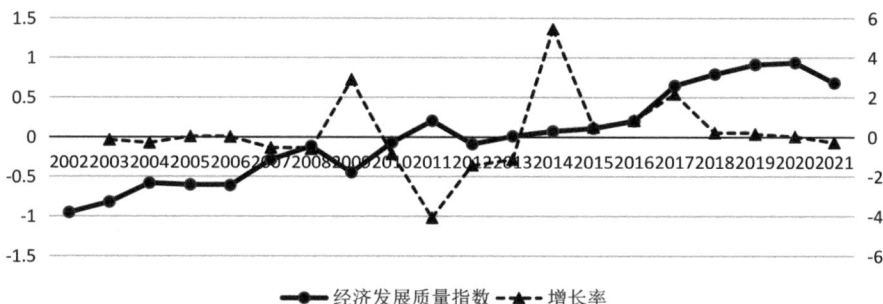

图 4-6　经济发展质量分析

注：国家统计局 2002—2021 年对于经济发展质量水平指数相关的数据（具体见表 4-3）。

图 4-7 进一步对于反映经济发展质量的三个系统进行了细化分析，可以看出除自然系统外，经济系统与社会系统都在 2012 年之后呈现出上涨趋势，且上涨趋势显著，说明我国近些年经济发展质量的提升与之息息相关。

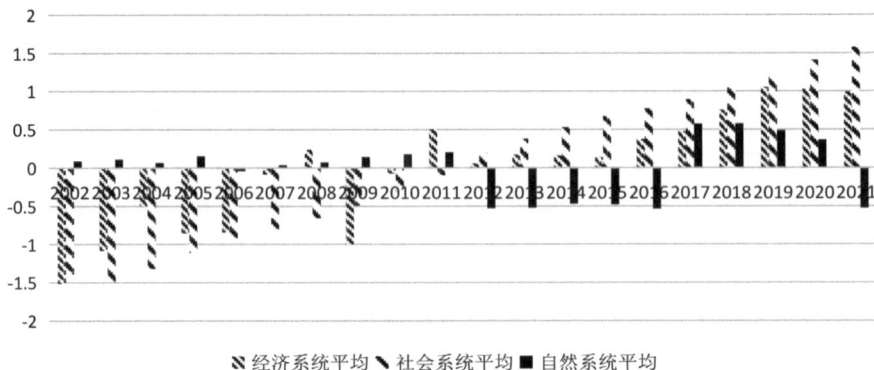

图 4-7　经济、社会、自然系统平均分析

注：国家统计局2002—2021 年对于经济发展质量水平指数相关的数据（具体见表4-3）。

从图 4-6、图 4-7 可以看出，在 2013 年之后，我国经济发展质量整体稳定在 0 以上，且上升态势明显。从工业化发展视角来看，经济发展增速回落，且回落幅度进一步收窄，整体的经济运行趋势趋于平稳，这与发达国家现有的经济增速变动一致，说明我国在 2013 年之后进入了工业的深化期，也说明了注重经济发展质量是我国经济发展新阶段的特点所在[1] 。

4.3 职业教育促进经济高质量发展的优势

通过对职业教育与经济高质量发展的现状分析可以看出，我国已经步入了职业教育的发展新高度，发展现代职业教育是践行新发展理念、服务经济高质量发展的战略选择，更是全方位推进我国治理能力现代化的必由

---

[1] 许光建，许坤. 以经济周期性回暖为契机 加快推进供给侧结构性改革——2017 年上半年宏观经济形势及下半年走势分析 [J]. 价格理论与实践，2017（6）：14-17.

之路。

4.3.1 以"大规模"向"高质量"对接，储备优质人力资源

4.3.1.1 高质量人才供给是新时代主题

在 1999 年实施高校扩张政策后，职业教育得以迅猛发展，再加之职业教育百万扩招的政策加持，二十余年来，职业教育规模的发展呈现出扩张态势，已经在实质上形成了世界最大职业教育规模体系[1]。建设人力资源强国与人才强国都需要职业教育提供强大内驱力以满足高质量人才供给，高质量发展职业教育也需要被摆在职业教育体系建设的突出位置[2]。李照清[3] 为论证高质量职业教育与经济发展的共生关系，特选取国家统计局中2011—2017年辽宁、广东、江苏等六省的国内生产总值、物质资本存量、人力资本存量、有效劳动收入等相关数据，建立联立方程模型，并论证出具有高级知识化与专业化能力的人力资本可以对当地经济发展产生递增收益。

"人力资本"一词不仅仅是对于一个国家内平均技术水平与对应劳动力数量的表达，更是对于一国劳动力的平均教育水平、人才间相互协作能力的反映与写照。所以，将规模化职业教育向着高质量型职业教育转化的政策方针可以对于劳动力质量提升、经济高质量发展等起到积极作用，与此同时，劳动力的质量提升也会反向作用于经济的高质量发展。

4.3.1.2 职业教育可以有效改善区域的结构性失业

职业教育具有较强的行业人才培养特性，这是由职业教育院校特殊的培养目标及其特定培养模式所决定[4]，这也在一定程度上对于缓解地区的结构性失业起到积极作用。在区域内的产业结构升级过程中，做到与当地

① 国务院.国家职业教育改革实施方案 [J]. 教育（周刊），2019（9）：1.
② 朱德全. 职业教育促进区域经济高质量发展的战略选择 [J]. 国家教育行政学院学报，2021（5）：11–19.
③ 李照清. 区域经济发展与高职教育互助共生关系的实证研究——基于6省数据的分析 [J]. 现代教育管理，2019（11）：111–115.
④ 吴文辉. 高职教育与经济增长的互动关系研究——基于湖南省数据的联立方程估计 [J]. 职教论坛，2010（28）：23–26.

的职业教育院校进行良好人才培训匹配，在职业教育院校为产业结构发展源源不断提供人才供给的同时，不仅帮助了地方经济的发展，也解决了区域内适龄公民的结构性失业问题。

第一，发展为了人民是马克思主义政治经济学的根本立场，共同富裕是马克思主义的一个基本目标。2021年，我国脱贫攻坚取得全面胜利，国家对于职业教育在反贫困斗争中所做出的贡献给予了充分的肯定。但是，脱贫摘帽并不是终点，发展不平衡、不充分，城乡差距等问题依然存在，如何缩小贫富差距、实现贫困人民富起来的梦想依旧是我们亟待解决的重大问题。伴随着脱贫攻坚的圆满完成，我国乡村振兴发展到了新阶段，农村职业教育是现阶段实现农村现代化的必经之路，更是保障打造具有高素质的农村相关从业人才的中坚力量。依据教育部公布的数据来看[1]，目前全国共有职业院校约1.13万所，学生数总计约为3088万人（农村人口占比70%）。其中，仅2020年，我国对于中等职业学校的学生资助就高达1708.46万人次，资助金额318.45亿[2]，成功构建起了以奖、助、免等政府资助为主，以地方资助、学校补贴、企业社会捐赠等为辅的资助体系，成功做到帮助贫困家庭降低教育成本、拓宽受教育者的就业通道，以职业教育赋能脱贫攻坚，阻断贫困的代际传递。但截至2019年底，依据全国农村住户调查来看，我国农村初中及以下学历的人口占比依旧高达87%[3]。实践充分证明职业教育对于新型职业农民的培育具有促进作用，是教育扶贫的主力军。职业教育从类别层面上来说，具有可以培养特定技能的能力，可以直接地面向就业岗位，尤其是对于中西部的扶贫工作，成效显著。

第二，人才储备能力是助力脱贫攻坚向乡村振兴过渡的核心。职业教育为贫困家庭的孩子创造更多选择机会的同时，还通过实现技能武装大脑，阻断了贫困的代际传递，为我国城乡一体化、乡村振兴等发展战略提供了支撑。2021年，党中央针对目前已经摆脱贫困的县进行调研并设立了五年过渡期，提出了希望在未来五年巩固脱贫攻坚成果的同时可以实现向乡村

---

① 赵婀娜. 打造现代化职业教育体系 [N]. 人民日报，2021-11-02（5）.
② 全国学生资助管理中心. 中国学生资助发展报告（2020年）二。
③ 人民日报社. 教育是国之大计、党之大计 [N]. 人民日报. 2018-09-13（3）.

振兴的转变，以城带乡、以工补农，推动各乡村的产业与人才的振兴。脱贫摘帽作为一种持续性状态存在，这就要求脱贫地区普遍搞起产业发展，帮助当地贫困户实现生活有保障、收入有增加，以避免遇到风险变故而导致的返贫，加大对于贫困地区产业的长期培育与扶持，鼓励脱贫户的多渠道就业。同时我国为人才培养提供政策加持，加强人才储备，从全方位助力促进乡村振兴。职业教育作为推动乡村振兴的中坚力量，通过将潜在技术向现实生产力转化的过程提升农村劳动者的人力资本能力，是优化农村居民学历层次结构，扩大优质人力资本储备，实现乡村振兴，助推农村农业现代化的关键[①]。

为实现共同富裕目标，首先我们要增加低收入群体的收入、扩充中等收入人群体量，但前提是我们要拥有足够的物质财富。提升物质财富的根本是生产力发展，让更多的低收入群体进入到财富分配的过程，职业教育就需要在此时发挥作用，提升低收入人员的能力，为低收入群体进行职业技能培养，在减轻地区结构性失业压力的同时，也做到了帮助社会提升劳动参与率，帮助企业获取资金收益。

依照现有经验来看，偏远地区由于长期受到地理位置等影响，创新能力较为低下，但是依照东部的试点情况分析，在城市或者周边地区设置职业教育院校可以带动当地人民获得劳动技能增加就业机会。所以，建议在相对落后地区，依据其地区特色，在县级市或者特色乡村建立职业教育院校带动当地经济与农民收入。在形式上，可采取远程培训等方式对地方对口扶持。对于教学内容，可以依据国家支持方向与区域特色来进行调整，特色特办，建立具有地域风情的课程培训。考虑到农民参加工作后受教育机会的时间和精力受到限制，可以灵活采用线上教育与职业教育院校相结合的方式，以提升劳动者技能主题目标，以方便农民为主要方向，去实时改进教学模式，提升农民参与度，在增加农民自身收入的同时，保障实现共同富裕。

---

① 祁占勇，王志远. 经济发展与职业教育的耦合关系及其协同路径 [J]. 教育研究，2020，41（3）：106-115.

4.3.2 以"双高计划"引领职业教育更好地服务于经济发展

4.3.2.1 现阶段的高质量发展是高质量的教育结构与鲜明的类型特色

2019 年，教育部和财政部首次提出《关于实施中国特色高水平高职学校和专业建设计划的意见》[①]，即发展一批具有可以支撑高质量经济发展，具有中国特色和世界水平的高职院校和专业（群）。这个意见提出对于新时代的职业教育发展具有重大意义。职业教育本身就与产业间的发展具有密不可分的联系，所以，以"双高计划"引领的职业教育对更好地服务经济的转型发展与产业结构的提升具有积极意义。

当前我国职业教育发展趋势是将职业教育从人数上的"大规模"扩张向将"高质量"作为主要发展目标进行转化[②]。但是尚未从实质上做到将"高质量"放在突出位置，导致目前阶段出现了人才供给与人才质量输出之间尚存在部分矛盾冲突，在肯定成绩的同时，也论证了职业教育现阶段需要向高质量发展转换的事实[③]。所以，为适应经济高质量发展，满足经济的发展模式向着高质量时代转化的现实需求，要求我们将"双高计划"放在突出位置。

从类型特色角度分析，《国家职业教育改革实施方案》（简称"职教20条"）帮助我们确立了职业教育同普通教育间的地位差异，并明晰了我们职业教育要向着专业具有特色，增强企业参与度的方向前进。也就是说，在职业教育的体系建设过程中要多考虑产教融合、校企合作、专业特色等可以将社会、企业、经济发展、学生素质提升等多方有效链接的体系建设内容。在类型特色方面，不仅要考虑特色程度，还要考虑行业整体涵盖面，与国际化接轨程度和自身层次分级的差异问题。

---

① 教育部财政部关于实施中国特色高水平高职学校和专业建设计划的意见 [J]. 中华人民共和国教育部公报，2019（3）：74-78.
② 王羽菲，祁占勇. 我国职业教育变革要素析理——基于职业教育政策文本的分析 [J]. 教育学术月刊，2020（11）：28-36.
③ 周建松. 以"双高计划"引领高职教育高质量发展的思考 [J]. 现代教育管理，2019（9）：91-95.

4.3.2.2 发挥"双高计划"导向作用，引领经济高质量发展

现阶段，我国的职业教育在政治经济制度的扶持之下，探索性地提出了类似产教融合等回应于社会经济发展需求的办学模式与教育体系，对于职业教育的普及化和整体职业教育水平质量的提升起到了极大推动作用。

在这个过程下，校企合作、产教融合等政策的加持帮我们论证了职业教育可以对经济发展的提质赋能起到积极作用。所以，本阶段的这些经验可以为未来职业教育体系建设的发展方向提供更加有益的思路。下一阶段，为更好地助推经济高质量发展，应大胆尝试重点支持一批高职院校，发挥其导向作用，从发展思路、人才培养中汲取经验，为职业教育更好地融入区域经济发展、实现"人才强国"做出铺垫。

在发挥"双高计划"导向作用的同时，还要再关注其现阶段的优秀示范导向作用。从现阶段"双高计划"涉及学校的地域划分来看，更多地集中于中部、东部地区，而西部、东北部地区相对较少。但是从目前经验来看，这些西部高职院校都为地区经济发展等发挥着积极的作用。因此，站在新时代的发展契机下，我们应更好地发挥其引领作用。具体而言，第一，可以实施结对帮扶。例如，边疆地区、民族地区等相对技术与能力较为落后的地区高职院校，可以与东部对口专业的职业院校建立结对帮扶计划，定期互派学者进行访问交流，以汲取更多先进技术与教学方式。第二，扩大"双高计划"中涉及学校对于贫困地区学生的招生规模。从根源上帮助更多欠发达地区学子走出去，开阔眼界，并帮助回馈家乡。第三，深挖"双高计划"中特色学校与特色专业的深度与广度。将特色学校与特色专业更深层次地向相关行业、国际高水平企业、技术基地对接，增强自身多元融合能力，获取更大技能突破，为向世界顶尖水平发展提供更多不竭的动力。

4.4 职业教育促进经济高质量发展的不足

本节从技能型人才供需结构在经济高质量发展中的责任担当以及职业教育院校的认可程度等方面，具体分析了我国职业教育促进经济高质量发展的不足。

4.4.1 技能型人才短缺制约实体经济发展

4.4.1.1 职业教育结构有待改善

面对多重因素的制约影响，职业教育院校的结构质量水平还不能够在人才培养的供给侧层面，以及产业需求的需求侧层面适应国家发展的客观需求。如何推动教学链、人才培养链与产业链、创新链的连接，优化现有办学层次，明确职业教育自身特色是我们需要解决的首要问题。在优化整个职业教育内部结构过程中，我们不但要考量高职高专的改革，还要把可以培育新型职业农民的院校供给机制加以完善，深挖出职业教育供给侧改革面临的现实困境，正确把握行业需求风向标，合理实施教育结构改革与专业建设，切实实现职业教育与同行业发展的同频共振，并通过职业教育结构改革，实现职业教育同各个层次的普通教育之间的渗透融通，以促进各方面的协同发展，构建服务全民、多方面贯通的职业教育体系。在增强职业教育对于人才培养的适配性问题的同时，发挥职业教育在建设制造强国与质量强国中的巨大优势，为经济高质量发展提供强大支撑力。

第一，重点领域人才培养结构有待完善。教育部颁布的《制造业人才发展规划指南》对中国工业的十大重要领域人才需求做出了预测计算，制造业仍面临着巨大的人才缺口（见表4-4），建设具有特色的职业教育体系，及因地制宜建设职业教育院校的任务就更加艰巨。针对制造业较为集中的地域，应重点建设相关专业的职业院校，培训符合企业所需的相关性专业人才。

第二，现有师资结构有待优化。前文对于我国现有的师资规模进行了探讨，就我国现存的三种职业教育教师模式（教职工、专任教师、校外教师聘请）来分析，目前依旧面临较大的师资数量缺口。且分区域来看，更多的优质教师集中在东部地区，而西部以及东部面临巨额的数量缺口，且现有教师质量也远不及东部地区，出现了严重的分配不均问题。需要我们进一步优化师资结构的结构建设策略，提升教师待遇，吸引更多具有专业能力的教师向职业院校靠近，促进职业教育的高水平发展，以更好地为经济发展服务。

表 4-4   制造业相关领域人才需求

单位：万人

重点领域	2020 年		2025 年	
	总量	缺口	总量预测	缺口预测
新一代信息技术产业	1800	750	2000	950
高档数控机床和机器人	750	300	900	450
航空航天装备	68.9	19.8	96.6	47.5
海洋工程装备及高技术船舶	118.6	16.4	128.8	26.6
先进轨道交通装备	38.4	6	43	10.6
节能与新能源汽车	85	68	120	103
电力装备	1233	411	1731	909
农机装备	45.2	16.9	72.3	44
新材料	900	300	1000	400
生物医药及高性能医疗器械	80	25	100	45

图 4-8 是针对国家统计局中 2015—2020 年我国东部、中部以及西部所有职业教育教师模式的总体数量及其占比分析（当年该类别教师总数同地域类别教师数之比）。经分析可见，我国东部地区教职工数量、专任教师数量都远超其他地区，且差异明显，中部次之，西部最少。但聘请的校外教师数量则是中部地区最多且 5 年内占比从 31.6% 增长到了 38.9%，上升幅度最大，西部和东部地区几乎一致。

总体来看，东部的各类教师资源都优于其他两个地区，中部与西部相差不大。以人才为经济发展的第一驱动力角度来看，更好的专任教师，大概率可以培育出更为优秀的学生。但是，我们在分析各个地区教师数量的同时还应考虑各地域的学生数量以及层次，科学规划教师数量的分配，引流更多优质教师为中部与西部地区服务、为职业教育的高质量发展提供基础保障。

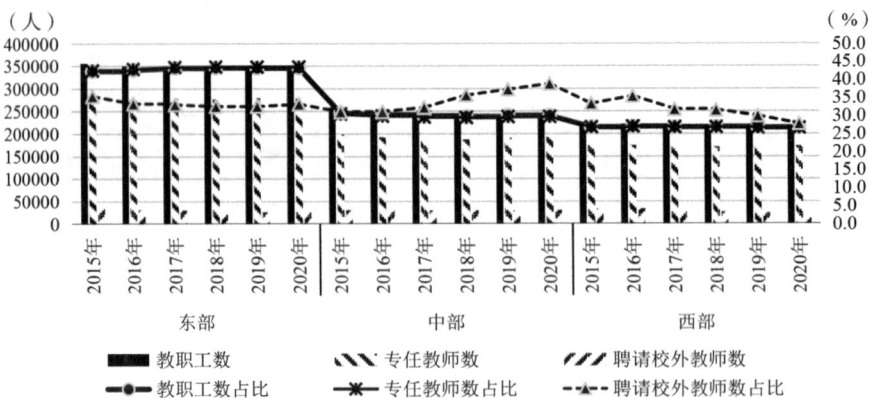

图 4-8　分地区职业学校各类别教师情况

4.4.1.2 技能型人才存在供需失衡

长期以来，我国依靠着丰富的廉价劳动力供给支撑经济高速发展，但近年来，在高质量经济发展的推动下，我国开始经历高技能劳动力短缺以及特殊工种求职者工资上涨的情况，这也侧面反映了由低廉劳动力与低成本而带来的红利时代在渐渐远去，依靠技能发展经济的时代在逐步走来[①]。在市场经济体制下，职业教育的封闭人才培养机制与产业的有机构成变化结合不紧密，无法有效引导人力资源多元分流，促进劳动力素质有效升级。当前我国职业教育发展趋势是将职业教育从人数上的"大规模"扩张向将"高质量"作为主要发展目标进行转化[②]，但是由于尚未从实质上做到将"高质量"放在突出位置，导致了目前阶段出现了人才供给与人才质量输出之间存在矛盾。同时，新业态、新工艺和新技术未能及时转化为专业人才培养方案和课程教学内容，无法满足经济新常态下产业结构调整和社会经济发展方式转变的需求。

---

① YUMING CUI, JINGJING MENG, CHANGRONG LU. Recent developments in China's labor market: Labor shortage, rising wages and their implications[J]. Review of Development Economics, 2018, 22(3) : 1217–1238.

② 王羽菲，祁占勇. 我国职业教育变革要素析理——基于职业教育政策文本的分析 [J]. 教育学术月刊，2020（11）：28–36.

从中国 2020 年就业市场供需状况看，中国城市在近些年都是市场需求远多于实际就业人数。受新冠疫情的特殊影响，求职人员小于市场需求量，求人倍率大幅上升。按区域分类来看，东、中、西部市场的求人倍率分别为 1.26、1.45、1.36。中、西部的市场用人需求量缺口很大。

从人才需求侧层面看，目前市场用人需求中 41.4% 都会针对技术等级或者职称提出具体要求，其中，26.4% 对于技能级别有特殊要求，而 14.7% 要求具备专业技术职称。从人才供给侧层面看，目前市场中的求职人员具备符合用人单位要求的只有 42.2%，其中，符合用人单位对于技能级别要求的只有 28.2%，符合专业技术职称要求的只有总人数的 14%。从现存的供求关系可以分析，目前技能方面的人力资源市场求人倍率都远大于 1 倍，其中，对于技术员的需求比为 1∶2.18，对于工程师的需求比为 1∶2.17，高级工程师的需求比为 1∶2.12，高级技能型人才需求比为 1∶2.1。可见技能型人才缺口之巨[①]。

技能开发在工业化 4.0 阶段起着越为重要的作用。在基础认知中，个体获得技能的过程是伴随着人生发展阶段，即小学—中学—高等教育—职前培训而逐步展开。所以，通常会以个体受教育程度判断个人技能水平高低。伴随着市场分工的逐渐深化发展，职业教育需要面临更为复杂的技能需求，而技能需求又受到经济、市场等多重复杂因素的影响；但技术的供给则需要依靠的是技能教育的培训系统（见图 4-9）。因此，职业教育在经济转型阶段应更为重要的是将职业教育培训重点放在提供适应经济转型模式、以技能开发积累为目的的终身可持续性职业教育上。

技能型人才短缺与一般性质的劳动力供给不足不同，技能型人才的缺失意味着技能型劳动力的现实数量与雇主的实际需求之间不匹配，会造成供需结构性失衡问题[②]。为进一步解决技能型人才短缺对于经济发展的影

---

① 中华人民共和国人力资源和社会保障部，http://www.mohrss.gov.cn/SYrlzyhshbzb/zwgk/szrs/sjfx/.

② JOHN MANGAN, BERNARD TRENDLE. Hard-to-fill vacancies: An analysis of demand side responses in the Australian state of Queensland[J]. Economic Analysis and Policy, 2017, 54：49-56.

响，Kim 等[1] 采用系统动力学（SD）的方式进行动态相关分析，论证了职业教育对于培养技能型人才的重要作用，但当前的技能型人才短缺问题，尤其是规模较大的企业中技能型人才短缺的问题，是我们经济发展进程中所面临的紧迫问题。为论证我国近年来人才短缺情况及其影响，明娟等[2] 采用了我国雇主—雇员匹配数据，利用 Tobit 模型分别从招聘困难角度以及质量差距等角度进行分析，提出了我国当前劳动力技能短缺的现实问题。

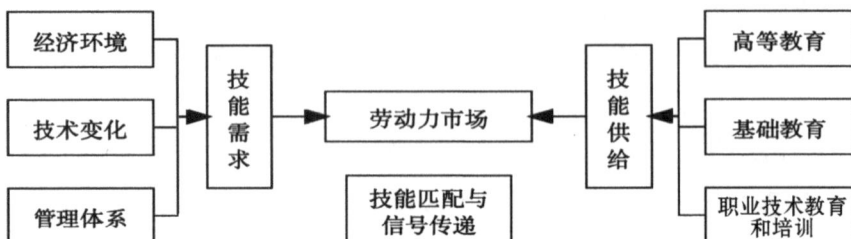

图 4-9 劳动力市场内技能供需关系

事实上，在以高科技为主导的企业发展中，雇主对于具有特定技能的员工需求供给问题，依赖于教育技能培训的发展速度，且就我国现有情况来看，技能型人才短缺的诱因主要有工资、岗位特性及教育培训机制的滞后性[3]。这也反映了一个现实性问题，就是我国现在处于高技能型人才短缺的困境中，怎样在低技能型群体间架构可以强化培训、提升技能含量的渠道、改善劳动力短缺情况、满足高技能人才的职业需求、减少高技能型人才外流情况是亟须研究的问题。其中面对大量的技能型人才缺口，培养适应生产发展的大国工匠来尽快满足国家市场需求是我们职业教育发展要

① SUNGJIN KIM, SOOWON CHANG, DANIEL CASTRO-LACOUTURE. Dynamic Modeling for Analyzing Impacts of Skilled Labor Shortage on Construction Project Management[J]. Journal of Management in Engineering, 2020, 36(1)：04019035.
② 明娟，卢小玲，丘丽云. 中国当前劳动力技能短缺与企业应对 [J]. 南方经济，2021（4）：1-17.
③ KISHOR SHARMA, EDWARD OCZKOWSKI, JOHN HICKS. Skill shortages in regional Australia: A local perspective from the Riverina[J]. Economic Analysis and Policy, 2016, 52：34-44.

首先面对的问题，怎样发展职业教育、发展怎样的职业教育需要我们进一步深化思考。

4.4.2 职业教育在经济高质量发展中的责任担当有待加强

职业教育要把握自身在经济高质量发展过程中反哺于经济高质量发展的责任担当，紧密连接国家需要，为构建新发展格局付诸行动。

4.4.2.1 乡村振兴过程中的责任担当

城市化进程的发展必然带来大量人口向城市流动的结局，而受资源配置等影响，农村人口向城市流动也会导致农村的空心化等问题。但是，发展乡村振兴，就离不开农村就业人口问题，发展乡村，首要就是乡村人才建设，要留得住人才在乡村进行建设。

图 4-10 是我国 2001—2020 年农村就业人员占总就业人员比例图，二十年间，其占比从 67% 下降到了 38%，大量的农村就业人口向城市流动，会导致乡村振兴的后发力不足；对于新型职业农民的培养其首要任务也是要有人可以培养，这也是职业教育在农村建设中面临的难题。

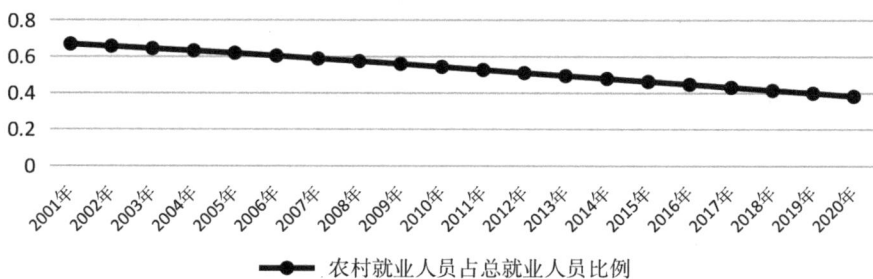

图 4-10　农村就业人员占总就业人员比例

资料来源：国家统计局。

根据《中国统计年鉴 2021》的数据来看，我国当前劳动年龄人口的受教育年限均值为 10.9 年，而美、英、法、德早在 2018 年就已经达到了 13 年以上；且高层次人才严重不足，劳动年龄人口中 47.34% 都为初中层次水平[①]。实施职教扩招以来，职业教育院校面临着教育结构、人才层次不均衡等现实问题的同时，也面临着传统农民认为农村建设是没有前途的思想阻碍，没有办法充分发挥自身在乡村振兴过程中的责任担当，不能够充分地解决农村技能人才大量缺口的问题。这需要我们进一步改善农村职教的资源配置，立足于工匠精神的文化培养，创新自身，吸纳更多的技术人才走向建设家乡的道路。

4.4.2.2 深化校企合作，内涵式服务区域经济发展中的责任担当

为我国的经济高质量发展提供人力支持是职业教育在国家产业转型升级过程中应尽的责任。在工业 4.0 时代，我们面对国际形势的压力，需要尽快调整可以面向未来的产业结构，深化校企合作，培养德智双全的大国工匠。但就目前来说，我国的高等职业教育体系才初见成效，还未达到成熟阶段，在教育质量与现有在校生规模等方面距离国家产业需求还有很大的差距，需要职业教育进一步推进校企"双元"培养模式，发挥职业教育在经济高质量发展中的人才培养能力[②]。

国际上目前普遍存在三种校企合作形式。第一种是以企业为主导，职业院校辅助合作，德国"双元制"就是这种典型结构，它属于偏正结构，更加适合于培育技能水平要求较低的熟练工，利于工业化初期阶段的人才技能训练培养。第二种是以职业学院为培育主体，企业予以相应辅助。这是苏联模式以及我国当前的主流校企合作模式，它属于另一种偏正，更加适用于对于一线的技能工人相对要求不高的工业化初期企业人才培育。但就这两种模式来看，并不适用于我国现在经济发展所需的人才培育要求。第三种是以政府与行业为主导，职业院校、企业按照对应的权责进行履职的培训模式，比较符合如今数字化经济的时代社会需求，可以更好地对我国的资源利用效率进行提质，也可以更容易发挥职业教育在促进经济高质量发展中的责任担当。但是，我国在向第三种培育模式的过渡阶段中，需要对于学校、企业行业、政府等进行更为精准的权责划分，这对于几方都

---

① OECD-iLibrary 数据库。

② 周勇，刘冰. 国际局势变化视域下我国高等职业教育的机遇、挑战和应然路径 [J]. 教育与职业，2022（1）：47-52.

是极大的考验。需要我们在下阶段的经济发展中，依据实际，不断摸索。

4.4.2.3 专业建设契合度较低，导致服务地方经济的后发力不足

吴全全等[①] 以西部地区为例，对于我国中等职业教育发展困境进行分析，文章中采用中等职业教育的毕业率与地区生产总值变化率二者的波动趋势分析职业教育对于区域经济发展的契合程度。研究表明，毕业生与经济需求之间的供需差异较大，侧面反映了职业教育的专业建设对于服务地方经济的责任担当较弱。

服务地方经济是职业教育的内在使命，要从根本上解决职业教育服务地方经济的责任担当问题，需要在职业教育院校的人才培养方案方面学会因地制宜，紧抓地方经济产业发展状况，确立技术技能人才培养定位，提升专业建设水平，服务区域经济发展。

4.4.2.4 对关键核心技术领域瓶颈突破的后发力不足

伴随着国家对于科技创新领域的支持与政策调整，我国的综合创新能力具有显著提升。但是，在关键核心技术领域依旧受制于人，我国的"低端锁定"困局还未突破。

首先，核心技术受制于人。创新能力是评判国家综合国力的重要指标，对于先进核心技术的掌握能力决定着国家的主导地位。核心技术需要高水平技能人才的开发研究。但是在此方面，职业教育培训能力较弱，在核心领域的技术攻关方面能力较弱，存在着与国家需求脱节的情况。

其次，基础研究较为薄弱。相较于核心技术，基础研究是对于整个生产体系的支撑。新发展十年来，我国的科技实力在国际中的地位有明显增强，但是相较于美、德、日、韩依旧相当薄弱。国家科技研发经费的规模目前也只占据美国的一半，依旧面对着巨大的挑战与提升空间。

最后，基础研究是核心技术研发的基础环节，长期对于国外核心技术依赖，会在一定程度上影响我国产业供应链的结构稳定，在危急情况下甚至会导致部分零件或者是产业链条的中断，影响国家安全。

---

① 吴全全，王茜雯，闫智勇，姜大源. 我国西部地区中等职业教育发展的困境表征与原因剖析 [J]. 中国职业技术教育，2022（19）：34-45.

4.4.3 高层次职业教育发展困境影响高端制造业的发展

4.4.3.1 职业教育认可度较低且对职业教育的固有偏见依然存在普遍性

在职业教育认可度较低方面。2019 年的"职教 20 条"明确提出"职业教育与普通教育是两种不同教育类型，但有着同样的重要地位"。这为我们可以推动职教的高质量发展提供了重要的支撑力量，同时明确发展高质量职业教育体系就必须要打通职业院校同普通教育各层次之间的衔接渠道，做好全民、全年龄段各类型教育的协调发展，搭建全方位融通的立交桥。但是，受到传统客观因素的影响，目前社会上对于高等教育的重视程度依旧远远高于职业教育，几乎所有的家长都为自己孩子规划的路线是高中—本科—硕士—博士，认为这样的孩子最有出息，而只有学习不好的才应该去职业学校。但这种培育模式只是培养学术型人才的道路，并不能满足国家建设中对于应用型人才的需求，并且我国目前把职业教育与普通教育分离培养应用型人才和研究型人才的观点还未得到普遍认同。

2021 年《教育家》[1] 针对我国目前职业教育院校的 106125 名在校生、学生家长以及教师进行了一项关于职业教育发展的大型问卷调查。结合《教育家》中相关数据进行整理，图 4-11 总结了被调查者心目中职业教育发展所面临的困难因素。由图 4-1 可见，排名第一的为社会认可程度问题，其中 69% 的人认为职业教育现在社会认可程度低，低认可度的职业教育，其毕业生在社会中的受重视程度自然相较于普通院校毕业生存在着被歧视现象。在被调查者身份中，有 70.26% 的中职在校生以及 73.48% 的高职在校生都选择了这个选项，可见低认可程度已经深深植入了职业院校学生心中。

如何在真正意义上，做到让职业教育和普通教育都具有平等地位，怎么样破解人们心中"唯学历"的心理瓶颈，引导社会树立正确、科学的人才观是我们需要投入大量精力思考的问题。对于该问题的解决，第一步是要明确现代人思想之中的自我认知问题。

---

① 职业教育研究课题组. 大国工匠从这里走来——2021 中国职业教育发展大型问卷调查报告 [J]. 教育家，2021（17）：6.

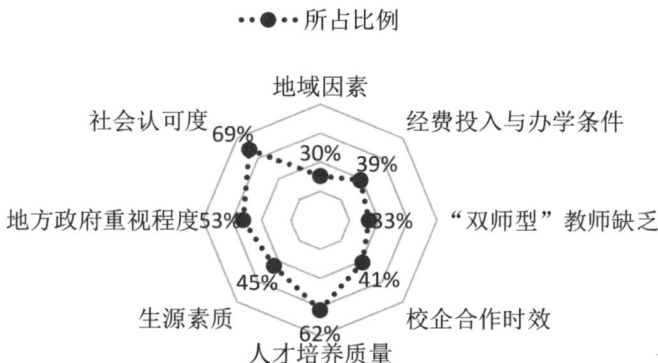

图 4-11 职业教育发展面临的困难因素

　　进一步探析，我国职业教育的社会认可度低主要有两个层面原因。就内部层面原因来看。第一，三线以下城市的职业教育院校人才培养水平较差。我国目前虽在不断探索校企合作、产教融合等模式来支持职业教育院校发展。但是，无论是师资力量还是政府拨款，更多的考虑方向为一线城市—东部地区—经济发达的二线城市，然后才会向三线以下偏斜，这就极易导致出现教学水平、人才培养等方面的良莠不齐。第二，职业教育院校的科研意识较差。这个问题，尤其是针对高职院校，对于大国工匠的培养必须要求我们具有更为严谨的学术探究精神，技术研发不应当只被看作科学研究院或者是高校研究所的职责，更应当为在制造业发展最前沿的高等职业教育研究所用。第三，职业教育院校的学生现有创新力有待提升。针对创新问题，我国政策文件倡导的是将学生的职业素养与技能培训同创新就业相结合，在技能训练的过程中，不仅要增强学生的实操熟练度，更应培育学生的探究精神，从根本层面增强职业院校学生的就业核心竞争力。

　　就外部层面原因来看。第一，我国的传统层面对于职业技术认知度较低。以我国古代的阶层排序来看，商人、学徒的地位向来不被认可，对于这种传统观念的改变需要时间的沉淀。第二，家长与学生的了解度不高，家长们更希望的是"铁饭碗"，对于职业教育的认知也大都停留在孩子保底的认识上，不愿意自己的孩子参与到职业教育培训中。第三，社会团体的认知度不足。以就业招聘为例，比较具有优势的企业首选双一流等院校毕业的学生，具有门槛效应，导致了高职学生的就业选择变窄，这也是现在认可度低的一大原因。

此外，民众对于职业教育的固有偏见依然存在普遍性。长期以来，由于各种因素的影响，特别是接受职业教育的从业人员经济社会地位低下，形成了职业教育低人一等的社会印象，普通教育与职业教育的正常分流也会被人看作是阶层的上下分层。同时，高等教育的跨越式发展，进一步对比和强化了社会对职业教育的认知偏见，这严重阻碍了受教育者希望通过接受职业教育来改变自身劣势的自我认同感。

4.4.3.2 职业教育具有严重的学历化倾向，技能培训较弱

尽管整体师资水平有了显著提高，但双师型的体系建设仍存在诸多困难，尤其是缺乏对专门性技能应用型的师资培养。现有的办学条件与职业教育目标规划中的理想状态差距较大，用于教学、实践等的相关先进教学用具并不能得到满足，且其配套更新与维护费用更不能获得有效稳定保障。经实地调研发现，在中等职业教育学校免费政策的实施过程中，部分地域院校存在不同程度的基础资金紧张、常规运转困难等问题。职业教育院校在对于学生培养方面的唯学历化倾向依旧严重，对学生的实操型培养课程重视不够。还有部分中职院校采用普通高中的教学模式，即知识型教学模式，为学生高考进行铺垫；高职院校则为了可以升级为本科院校，教学模式与实际需求脱离，模仿本科院校采用传统的学科教育模式而忽视学生的实用性培训课程训练。这些都在潜移默化地影响着职业教育院校的整体含金量，并会进一步强化国人心目中的职业教育无用论，进而将职业教育逼进恶性循环的死胡同，从根本上阻碍了职业教育的稳健性发展道路。

4.4.3.3 职业教育体系融通度有待提升

2021年颁布的《关于推动现代职业教育高质量发展的意见》，为我们建设能够适应国家创新发展格局的现代高质量职业教育，做出了重要战略部署。《关于推动现代职业教育高质量发展的意见》也提出了我国要在2035年之前建设成为技能型社会的发展目标。但是，中国目前的职业教育体制还远不能适应构建技能型社会的客观要求，并且还没有一种合适的方

式实现普通教育与职业教育之间的融通，职业教育自身的滞后性对于适应社会经济发展需求的新兴行业培训能力不足。这些缺点还不足以帮助职业教育实现服务于经济新常态下的产业升级能力，不利于满足为企业提供具有优质技能的人才这一客观需求。

4.4.3.4 高端制造业的发展需要高质量职业教育作为支撑

制造业的转型升级背后需要的不仅是大量经济上的支撑，还需要先进机械设备、国际水平先进技术以及高技能型技术人才的复合加持作为支撑。而职业本科教育是在满足中低端制造业的正常人才供给基础上，为适应生产力需要而对于劳动者劳动力层级变化进行技能培训的重要载体。

图 4-12 为 1997—2021 年中国对外贸易发展情况，可以看出，改革开放以来，我国积极融入对外贸易中，在国际上发挥着重要作用。单看加工贸易占比与一般贸易占比，两者趋势形成了"剪刀差"的样式[①]。加工贸易占比逐渐降低，并伴随一般贸易占比提升，说明我国在对外商品出口方面的产品附加值在逐渐提升，延长了产业链供应链。

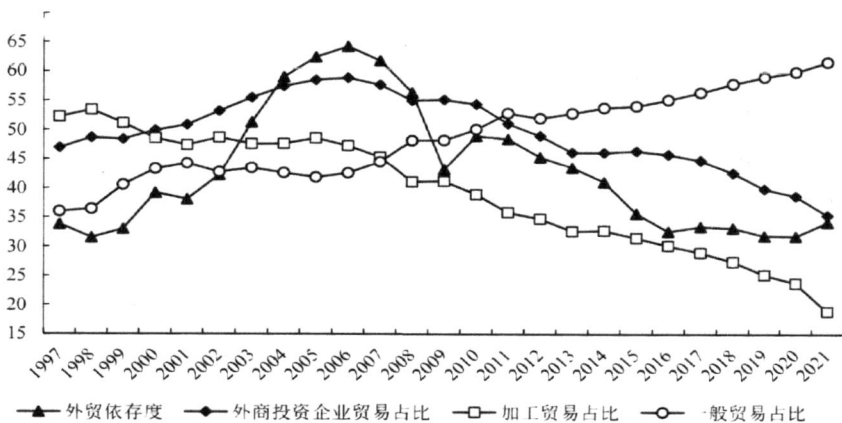

图 4-12　1997—2021 年中国对外贸易发展情况

资料来源：《中国统计年鉴》《中国贸易外经统计年鉴》。

---

① 王兵，吴福象. 双循环新发展格局下中国产业链供应链地理重塑研究——兼论主场全球化与统一大市场 [J]. 新疆社会科学，2023，（3）：28-39+150.

在对外贸易中，高等职业教育发挥着重大的技术溢出效应。对应的本科职业教育不仅是本科教育，而是将本科教育与职业教育进行加持后的产物，具有层次性与类型性。本科职业教育因具有更为深入的职业教育类型而可以服务于高端制造业，刺激我国进出口贸易的产业附加值提升。但是，目前阶段我国的本科职业教育发展缓慢，还处在不断摸索阶段，本科职业教育、中等职业教育、专科职业教育三者之间的衔接过渡还存在着巨大的鸿沟。职业本科学校与普通高等学校之间类似学分互换、学籍互转之间的融通渠道还处于初步探索阶段，这都严重制约了本科职业教育的发展[①]。

本科职业教育院校作为创新机构是高端制造业在劳动力培养与新技术培训等方面的重要载体[②]，具有服务区域经济的重要职责。但是，现阶段本科职业教育院校的学生培养质量还有待于进一步提升，这在一定程度上是由于职业院校自身的生源质量较差，也给技术技能人才的整体质量提升带来了较为严峻的挑战。综合来看，职业教育的发展道路中还面临着诸多困难因素，需要我们再进一步完善职业教育的治理体系，整体提升职业教育的社会吸引力，为经济高质量发展提供切实保障。

① 孙凤敏，孙红艳，邵建东. 稳步发展职业本科教育的现实阻碍与破解进路 [J]. 大学教育科学，2022（3）：120-127.
② 左伟. 创新机构开展制造业劳动力教育培训的国际实践及启示 [J]. 教育与职业，2021（20）：97-102.

第5章

职业教育促进经济高质量
发展的实证分析

本章共分为四节。首先，运用现有职业教育院校在校生规模对于经济高质量发展的系统耦合分析，论证二者间的相关关系。其次，通过构建相应的多指标综合分析体系，尝试论证职业教育对经济高质量发展的促进作用，并进一步分析职业教育的资源配置效率。在此基础上对资源配置效率进行了模型构建，运用计量经济学方法进行实证分析。然后，对于职业教育促进经济高质量发展的空间相关性和相关政策效应进行扩展性分析。最后，针对本章的实证结果加以概括总结并具体分析实现路径。

5.1 职业教育规模与经济发展水平的系统耦合分析

本节首先对于职业教育与经济高质量发展之间的系统耦合进行分析，以论证职业教育规模大小对于经济发展的相关关系。

5.1.1 数据相关性分析

本书主要关注职业教育与经济高质量发展的关系，因此选用的数据为职业院校在校生人数（At）和人均 GDP 总量（$Per\ GDP$），资料来源为国家统计局官方网站。本书涉及 1978—2020 年共 43 年的数据。描述性统计分析见表 5-1。

表 5-1　描述性统计分析

	观测值数	平均值	标准差	最小值	最大值
At	43	0.1721 亿人	0.0984	0.0251 亿人	0.3207 亿人
$Per\ GDP$	43	1.8038 万元	2.1992	0.0385 万元	7.2447 万元

从表 5-1 可以看出，近 43 年间职业院校在校生人数发展变化情况较大，在校生人数中，最小值为 1978 年的 0.0251 亿人，最大值为 2020 年的 0.3207 亿人，短短 43 年，职业院校的招生规模显著扩大。人均 GDP 中，43 年间，从最小值 0.0385 万元增长到了最大值 7.2447 万元，数额变化高达 188 倍。再从标准差来看，两者的标准差都很大，说明离散程度较大，数据范围较广，

具有进一步观察的意义。进而,对于两者的相关系数进行讨论,结果如表5-2所示。

表 5-2   相关系数结果

	At	Per GDP
At	1.0000	
Per GDP	0.8212	1.0000

可以看到,两者是高度正相关的,相关系数达到了 0.8212,说明职业院校的在校生人数能够很大程度上影响人均 GDP 的变化,即职业教育能够促进经济发展。下文将运用系统耦合性方法分析具体两者的耦合程度。

5.1.2 系统耦合协调度指数推导

系统耦合性理论是基于信息熵权重判断指标间耦合程度的方法[①] ,其步骤为首先计算信息熵权重,再计算耦合协调度。下文将分节论述。

5.1.2.1 指标权重计算

指标权重不是基于原始数据计算的权重,而是基于其比例系数。对于任意指标,其中 i 为指标序列下标,j 为样本数下标,本书中有 $i=1,2,...,m$;$j=1,2,...,n$。其中 $m=2$ 为指标总数,$n=43$ 为样本容量。指标比例系数的计算方式为:

$$f_{ij} = \frac{r_{ij}}{\sum_{j=1}^{n} r_{ij}} \qquad (5-1)$$

根据(5-1)式可以计算指标 i 的信息熵,计算方法如(5-2)式。

---

① 王清强,乐传永,刘双飞. 职业院校在校生规模与国民经济发展之间的系统耦合样态分析 [J]. 职业技术教育,2021,42(36):39-43.

$$H_i = -k \sum_{j=1}^{n} f_{ij} \ln f_{ij} \qquad (5\text{--}2)$$

其中 $k = 1/\ln n$。若 $f_{ij} = 0$ 则定义 $f_{ij} \ln f_{ij} = 0$，因此有 $0 < H_i < 1$。再根据（5–2）式可以计算信息熵权重如下：

$$W_i = \frac{1 - H_i}{\mathrm{m} - \sum_{i=1}^{m} H_i} \qquad (5\text{--}3)$$

易证 $\sum W_i = 1$。且有 $0 < W_i < 1$。最后，记计算指标为 x，根据（5–3）式和（5–1）式可以计算各指标的综合评价指数如下：

$$g_j(x) = W_i f_{ij} \qquad (5\text{--}4)$$

5.1.2.2 耦合协调度的计算

耦合协调度是根据上文的（5–4）式进行计算的。首先需要计算系统耦合度如下。

$$C = \sqrt{\frac{g(x)\,g(y)}{[\,g(x) + g(y)\,]^2}} \qquad (5\text{--}5)$$

其中 C 是系统耦合度，且 $C \in [0, 1]$，综合发展指数是职业院校在校生人数与人均 GDP 综合水平的反映，x、y 为两指标，由 $g(x)$ 与 $g(y)$ 进行加权而得。之后得到综合发展指数如下。

$$T = \alpha\, g(x) + \beta g(y) \qquad (5\text{--}6)$$

其中 α，β 为参数，本书根据已有的文献设定 $\alpha = \beta = 0.5$，即采用算术平均。最后得到耦合协调度指数如下。

$$D = \sqrt{CT} \qquad (5\text{--}7)$$

其中 D 代表耦合协调度且 $C \in [0, 1]$，在既定的人均 GDP 与职业院校在校生人数中，D 越接近于 1 则说明效益更大，系统耦合程度越高。

5.1.3 系统耦合性研究结果

本书根据上文的耦合协调度理论计算了历年职业院校在校生人数和人均 *GDP* 的耦合协调度指数（见表 5–3）。

表 5–3　历年耦合协调度结果

年份	*D*	年份	*D*
1978	0.0228	2000	0.0758
1979	0.0286	2001	0.0765
1980	0.0306	2002	0.0792
1981	0.0307	2003	0.0859
1982	0.0317	2004	0.0922
1983	0.0319	2005	0.0988
1984	0.0310	2006	0.1055
1985	0.0355	2007	0.1134
1986	0.0379	2008	0.1196
1987	0.0405	2009	0.1237
1988	0.0427	2010	0.1292
1989	0.0441	2011	0.1342
1990	0.0451	2012	0.1365
1991	0.0473	2013	0.1376
1992	0.0506	2014	0.1384
1993	0.0558	2015	0.1399
1994	0.0586	2016	0.1421
1995	0.0673	2017	0.1456
1996	0.0709	2018	0.1486
1997	0.0730	2019	0.1545
1998	0.0752	2020	0.1589
1999	0.0761		

根据表 5–3 可以看到，从 1978 年到 2020 年，职业院校在校生人数和人均 GDP 的耦合协调度是呈现 S 型上升趋势的，从 1978 年的 0.0228 上升

至 2020 年的 0.1589，年均增长率约 4.74%。但是根据王清强等[①] 提到的耦合协调度评价等级和划分标准，二者的耦合协调度仍然失调，接下来更需要努力达到协调发展的目标以实现经济的高质量发展。图 5-1 以散点图的形式展现了耦合协调度历年的变化趋势。

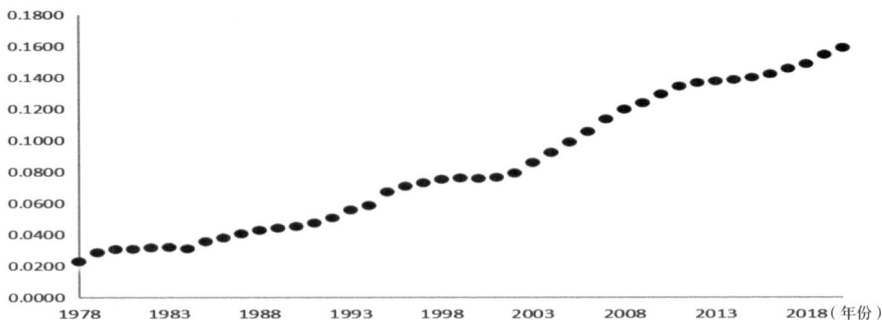

图 5-1　耦合协调度散点图

图 5-1 中横坐标为年份，纵坐标为耦合协调度。由图 5-1 可以看到，耦合协调度确实是呈现上升趋势的，其中 2003 年以后增长幅度较大，其余年份增长相对较小，有许多年份中几乎没有显著的增长趋势。图 5-1 的结果能够说明，职业学校在校生人数和人均 GDP 之间几乎一直未能达到协调发展的状态，协调程度虽正在提高，但增速并不明显，需要我们在下阶段的高质量经济发展过程中注重职业教育与经济发展之间的立体衔接，实现二者之间的互利互赢。

本节通过对于职业教育与经济高质量发展之间的系统耦合进行分析论证。论证证明，第一，职业教育与经济发展质量二者具有内在的逻辑自洽。第二，我国职业教育与经济发展质量二者耦合协调度历年来在不断提高，但还是以初级协调度为主，耦合协调度依旧需要进一步提升。为了可以帮助两者之间的耦合协调度进一步提升，未来应明晰职业教育对于经济发展质量的作用机制，创新促进经济高质量发展的方式。

[①] 王清强，乐传永，刘双飞. 职业院校在校生规模与国民经济发展之间的系统耦合样态分析 [J]. 职业技术教育,2021,42(36):39-43.

5.2 职业教育促进经济高质量发展的影响机制分析

5.2.1 职业教育促进经济高质量发展的途径

第三章从作用机制层面论证了职业教育可以通过四大方面对经济高质量发展产生正向促进作用，也为本章提供了问题导向与研究依据。在理论分析研究基础之上，本章通过构建相应的多指标综合分析体系来尝试论证职业教育对经济高质量发展的促进作用。这里需要指出的是：首先，对于指标变量的选取应建立在扎实的理论研究基础之上，尽量避免主观随意性；其次，张治栋和廖常文（2019）[1] 明确指出对于指标变量选取要使用可靠详实的数据来进行支撑，以保障数据的真实性。

在前文论证职业教育与经济高质量发展的耦合关系后，需要更深入地对职业教育促进经济高质量发展的主要影响因素加以分析，以便于寻找制约我国经济发展质量的相关因素，为中国的经济高质量发展提供理论和现实依据。

实现经济高质量发展的最核心途径就是效率变革，宏观层面来看，效率变革即产出变革，主要依赖于提升全要素生产率[2]。蔡昉[3] 认为全要素生产率的提高是促进中国经济高质量发展的关键。在职业教育各相关资源要素稀缺的情况下，相关人力、物力、财力等方面的投入也必将受到约束，全要素生产率的提升可以对相应的资源配置进行合理性优化，进而实现稳健性发展，而这也是经济高质量发展的前提。

基于此，结合本书第三章有关职业教育促进经济高质量发展的相关作用机制分析，提出如下假设。

假设 1：职业教育可以通过扩大资本积累，提高全要素生产率。

---

[1] 张治栋，廖常文. 全要素生产率与经济高质量发展——基于政府干预视角 [J]. 软科学，2019，33（12）：29-35.

[2] 茹少峰，魏博阳，刘家旗. 以效率变革为核心的我国经济高质量发展的实现路径 [J]. 陕西师范大学学报（哲学社会科学版），2018，47（3）：114-125.

[3] 蔡昉. 以提高全要素生产率推动高质量发展 [N]. 人民日报，2018-11-09（7）.

资本积累是经济高质量发展的重要因素。职业教育可以通过增加和扩大居民收入促进经济增长。优先发展职业教育，提升低收入居民的教育水平和能力，是合理改变收入分配结构、缩小基尼系数、扩大中等收入群体的有效措施之一。经济发展质量的提升不能只紧盯高端制造业以及高技能人群的引领作用，还应关注整体居民的收入水平情况，职业教育培训在提升劳动者就业能力的同时，对于整体工资收入的提升也具有促进作用。通过职业教育培训，中等收入人群逐步增加，这些收入分配结构的改变，将为增加居民消费，推动经济发展奠定必要物质基础。

假设 2：职业教育可以通过创新驱动，提高全要素生产率。

科技创新是经济高质量发展的强大动能，在经济高质量发展过程中具有重要导向作用，职业教育可以通过创新提升创新体系整体效能，助力经济高质量发展。李礼等[①] 认为专业化的人才供给对于经济发展、科技进步都有着显著正向促进作用。经济高质量发展是长期动态性发展过程，需要以创新促进结构性调整，优化资源配置，增强经济发展内生动力。

假设 3：职业教育可以通过推动产业结构升级，提高全要素生产率。

高水平的人才培育是经济高质量发展的基础，职业教育作为人才培育的重要支撑力量，通过职业教育现代化来实现人力资本的质与量提升，加速实体经济技能积累水平，推动创新链、产业链、人才链的深度优化融合，以更高质、高效模式提升整体效率。

假设 4：职业教育可以通过扩宽就业渠道，提高全要素生产率。

人才是第一资源，就业是民生之本，需要坚持经济发展就业导向，全面建设社会主义现代化国家新征程。赵粲[②] 采用实证分析方式论证了职业教育对于促进就业水平、扩宽就业渠道具有正向作用。

假设 5：职业教育对于经济高质量发展的影响在中、东、东北、西部存在差异。

① 李礼，俞光祥，吴海天. 高职教育发展与经济发展的协调关系分析 [J]. 中国高等教育，2021（7）：59-61.
② 赵粲. 职业教育对就业影响的实证分析 [J]. 滁州职业技术学院学报，2022，21（4）：4-7.

由于各个地域间的要素禀赋存在差异，地区间经济发展、产业结构等不能一概而论，应依据地域特色与实际情况，因地制宜开展特色职业教育，高质量提升地区全要素生产率。

此外，针对职业教育促进经济发展政策效果方面，国务院主要出台了《职业教育东西协作行动计划（2016—2020 年）》以及 2019 年的高等职业教育扩招政策。由于人口流动等因素，一个地区的职业教育的发展可能不只促进本地区的经济发展，甚至可以带动其他地区的发展。因此，本书特针对这两个政策，运用空间面板回归模型检验了职业教育促进经济高质量发展的空间相关性。

5.2.2　变量选取

本节细致地论述了被解释变量与解释变量的选取过程与各变量的具体指标内容。将全要素生产率作为被解释变量，从职业教育对经济高质量发展的影响路径角度共设置十一项解释变量和控制变量，为模型构建提供支撑。

5.2.2.1　被解释变量选取

效率在国民经济系统中用来描述单位时期内产出与投入关系。《政治经济学讲义》将优化效率界定为："不具有其他生产可能的可以使这种经济体变得更好的资源配置为帕累托最优[①]。"也就是说，效率注重的是在现有的技术条件之下，对于经济资源所能达到的最大利用，而高效率正是指在投资一定量的产品要素的时候所能够获得的最高生产率。可以发现，对效率的衡量大致是两个维度：投入与产出。

党的十九大明确了我国处于向高质量发展的过渡阶段，经济发展必须要对于质量、效率以及发展动力进行转变。全要素生产率是在经济学中用以衡量在既定单位内的投入所能达到的总产出的指标，其本质上是资源配置效率[②]。基于此，本章选择了全要素生产率作为评价职业教育配置效

① PARETO.　Manual of Political Economy[M].　Augustusm Kelley Pubs，1971.
② 黄炜，孙广生，黄金枝. 全要素生产率分析新方法：Färe-Primont 指数 [J]. 东北大学学报（自然科学版），2015（3）：449-452.

率水平的主要指标，全要素生产率越高则经济发展程度越好。

本书通过 Färe-Primont 全要素生产率指数法衡量我国目前职业教育的资源配置效率情况。深入分析全要素生产率变动在各个阶段所能带来的科技进展和效益变化需要全要素生产率变化指数进行进一步研究。一般情形下，利用 Malmquist（马尔姆奎斯特）指数测量全要素生产率是常用方式，Malmquist 指数是 1953 年由马尔姆奎斯特提出[1]，他先是提出了缩放因子[2]，并运用其比值构造消费数量指数，以研究不同时期的消费变化，表达形式为：

$$GY = GA + \alpha\,GL + \beta GK \qquad (5-8)$$

其含义为经济增长率（GY）等于全要素生产率（GA）与 α 倍劳动增长率和 β 倍资本增长率三者之和。在此思想的启发下，为了进行生产分析，卡夫（Caves）等[3] 在增长理论基础上进一步对于产出与投入要素加权两者的指数比进行探索，构造了 Malmquist 生产率代数指数，以直观表达全要素生产率内涵。但是，卡夫并没有明确设定生产函数，则生产率代数指数只能为概念指数，即：

$$TFP_t = \frac{P_0 Q_t}{r_0 K_t + w_0 L_t} \qquad (5-9)$$

其含义为全要素生产率（TFP_t）等于总产出（$P_0 Q_t$）与资本投入（$r_0 K_t$）、劳动投入（$w_0 L_t$）和的比值。与之相似，法雷尔（Farrell）[4] 也是提出了

[1] STEN MALMQUIST. Index numbers and indifference surfaces[J]. Trabajos de Estadistica, 1953, 4(2):209-242.

[2] 缩放因子：即表示给定消费组合为了达到某一无差异曲面，所需要的缩放倍数。

[3] CAVES D W, CHRISTENSEN L R, DIEWERT W E. The Economic Theory of Index Numbers and the Measurement of Input Output, and Productivity[J]. Econometrica, 1982, 50(6):1393-1414.

[4] FARRELL J. The Measurement of Production Efficiency[J].Journal of Royal Statistical Society, Series A（GeneraL）, 1957, 120(3): 253-281.

相似的概念却没有找到合适的度量方法。查恩斯（Charnes）[①] 提出数据包络分析法（DEA），运用线性规划的测度方式使生产分析过程中度量的问题得到了解决。进而，1989 年法勒（Färe）等开始将该指数向实证中加以尝试运用，经过多年研究他们将生产率指数又细分为了技术效率变动、技术进步、规模效率变动三方面[②]。技术效率变动是用以衡量不同时间技术效率的波动程度，规模效率是技术形式上的变化反应，技术进步是对于技术层面的优化反应[③]。

洛维耳（Lovell）[④] 从理论层面对于 Färe 等的研究进行了探讨，再次肯定了 Malmquist 生产率指数的正确性。但它也有不足之处，余康等[⑤] 就认为 Malmquist 指数是建立在 Shepherd 距离函数之上的，需要对于前沿生产函数进行预设，并不能完全分解全要素生产率，且由于无法进行多变比较，不利于进一步寻求产生技术进步的原因。奥唐纳（O'Donnell）[⑥] 也认为 Malmquist 指数不具有乘积完备性，无法合理将统计噪声与其余变量进行分离，即传递性检验无效，这就会导致使用 Malmquist 指数测量全要素生产率是无效率的。基于此，本部分研究使用 Färe-Primont 全要素生产率指数，以保证既有乘积完备性也可以通过传递性检验。

Färe-Primont 全要素生产率指数假定 $h_{nt} = (h_{1nt}, \cdots\cdots, h_{jnt})'$ 为在 t 时期的 n 行业的具体投入要素，$u_{nt} = (u_{1nt}, \cdots\cdots, u_{knt})'$ 为在 t 时期的 n 行业的具体产出量，j 和 k 则都表示各个省份。此时在 t 时期的职业教育的全要素生

① CHARNES A, COOPER W, RHODES E. Measuring the efficiency of decision making units[J]. European Journal of Operational Research, 1978, 2(6): 429−444.

② FÄRE R, GROSSKOPF S, NORRIS M, et al. Productivity Growth, Technical Progress, and Efficiency Change in Industrialized Countries[J]. The American Economic Review, 1994, 84(1): 66−83.

③ SIMAR L, WILSON P W. Sensitivity analysis of efficiency scores:How to bootstrap in nonparametric frontier models[J]. Management science,1998,44(1):49−61.

④ LOVELL C A K The Decomposition of Malmquist Productivity Indexes[J]. Journal of Productivity Analysis, 2003, 20(3): 437−458.

⑤ 余康，章立，郭萍. 1989—2009 中国总量农业全要素生产率研究综述 [J]. 浙江农林大学学报，2012，29（1）：111−118.

⑥ O'DONNELL C J. An aggregate quantity−price framework for measuring and decomposing productivity and profitability change[R]. School of Economics, University of Queensland, Australia, 2008.

产率被定义为：

$$TFP_{nt} = \frac{U_{nt}}{H_{nt}} \qquad (5\text{-}10)$$

　　在现有研究中，全要素生产率由于具有投入与产出的指标选取差异，会在估算的过程中存在客观差别，因此，采用产出法是目前的主流方式。应该要在精简对于投入产出指标的筛选过程的同时，确保决策单位指标总量为实际投入产出指标总量的两倍以上，从而避免或稀释了绝大部分调查对象的个体差异。

　　本部分研究通过采用生产法来选择指标，在借鉴韩海彬和李全生[1]的高等教育比率变动表，赵彦志[2] 的有关技术变化率指标，潘海生和冉桃桃[3] 1998—2012 年中等职业教育全要素生产率指标，王伟和冯树清[4] 的职业教育投入指标，吕连菊和阚大学[5] 的空间纠正系统指标，于伟等[6] 的农村全要素生产率对应指标，程宇[7] 同经济发展对比的相关控制指标等国内专家学者们指标选取基础上，结合我国职业教育的实际特征，本章从物质投入、人力投入和财产投入[8] 等方面确定了我国有关于职业教育促进经济高质量发展的投入指标，并且从人才培养以及吸引力产出两个角度确定其产出指标，具体内容如表 5-4 所示，为正确估计两者之间的关系，各指标均采取对数形式。

---

① 韩海彬，李全生. 中国高等教育生产率变动分析：基于 Malmquist 指数 [J]. 复旦教育论坛，2010，8（4）：58-62.
② 赵彦志. 我国高等教育生产率增长、技术进步与效率变化 [J]. 财经问题研究，2011（6）：20-26.
③ 潘海生，冉桃桃. 1998—2012 年我国中等职业教育全要素生产率变动分析——基于 Malmquist 指数方法 [J]. 职业技术教育，2015，36（7）：55-60.
④ 王伟，冯树清. 我国中等职业教育全要素生产率演变与影响因素研究——基于 31 个省份面板数据的实证分析 [J]. 教育科学，2016，32（4）：76-84.
⑤ 吕连菊，阚大学. 职业教育投入对全要素生产率的影响研究——基于空间纠正系统 GMM 法 [J]. 职业技术教育，2016，37（10）：39-44.
⑥ 于伟，张鹏，姬志恒. 中国省域农村教育人力资本与农业全要素生产率的空间交互效应——基于空间联立方程的经验分析 [J]. 中国农业大学学报，2020，25（3）：192-202.
⑦ 程宇. 中国职业教育与经济发展互动效应研究 [D]. 吉林大学，2020.
⑧ 财产投入仅指教育经费投入。

表 5-4　全要素生产率的构建

	变量名称	变量说明	计算方式	资料来源
投入指标	人力投入	专任教师占比	专任教师 / 学校教师总数 ×100%	《中国教育统计年鉴》
	财产投入	职业教育经费占比	职业教育经费 / 总教育经费 ×100%	《中国教育经费统计年鉴》
	物质投入	教研仪器设备资产值占比	教研仪器设备资产值 / 学校固定资产值 ×100%	《中国教育统计年鉴》
产出指标	人才产出	毕业生获得职业资格证对毕业生总人数占比	职业资格证获取比 ×100%	《中国教育统计年鉴》
	吸引力产出	在校生占比	中职在校生数 /(中职在校生数 + 普通高中在校生数) ×100%	《中国教育统计年鉴》

5.2.2.2 解释变量与控制变量的选取

就目前关于全要素生产率的研究文献来看，国内外学者对全要素生产率影响因素的研究多是从自身研究视角出发，对于相关变量进行筛选以配合自身的研究角度与方向，所以，还未形成成熟的度量指标体系。如在宏观经济层面，杨天宇和梁俊[①] 以数值实验方法进行估算，认为我国制造业中劳动力跨部门流动迟缓是造成全要素生产率下降的原因。白重恩和张琼[②] 则认为是劳动力同资本质量的不匹配造成全要素生产率的下滑。蔡昉[③] 将优化产业结构、营造创新环境作为优化资源配置、提升全要素生产率的有效手段。而邓明等[④] 认为劳动力的资源配置扭曲问题是抑制全要

① 杨天宇，梁俊. 全要素生产率的结构性减速对中国经济增长的影响 [J]. 福建农林大学学报 (哲学社会科学版)，2020，2（6）：37-46+54.
② 白重恩，张琼. 中国经济增长潜力预测：兼顾跨国生产率收敛与中国劳动力特征的供给侧分析 [J]. 经济学报，2017，4（4）：1-27.
③ 蔡昉. 以提高全要素生产率推动高质量发展 [N]. 人民日报，2018-11-09（7）.
④ 邓明，柳玉贵，王劲波. 劳动力配置扭曲与全要素生产率 [J]. 厦门大学学报 (哲学社会科学版)，2020（1）：131-144.

素生产率的重要因素。在职业教育促进经济高质量发展方面，谯欣怡[①] 对 1985—2014 年的职业教育规模进行建模，将人均 GDP、初中毕业生总量和国内职业教育院校的教学质量作为变量指标，得出结论，认为三者之间具有相关性，是影响全要素生产率的主要原因。韩永强[②] 对于我国职业教育的规模、质量进行探讨，认为在全要素生产率的影响因素中，政府教育经费的投入、所处地域的师资结构和师资学历结构的影响因素占比更大。但王伟和冯树清[③] 认为区域特色产业结构，地区的教育经费投入与相关专业人才培养质量，职业教育的科研条件是目前制约我国职业教育规模和质量发展的影响因素。

基于以上讨论，本书从我国职业教育发展的客观实际入手，在参考宋小杰[④] 基于系统论对于职业教育的所有影响因素探析基础上，并结合上述学者的研究成果，以及前文职业教育促进经济高质量发展的作用机制，将相关变量细化为解释变量和控制变量。

解释变量如下。①创新驱动（Rd），创新是经济高质量发展的重要驱动，具体用科研经费占职业教育总经费的比重表示。②资本积累（$Salary$），资本积累是经济高质量发展的重要因素，具体用全体居民人均可支配收入表示。③地区产业结构（C），地区的产业发展结构决定当地职业教育院校的专业设置方向，具体用"第二产业比重（$C2$）"和"第三产业比重（$C3$）"来表示。④就业质量（$Unemp$），在劳动与就业方面，宏观经济学理论认为，失业率提高，GDP 就会下降（奥肯定律），而此时实际工资收入就会降低，经济就难以高质量发展。这有两层含义：首先，GDP 的下降意味着经济紧缩，并未得到发展；其次，失业率的提高对于社会稳定有不利的影响，因此经济的"发展"也难以称为高质量，具体用"城镇登记失业率"表示。

---

① 谯欣怡. 我国中等职业教育规模的演变及影响因素分析 [J]. 教育与经济，2015（4）：46−49+56.

② 韩永强. 我国中等职业教育发展及其影响因素研究——基于2001—2012年的数据 [J]. 中国职业技术教育，2013（33）：33−37.

③ 王伟，冯树清. 我国中等职业教育全要素生产率演变与影响因素研究——基于31个省份面板数据的实证分析 [J]. 教育科学，2016，32（4）：76−84.

④ 宋小杰. 区域中等职业教育发展影响因素分析 [J]. 职教通讯，2012（28）：7−12.

控制变量如下：①师资情况（T），职业教育院校中，学生培养质量和全要素生产率的提高都需要教师在其中起到很重要的作用，其反映的是学校的软实力，采用"专任教师比重"来表示；②科研条件（K），院校内部缺乏足够的科研仪器设备是很难推动职业教学的成果创新与提升学生学习质量的，且技术效率也很难提高，表达形式为"教研仪器设备资产值占比"；③人才培养水平（V），可以充分体现在职业院校发展中教学改革与特色人才培养的效果，具体用"职业资格证获取占比"来表示；④地区经济水平（G），地区的经济能力与政府教育投入正相关，为职业教育发展奠定经济基础，一般情形下，地区经济发展越好，教育投入高，职业教育水平也会越高，具体用"地区人均生产总值增长率"表示；⑤教育经费投入（J），教育经费投入是职业教育发展的生命之源，具体用"各省的职业学校教育总经费收入"来表示；⑥区域教育结构（S），中等职业教育与普通教育若想并行发展，对于两者比重处理就需要大量的支持，具体用"中职学生占普通高中和中职学生人数总和的比重"来表示（见表5-5）。

表 5-5　职业教育促进经济高质量发展影响因素指标

	变量名称	变量符号	变量说明	计算方式
解释变量	创新驱动	Rd	科研经费比重	科研经费占职业教育总经费的比重（%）
	资本积累	$Salary$	省人均收入	全体居民人均可支配收入（元）
	地区产业结构	$C2$	第二产业比重	第二产业产值占总产值的比重（%）
		$C3$	第三产业比重	第三产业产值占总产值的比重（%）
	就业质量	$Unemp$	失业率	城镇登记失业率（%）
控制变量	师资情况	T	专任教师比重	专任教师占学校教师总数的比重（%）
	科研条件	K	教研仪器设备资产值占比	教研仪器设备资产值占学校固定资产值的比重（%）

续表

	变量名称	变量符号	变量说明	计算方式
控制变量	人才培养水平	V	职业资格证获取占比	毕业生获得职业资格证占毕业生总人数的比重（%）
	地区经济水平	G	人均生产总值增长率	不变价格各省的人均生产总值增长率（%）
	教育经费投入	J	职业教育经费占比	职业教育经费占总经费比重（%）
	地区教育结构	S	中职学生比重	中职学生占普通高中和中职学生人数总和的比重（%）

资料来源：《中国统计年鉴》《中国教育经费统计年鉴》。

5.2.3 模型构建与描述性统计

5.2.3.1 模型构建

在结合本书对职业教育发展中资源配置效率及其相关影响因素的分析基础上，根据职业教育发展实际情况以及理论界现有研究，将研究职业教育资源配置效率中的影响因素的基本模型构建如下：

$$Y_{it} = a + \beta_1 J_{it} + \beta_2 G_{it} + \beta_3 C2_{it} + \beta_4 C3_{it} + \beta_5 S_{it} + \beta_6 K_{it} + \beta_7 T_{it} + \beta_8 V_{it}$$
$$+ \beta_9 Rd_{it} + \beta_{10} Unemp_{it} + \beta_{11} Salary_{it} + \varepsilon_{it} \qquad （5-11）$$

其中：$Y=TFP$；$i=1, 2, 3, \cdots\cdots, 31$，$t=2013, 2014, 2015, \cdots\cdots, 2020$；$\varepsilon$ 表示随机扰动项。对每个变量均采用比例或比值形式，同时为了缩小数值间数量等级的差距以真实地反映变量之间的相关关系，对每个变量都进行了对数处理。

5.2.3.2 变量描述性统计

为了保证统计数据的可得性，本书选择了2013—2020年中国大陆31个省（自治区、直辖市）的样本数据。变量的基本统计描述见表5-6。

表5-6 相关变量描述性统计

变量	均值	标准差	最小值	最大值	观测值数
$\ln TFP$	0.1437	0.2371	-0.9966	0.6426	248
$\ln Rd$	3.0254	1.2607	0.4304	9.0950	248

续表

变量	均值	标准差	最小值	最大值	观测值数
ln*Salary*	10.0531	0.3788	9.1840	11.1876	248
ln*C2*	−0.9493	0.2297	−1.8346	−0.5841	248
ln*C3*	−0.6901	0.1504	−1.0596	−0.1776	248
ln*Unemp*	1.1415	0.2267	0.1823	1.5260	248
ln*S*	−0.6525	0.2557	−1.3004	−0.0040	248
ln*K*	−1.4953	0.2414	−2.3909	−0.8920	248
ln*T*	−0.2568	0.0797	−0.5025	−0.0541	248
ln*V*	−0.3765	0.3584	−2.5337	−0.0242	248
ln*G*	0.0681	0.0238	−0.0555	0.1169	248
ln*J*	−2.8808	0.2176	−3.6976	−2.4154	248

表 5-6 对本书的相关变量进行了描述性统计，从表中可以看到创新投入的各地差值最大，最小值为 0.4304，最大值为 9.0950，说明各省份间的科研经费投入差距很大；全要素生产率的变量值之间的差距较大，最小值为 −0.9966，最大值为 0.6426，从数据的角度论证了各省份之间的投入产出比差值巨大。此外，由于各变量间的标准差差值相当大，说明各省域间发展的不平衡显著，也为本书具体分析各省份之间的职业教育差异提供了思路。

相关系数矩阵能够直观表达各变量间的相关性，用于分析各变量之间的相关性。由表 5-7 可知，表格中各个变量之间存在着一定的相关性。其中，人才培养水平（ln*V*）与全要素生产率（ln*TFP*）之间的相关系数最高为 0.8596，具有显著的正相关性，也从侧面论证了大力发展职业教育，提升人力资本能力可以带来较大的回报率。此外，第二产业占比（ln*C2*）与第三产业占比（ln*C3*）之间的相关系数是 −0.7917，具有负相关性，二者相互依赖又相互制约。普通的相关分析可以简单地了解各变量之间的相关系数，为进一步的回归分析和检验提供依据。

表 5-7　相关系数矩阵

	ln*TFP*	ln*G*	ln*C2*	ln*C3*	ln*J*	ln*S*	ln*K*	ln*T*	ln*V*	ln*Unemp*	ln*Salary*	ln*Rd*
ln*TFP*	1.0000											
ln*G*	0.2965	1.0000										
ln*C2*	0.3078	0.2698	1.0000									
ln*C3*	−0.2374	−0.3322	−0.7917	1.0000								
ln*J*	0.3841	0.1786	0.3236	−0.3293	1.0000							
ln*S*	0.6928	0.2237	0.0652	−0.0269	0.4466	1.0000						
ln*K*	0.0361	−0.3303	−0.3841	0.4256	−0.1154	0.1012	1.0000					
ln*T*	0.1954	0.0932	0.4753	−0.3086	0.1658	−0.0736	−0.5507	1.0000				
ln*V*	0.8596	0.1672	0.3900	−0.2462	0.2937	0.3186	0.1414	−0.0856	1.0000			
ln*Unemp*	0.1879	−0.0495	0.5023	−0.4671	0.2001	0.0041	−0.2377	0.1374	0.2216	1.0000		
ln*Salary*	0.0090	−0.4932	−0.3622	0.6721	−0.1692	0.1271	0.5837	−0.2640	0.0555	−0.2069	1.0000	
ln*Rd*	0.0714	−0.2663	−0.2364	0.3282	−0.2180	−0.0333	0.4380	−0.4299	0.1339	−0.0757	0.5453	1.0000

5.2.4　模型估计结果

5.2.4.1　全要素生产率分析

利用 Färe-Primont 全要素生产率指数法测算我国职业教育的资源配置效率。当全要素生产率值大于 1 时，表示全要素生产率资源配置效率更高，而当该值小于 1 时，表示全要素生产率的资源配置效率较低。

本书根据上述投入与产出指标，选取我国 31 个省（自治区、直辖市）的中等职业教育数据，采用 SPSS（社会科学统计软件包）对 26 对数据进行整体标准化处理并制作折线图，得到了全国和各区域的全要素生产率结果（见图 5-2）。

从图 5-2 可知，我国 2013—2019 年中等职业教育全要素生产率从 2013 年的 1.33 到 2019 年的 1.93，整体增长幅度明显，但东部和中部地区的全要素生产率整体增长水平在全国平均水平之下，东北部和西部全要素生产率增长趋势更为明显，这说明，在各种生产要素水平既定的情况下，大力发展东部、西部和东北部的职业教育整体效率更高，这也是 2016 年我国教育部、

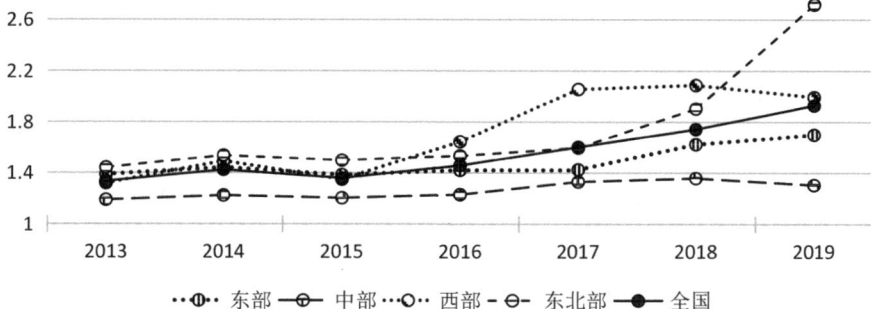

图 5-2　全国和各区域全要素生产率发展趋势

国务院实施《职业教育东西协作行动计划（2016—2020 年）》的主要原因之一。陈斌开等[1]　在我国 2002 年 CHIP 数据（中国家庭收入调查）基础上，进行 Oaxaca-Blinder 分解，认为教育的水平差异对于我国城乡收入差距的贡献程度为 34.69%，并论证了教育是产生区域差距的决定性因素，以及城市偏向型教育投入是我国各地区间全要素生产率增长差异化的原因之一。袁永科和李昂[2]　曾收集了我国 31 个地区的相关数据，利用多目标赋权模型进行实证分析，探讨中国各区域间软实力差距，并提出了中国区域间的软实力总体呈现为东部最强、中部次之、西南部相对较弱的态势，而根据中国经济发展经验分析，区域软实力与中国地方经济自身发展水平成正相关。陈景华等[3]　以 2004—2017 年中国经济高质量发展指数为研究对象，采用 Dagum 基尼系数分析经济高质量发展的区域差异，认为我国区域经济高质量发展呈现东部—东北部—中部—西部的阶梯状分布特征。本书所得结论与各位学者结论一致，进一步论证本书结论可靠性。可见，在我国教育资源稀缺，区域软实力发展两极分化严重、人力、物力等投入要素有约束限制的情况下，大力发展职业教育对整个教育体系而言都十分重要，且对于职业教育的发

[1] 陈斌开，张鹏飞，杨汝岱. 政府教育投入、人力资本投资与中国城乡收入差距 [J]. 管理世界，2010（1）：36-43.
[2] 袁永科，李昂. 基于马斯洛需求层次理论的区域软实力评价与实证 [J]. 统计与决策，2017（20）：72-75.
[3] 陈景华，陈姚，陈敏敏. 中国经济高质量发展水平、区域差异及分布动态演进 [J]. 数量经济技术经济研究，2020，37（12）：108-126.

展无论是从人力资源培养还是先进技术提升等方面都会对我国经济高质量发展带来直接有效的提升。

5.2.4.2 职业教育促进经济高质量发展的作用机制分析

根据通用的计量分析流程,确定了被解释变量($\ln TFP$)、解释变量($\ln C2$、$\ln C3$、$\ln Unemp$、$\ln Salary$、$\ln Rd$)和控制变量($\ln G$、$\ln J$、$\ln S$、$\ln K$、$\ln T$、$\ln V$)。采用 Stata15 软件进行建模分析。由于时间维度小于截面数量,因此属于短面板,无须进行面板单位根检验[①] (见表5-8)。

表5-8　模型回归结果

	随机效应模型	固定效应模型	混合回归
$\ln Unemp$	0.0133*** （0.0130）	−0.0489*** （0.0150）	0.0044** （0.0099）
$\ln Salary$	0.0151*** （0.0128）	0.0886** （0.0207）	0.0030** （0.0098）
$\ln Rd$	0.0025* （0.0021）	0.0014*** （0.0002）	−0.0009 （0.0019）
$\ln C2$	0.0347** （0.0295）	0.1097** （0.0562）	0.0137** （0.0178）
$\ln C3$	0.0085* （0.0449）	0.0545* （0.0647）	−0.0333** （0.0289）
$\ln J$	−0.0267** （0.0120）	0.0123** （0.0129）	0.0508 （0.0104）
$\ln S$	0.4646 （0.0121）	0.5086 （0.0171）	0.4520 （0.0088）
$\ln K$	0.2272 （0.0144）	0.2092 （0.0164）	−0.2238** （0.0111）
$\ln T$	0.7020 （0.0475）	0.8245 （0.0879）	0.6895 （0.0329）
$\ln V$	0.4732 （0.0074）	0.4879 （0.0086）	0.4768 （0.0064）
$\ln G$	0.1234* （0.1017）	0.2890** （0.1103）	0.0714 （0.0998）
Const	0.1160 （0.1729）	0.7287 （0.2662）	−0.0219 （0.1368）
个体效应		YES	
R^2	0.9846	0.9626	0.9864

① ZHENLIN YANG. Unified M−estimation offixed−effects spatial dynamic models with short panels[J].Journal of Econometrics, 2018, 205(2):423−447.

续表

	随机效应模型	固定效应模型	混合回归
统计量	11204.55	913.37	1556.34
P 值	0.0000	0.0000	0.0000
观测值数	248	248	248

注: 1.括号中数字为标准误。* 为 10% 水平显著，** 为 5% 水平显著，*** 为 1% 水平显著。
　　2.统计量一栏：固定效应模型和混合回归采用的为 F 统计量，随机效应模型采用的
　　为 Wald 统计量。

　　表 5-8 的结果显示，因为 F 检验的统计量显著，所以在本书中排除混合回归模型。本书利用面板数据的实证分析，来检验在固定效应模型与随机效应模型中哪一种更有利于本次验证研究，采用豪斯曼检验法进行进一步论证。豪斯曼检验统计量为 43.92，p 值为 0.0000<0.01，故拒绝原假设，因此使用固定效应模型。这意味着被解释变量与省份（截面）本身是相关的。

　　为对于全要素生产率进行单项机制的作用检验，本书分别对各个机制进行单独的面板回归分析，结果如表 5-9 所示。

表 5-9　单项机制的作用回归结果

	$\ln TFP$				
	模型 1	模型 2	模型 3	模型 4	模型 5
$\ln Rd$	0.0026 （0.0024）				
$\ln Salary$		0.0662*** （0.0162）			
$\ln C2$			0.0256 （0.0327）		
$\ln C3$				0.0337 (0.0326)	
$\ln Unemp$					−0.0235* （0.0149）
$\ln J$	0.0189 （0.0134）	0.0097 （0.0129）	0.0169 （0.0133）	0.0170 （0.0132）	0.0174 （0.0132）
$\ln K$	0.2159*** （0.0171）	0.2234*** （0.0158）	0.2212*** （0.0164）	0.2215*** （0.0164）	0.2154*** （0.0168）
$\ln V$	0.4746*** （0.0082）	0.4837*** （0.0082）	0.4760*** （0.0083）	0.4736*** （0.0083）	0.4745*** （0.0082）

续表

	ln*TFP*				
	模型 1	模型 2	模型 3	模型 4	模型 5
ln*T*	0.6277*** （0.0768）	0.8326*** （0.0883）	0.6123*** （0.0818）	0.6668*** （0.0826）	0.6216*** （0.0767）
ln*S*	0.4901*** （0.0154）	0.5124*** （0.0159）	0.4829*** （0.0173）	0.4956*** （0.0166）	0.4909*** （0.0154）
ln*G*	0.0602 （0.0956）	0.2584*** （0.1046）	0.0221 （0.1050）	0.0966 （0.1032）	0.0753 （0.0960）
Cons	0.0915** （0.0516）	0.5985*** （0.1769）	0.1242** （0.0626）	0.1107** （0.0532）	0.0789 （0.0523）
个体效应	YES	YES	YES	YES	YES
R^2	0.9830	0.9654	0.9836	0.9813	0.9831
F 统计量	1251.33	1345.57	1247.66	1250.45	1259.06
p 值	0.0000	0.0000	0.0000	0.0000	0.0000
观测值数	248	248	248	248	248

注：括号中数字为标准误。* 为 10% 水平显著，** 为 5% 水平显著，*** 为 1% 水平显著。

表 5-9 的结果显示，资本积累（ln*Salary*）对于全要素生产率（ln*TFP*）的作用最明显，且在 1% 的水平下显著，说明职业教育可以以知识积累与迭代的模式加速现有资本积累。另外，创新驱动（ln*Rd*）、产业结构（ln*C2*、ln*C3*）、就业（ln*Unemp*）等机制对全要素生产率（ln*TFP*）也都具有促进作用，为验证前文理论分析中职业教育促进经济高质量发展的作用机制提供了经验证据。

在深入研究我国职业教育影响因素时，应该比较具体而深刻地认识各地区的关键变量差别，而根据中国四大区域板块分类准则，本书将我国按照地域进行划分，具体按东北地区、东部地区、中部地区和西部地区依次展开研究。依照上文，本模块依旧沿用固定效应模型，如表 5-10 所示。

表 5-10　分地区的全要素生产率回归结果

	全国	东部	中部	西部	东北部
ln*Unemp*	−0.0489*** （0.0150）	−0.0712** （0.0202）	−0.0133 （0.0172）	−0.0259 （0.0280）	−0.0167 （0.0144）

续表

	全国	东部	中部	西部	东北部
ln*Salary*	0.0886*** （0.0207）	0.1247*** （0.0401）	0.0618** （0.0266）	0.0952** （0.0400）	0.0272 （0.0212）
ln*Rd*	0.0014*** （0.0002）	0.0093** （0.0038）	0.0078** （0.0033）	0.0021 （0.0016）	0.0072** （0.0026）
ln*C2*	0.1097*** （0.0562）	0.0963** （0.0557）	0.0843 （0.1028）	0.0814 （0.1479）	0.0895** （0.0487）
ln*C3*	0.0545 （0.0647）	0.1845** （0.0875）	0.0859 （0.0985）	0.0930 （0.1803）	0.1315** （0.0567）
ln*J*	0.0123** （0.0129）	0.0552*** （0.0101）	0.0260 （0.0151）	0.0562** （0.0301）	0.0278** （0.0119）
ln*S*	0.5086*** （0.0171）	0.5381*** （0.0165）	0.3928*** （0.0191）	0.5162*** （0.0405）	0.3390*** （0.0241）
ln*K*	0.2092*** （0.0164）	0.1459*** （0.0281）	0.2218*** （0.0252）	0.1990*** （0.0281）	0.2644*** （0.0138）
ln*T*	0.8245*** （0.0879）	0.8225*** （0.1094）	0.9533*** （0.0601）	0.9053*** （0.1812）	0.6884*** （0.0895）
ln*V*	0.4879*** （0.0086）	0.4502*** （0.0131）	0.5979*** （0.0076）	0.4635*** （0.0177）	0.5824*** （0.0060）
ln*G*	0.2890** （0.1103）	0.3497** （0.1446）	0.0800 （0.0924）	0.3163 （0.2635）	0.1371*** （0.0503）
Const	0.7287*** （0.2662）	0.0857 （0.4568）	0.0719 （0.3933）	0.5520 （0.5314）	0.3596 （0.2821）
个体效应	YES	YES	YES	YES	YES
R^2	0.9626	0.9243	0.9939	0.9677	0.9937
F 统计量	913.37	1087.07	1163.49	223.37	10084.55
P 值	0.0000	0.0000	0.0000	0.0000	0.0000
观测值数	248	80	48	96	24

注：括号中数字为标准误。* 为 10% 水平显著，** 为 5% 水平显著，*** 为 1% 水平显著。

从表 5-10 可以看出，区域教育结构（ln*S*）、科研条件（ln*K*）、师资情况（ln*T*）、人才培养水平（ln*V*）对于所有地区都有正向促进作用，且在 1% 水平下显著，说明这些要素对职业教育促进经济高质量发展在各个地域都具有重要意义。创新驱动（ln*Rd*）对于全要素生产率的提升存在地区异质性，孟望生和徐进[①]、蔡文伯和刘爽[②] 等学者为我们论证了职业教育经费的投入虽在短时间内不能明显产生对于当地经济发展的溢出效应，但是对于长期推进高质量、有地域特色的职业教育院校发展具有极大的促进作用；对于欠发达地区的职业教育集中发力，更加可以为拉动区域经济增长弹性带来绝对优势。

资本积累（$\ln Salary$）对于所有地区都有正向促进作用，且对于西部地区作用力最强，利用边际效用递减原理分析，西部地区人均收入相对其他地区较低，因此提高收入对于资本积累的作用更大。

再从劳动与就业角度分析（$\ln Unemp$），由于该指标使用的为失业率，则失业率越低，全要素生产率越高，由表5-9可知，$\ln Unemp$ 对于所有地区均有正向促进作用，且对于东部地区作用最强。结合前文各个地域间职业院校的学校数量与学生数来看，东部地区拥有数量最多的职业教育院校与学生。所以，相对而言，该项指标也表明了在东部地区除拥有最多的就业人口外，还拥有更为丰富的就业资源。

从产业结构升级角度来看（$\ln C2$，$\ln C3$），职业教育对东部和东北部产业升级的作用力更强，且相对而言对第三产业的作用力更优，产业结构的优化升级是指国民经济的发展重心从第一产业过渡到第二产业再向第三产业优化升级的同时进行第三产业内部的优化升级，也论证了职业教育对于产业结构的优化升级具备先导性作用，这与杜育红和赵冉[③] 的研究一致。另外，这也论证了职业教育对于壮大我国实体经济并发展转型升级的重大意义。

师资力量（$\ln T$）的提升对于全要素生产率的推动作用巨大，这是因为，专任教师的水平（$\ln T$）可以最为直接地带动当地职业教育院校学生的技能水平，帮助完成更为复杂的技能型训练任务。

---

① 孟望生，徐进. 财政教育投入的经济增长外溢性实证检验 [J]. 统计与决策，2020，36（13）：129-133.

② 蔡文伯，刘爽. 我国中等职业教育生均经费支出的区域差异实证分析 [J]. 职业技术教育，2020，41（15）：37-42.

③ 杜育红，赵冉. 教育在经济增长中的作用：要素积累、效率提升抑或资本互补？ [J]. 教育研究，2018，39（5）：27-35.

人才培养水平（$\ln V$）对于各个地区全要素生产率都有着较为显著的促进作用。李欣欣[1] 也论证了人才培养体系的构建对于高质量经济发展模式转变的重要意义。

科研条件（$\ln K$）、教育经费投入（$\ln J$）对于各个地域间的全要素生产率影响也都是正向促进的，且都为 1% 水平显著，论证了加大经费投入、提升职业教育院校的科研条件对于经济发展具有促进作用，这个也与徐辉和李明明[2] 研究的西部地区教育投入对经济贡献影响的结论不谋而合，证实了加大职业教育投入对高质量经济发展利好。陈丽君和陈雪萍[3] 通过对 1985—2020 年我国权威部门发布的所有与职业教育治理能力现代化相关的文件进行 Nvivo 编码分析，得出了与本书一致的结论。虽然我国的职业教育经费投入体系是兼顾效率与公平的设计体系，但从结果来看，在存在技能偏态型的区域发展情形下，我国现有的教育经费投入整体上缺乏对于农村、偏远地区等的资源再分配，此结果与祁占勇和王志远[4] 所得结论一致。

从地区人均生产总值增长率（$\ln G$）来看，可以最为直观地分析出职业教育发展提升与经济发展具有同趋势增长关系，且各个地域也均有明显提升，最为直观地论证了本书的研究意义。陶蕾和杨欣[5] 基于 DEA 和 Malmquist 指数模型对于 2009—2013 年全国的职业教育资源配置效率进行了动态测评，本书在基于陶蕾和杨欣（2015）对于资源配置效率的划分标准进行进一步观察后得出与之相一致的结论，即我们需要通过科学分析各地域间的资源配置差异来进一步调整各地域的职业教育资源投入来提升资源利用率。

---

① 李欣欣. 加快促进教育发展模式与经济发展方式转变相适应 [J]. 中国党政干部论坛，2010（8）：4–5+8.
② 徐辉，李明明. 和平解放以来国家对西藏教育投入及其对经济贡献的实证研究 [J]. 西藏民族大学学报（哲学社会科学版），2021，42（2）：24–30+153.
③ 陈丽君，陈雪萍. 我国职业教育治理体系和治理能力现代化的 Nvivo 研究 [J]. 教育与职业，2020（21）：5–12.
④ 祁占勇，王志远. 经济发展与职业教育的耦合关系及其协同路径 [J]. 教育研究，2020，41（3）：106–115.
⑤ 陶蕾，杨欣. 我国中等职业教育资源配置效率评价及分析——基于 DEA-Malmquist 指数模型 [J]. 教育科学，2015，31（4）：26–31.

结合第一小节的五个假设分析，职业教育可以通过产业结构（lnC）、就业质量（lnUnemp）、资本积累（lnSalary）、创新驱动（lnRd）四大方面来进一步提升我国经济高质量发展。这也从实证方面论证了第三章的相关理论分析。

由于模型中使用的解释变量较多，因此可能存在多重共线性问题，需要使用方差膨胀因子（VIF）进行检验，结果如表 5-11 显示。

表 5-11　方差膨胀因子

变量	VIF
lnUnemp	1.55
lnSalary	4.27
lnRd	1.75
lnC3	5.84
lnC2	5.13
lnK	2.20
lnT	2.13
lnG	1.75
lnV	1.61
lnS	1.56
lnJ	1.50
Mean VIF	2.66

从表 5-11 的结果可以看出，lnC2 和 lnC3 的 VIF 比较大，但一般来说，VIF<10 时，多重共线性问题可以忽略，因此通过数据表明，模型不存在严重的多重共线性问题。

5.2.5　内生性检验

5.2.5.1　目的与方法

为得到一致性估计，规避逆向因果、遗漏变量等问题所导致的内生性，所以本书特在此进行进一步的内生性检验。

内生性检验的方法之一是工具变量法，而对于面板数据来说，滞后一期的变量是与解释变量相关的，但与本期的扰动项并不相关。因此，选择滞后项作为工具变量满足排他性约束，就可以使用工具变量法进行内生性的消除，具体分为两步：

1. 用内生变量对解释变量进行回归，获得拟合值；

2. 用拟合值对被解释变量进行回归。

也就是说，要分别进行以下两个步骤。

首先进行如下回归，

$$R_{it} = \alpha_1 + \beta_2 X_{it} + \beta_3 R_{i,t-1} + \varepsilon_1 \qquad (5-12)$$

得到的拟合值记为 $\widehat{R_{it}}$ 再进行如下回归，

$$y_{it} = \alpha_2 + \beta_2' X_{it} + \beta_3' \widehat{R_{it}} + \varepsilon_2 \qquad (5-13)$$

在此之后，需要对工具变量进行检验。一般分为两个检验。

一是弱工具变量检验。可以通过观察第一阶段模型的F统计量，若显著，则不是弱工具变量[①]。

二是过度识别检验。这个检验只在选用两个及以上的工具变量时做，只选用一个工具变量时不做，此时只能恰好识别，不能过度识别。若选用多个工具变量，且发现过度识别，可以尝试去掉弱工具变量[②]。

一个经济指标除受当期值影响外，还有可能受到滞后变量的影响。所谓滞后变量，就是当期之前 k 期的值。若总计含有 T 期的数据，则 $k = 1, 2, \cdots\cdots, T-1$。也就是说，记当期指标为 y_t，则滞后变量记作 $y_{t-1}, y_{t-2}, \cdots\cdots$。

[①] STOCK J H, YOGO M.Testing for Weak Instruments in Linear IV Regression.[M]//D. W. K. Andrews, J. H. Stock. Identification and Inference for Econometric Models: Essays in Honor of Thomas Rothenberg. New York: Cambridge University Press, 2005: 80−108.

[②] STOCK J H, WRIGHT J H, YOGO M. A Survey of Weak Instruments and Weak Identification in Generalized Method of Moments[J]. Journal of Business and Economic Statistics[J].2002, 20(4)：518−529.

特别说明的是，加入滞后变量会损失样本量，因为使用 k 期滞后变量时，最初 k 期的数据就无法拿到，因此无法滞后。

当基准面板数据回归模型为如下式时：

$$y_{it} = \alpha + \beta_1 R_{it} + \beta_2 X_{it} + \varepsilon_{it} \qquad (5\text{--}14)$$

其中 i 为截面变量，t 为时间变量。一般来说，加入滞后变量是直接加入内生解释变量的滞后项，即此时模型公式（5-14）变为：

$$y_{it} = \alpha + \beta_1 R_{it} + \beta_2 X_{it} + \beta_3 X_{i,\,t-1} + \varepsilon_{it} \qquad (5\text{--}15)$$

如果公式（5-15）中 β_3 显著，则说明前一期的变量确实能够显著影响当期的值。

5.2.5.2 回归结果

由于资本积累过程本身存在时间滞后问题，所以可能因此存在内生性问题，即当期的全要素生产率可能受到过去积累的资本影响。表 5-12 和表 5-13 分别为运用工具变量法进行两阶段回归的结果，工具变量为 ln$Salary$ 的滞后项，即为 L.ln$Salary$，第二阶段中的 ln$Salary$ 是从第一阶段回归中得到的拟合值。

表 5–12　第一阶段回归结果

自变量	统计值	自变量	统计值	自变量	统计值
ln$G$	0.6158***（0.0503）	ln$S$	0.0100（0.0105）	ln$Unemp$	−0.0235***（0.0066）
ln$C2$	0.0868***（0.0357）	ln$K$	0.0058（0.0096）	lnRd	0.0019*（0.0011）
ln$C3$	0.1220***（0.0409）	ln$T$	0.0378（0.0456）	L.ln$Salary$	0.9872***（0.0102）
ln$J$	0.0113（0.0075）	ln$V$	0.0002（0.0041）	Const	0.3299***（0.1378）
$F=5128$		$R^2=0.9989$		观测值 =186	

注：被解释变量为 ln$Salary$。括号中数字为标准误。* 为 10% 水平显著，** 为 5% 水平显著，*** 为 1% 水平显著。

表 5-13　第二阶段回归结果

自变量	统计值	自变量	统计值	自变量	统计值
ln*Salary*	0.1029***（0.0229）	ln*J*	0.0012（0.0149）	ln*V*	0.4718***（0.0101）
ln*G*	0.3318***（0.1157）	ln*S*	0.4962***（0.0215）	ln*Unemp*	0.0441***（0.0162）
ln*C2*	0.1058（0.0697）	ln*K*	0.2428***（0.0200）	ln*Rd*	0.0002（0.0024）
ln*C3*	0.0079（0.0811）	ln*T*	0.8923***（0.1001）	Const	−0.9612***（0.3051）
Wald Chi^2 = 14137.59		R^2 = 0.9657		观测值 = 217	

注：被解释变量为 ln*TFP*。括号中数字为标准误。* 为 10% 水平显著，** 为 5% 水平显著，*** 为 1% 水平显著。

通过工具变量回归得到被解释变量的一致性估计，消除了可能存在的内生性，通过第一阶段回归的 F 统计量可以检验工具变量是否为弱工具变量。就本书而言，F 统计量为 5128，P 值为 0，小于 0.01，所以拒绝原假设，不是弱工具变量。此外，因为只选择了一个工具变量，因此不存在过度识别问题，无须进行过度识别检验。

通过表 5-12 和表 5-13 的结果可以发现，ln*G*、ln*S*、ln*K*、ln*T*、ln*V*、ln*Unemp* 在 1% 的水平下显著，ln*Rd* 在 10% 的水平下显著。这说明，创新驱动、资本积累、人力投入、物质投入、地区经济水平、当地人才培养水平、地区教育结构、实体经济发展、就业情况等都对于职业教育的促进作用较强，第三产业和目前的职业教育招生情况对应的促进作用相对较弱。

5.2.6　稳健性检验

为进一步考察指标解释能力的稳健性，本节适当改变前文部分指标来检验结果与前文是否保持一致性。

第一，基于戴翔和王如雪[①] 的做法，将人均收入从当年价（ln*Salary*）换为不变价（ln*pSalary*）。文中，人均收入用于反映资本积累，但如果物价飞涨，则实际资本则并无很多实质积累，因而经济发展也难谈高质量，

---

① 戴翔，王如雪. 中国"一带一路"倡议的沿线国家经济增长效应：质还是量 [J]. 国际贸易问题，2022（5）：21-37.

职业教育则更是无稽之谈。因此，剔除了物价影响的人均收入可能更适合用于度量资本积累。

第二，用二、三产业的比值（lnC23）来代替各自的比重（lnC2、lnC3）。这样既能够反映三大产业的产业结构，又能避免可能存在的相关关系。

第三，科研成果产出需要大量的科研经费，但假设总教育经费不足时，科研经费比重（lnRd）再大，科研成果的产出也是很困难的；反之，若教育总经费很大，即使该比重很小，科研经费也可能很多，产出成果也很多。综上，职业教育学校研发经费（lnocprd）换为科研经费比重（lnRd）。

第四，发展职业教育的一大目的就是为我国制造业发展提质赋能，用规模以上工业企业的研发经费（lnindrd）替换科研经费比重（lnRd），可以更直观看出职业教育发展对制造业的影响程度（见表5-14）。

表 5–14　稳健性检验结果

	（1）	（2）	（3）	（4）
ln*Rd*	0.0058*** （0.0022）	0.0065*** （0.0023）		
ln*Salary*		0.1001*** （0.0189）	0.8968*** （0.0207）	0.0871*** （0.0214）
ln*C2*	0.0934* （0.0561）		0.1111** （0.0561）	0.1041* （0.0590）
ln*C3*	0.0322 （0.0645）		0.0556 （0.0647）	0.0518 （0.0654）
ln*Unemp*	−0.0504*** （0.0149）		0.0488*** （0.150）	0.0489*** （0.0150）
ln*C23*		0.0340** （0.0186）		
ln*ocprd*			0.0059** （0.0023）	
ln*indrd*				0.0071** （0.0069）
ln*pSalary*	0.1231*** （0.0255）			
Const	−0.8805*** （0.2691）	−0.9775*** （0.2019）	−0.7195*** （0.2676）	−0.7514*** （0.2699）
个体效应	YES	YES	YES	YES
控制变量	YES	YES	YES	YES
R^2	0.9511	0.9616	0.9625	0.9597

续表

	（1）	（2）	（3）	（4）
F 统计量	933.82	999.49	912.75	912.64
P 值	0.0000	0.0000	0.0000	0.0000
观测值数	248	248	248	248

注：括号中数字为标准误。* 为 10% 水平显著，** 为 5% 水平显著，*** 为 1% 水平显著。

表 5-14 可以看出，第一，人均收入从当年价（ln$Salary$）换为不变价（ln$pSalary$）后作用效果不变，具有较强的促进作用，且在 1% 水平显著。论证了职业教育对剔除物价影响的人均收入仍然具有促进作用。

第二，用二、三产业的比值（ln$C23$）来代替各自的比值（ln$C2$、ln$C3$）后，两者也依旧为正向促进作用，论证了职业教育可以促进产业结构升级的重要作用。

第三，教育资源的投入是衡量质量的重要指标，职业教育学校的科研经费比重（ln$ocprd$）换科研经费（lnRd）后，仍然具有正向促进作用，且作用水平显著。这说明科研投入是职业教育实现创新驱动的源泉，可以为产业研发、学生创新能力培养提供不竭动力。

第四，用规模以上工业企业的研发经费（ln$indrd$）替换研发投入比率（lnRd），发现规模以上工业企业的研发经费（ln$indrd$）的投入对于经济发展的质量提升也具有正向提升，且作用效果显著，为职业教育促进制造业发展提供了有力支撑。

总体来看，在控制宏观因素变化后，核心解释变量依旧具有正向促进作用，与前文论证结果基本一致。

5.3 职业教育促进经济高质量发展的扩展性分析

5.3.1 职业教育促进经济高质量发展的空间相关性分析

在经济高质量发展背景下，职业教育东西部协作是扶贫常态化的应然之举[1]。前文分地区样本回归分析论证了我国东西部地区的经济区域差异，以及地区对应产业分布情况对职业教育的地区发展可能存在差异。职业教育对于经济高质量发展的促进作用可能有多种来源：一是一个地区培训出的职业教育学生可能由于人口流动等因素带动其他地区的经济发展，二是职业教育相关政策也可能对经济高质量发展产生促进作用。以下依次进行分析。

5.3.1.1 空间相关性检验

本书首先依据莫兰（Moran）[2] 提出的 Moran's I 指数进行空间相关性检验，之后建立空间权重矩阵，使用空间面板数据模型进行回归分析。

对于一个样本，设变量 y 在第 i 个空间单元的观测值，其中 $i=1, 2, \cdots\cdots,$ N，N 为空间单元总数，并设变量均值为 $\bar{y}$。设 W_{ij} 为空间权重矩阵的一个元素，其和为 $S_0 = \sum_{i=1}^{N} \sum_{i=1}^{N} W_{ij}$，则 Moran's I 的表达式为：

$$I = \frac{N}{S_0} \frac{\sum_{i=1}^{N} \sum_{j=1}^{N} W_{ij}(y_i - \bar{y})(y_j - \bar{y})}{\sum_{i=1}^{N}(y_i - \bar{y})^2} \quad (5-16)$$

该统计量的范围一般是 $I \in [-1,1]$，正值表示正空间自相关或空间集聚，负值表示负空间自相关或空间分散，0 表示空间上随机分布。Moran's I 的一个不足是，无法判断计算得到的指数是否显著。因此一个常用的做法是，可以将其转换为 Z 值，在标准正态分布下进行检验。此外，Moran's I 指数属于截面数据的特征，对于面板数据一般有两种方法能够处理：一是每年做一个 Moran 指数，二是对各年的变量值的均值做一个 Moran 指数，本书选择前者。

公式（5-16）表示全局的自相关，而安瑟兰（Anselin）[3] 对其进行了修改，提出了局域空间自相关统计量，其表达式为：

① 王建. 教育缓解相对贫困的战略与政策思考 [J]. 教育研究，2020，41（11）：11-21.
② MORAN P A. Notes on Continuous Stochastic Phenomena[J]. Biometrika, 1950,37(1/2):17-23.
③ ANSELIN L. Local Indicators of Spatial Association-LISA[J]. Geographical Analysis, 1995,27(2):93-115.

$$I_i = \frac{y_i - \bar{y}}{S_i^2} \sum_{j \neq i}^{N} W_{ij}(y_i - \bar{y}) \quad\quad (5\text{--}17)$$

其中 S_i^2 的定义为：

$$S_i^2 = \frac{\sum_{j \neq i}^{N} W_{ij}}{N-1} - \bar{y}^2 \quad\quad (5\text{--}18)$$

局域指数和全局指数可以一致，也可以相反。也就是说，空间自相关可能仅仅在局部存在而全局不存在，也可能在全域空间都存在。在某些情况下，局域空间自相关的分布模式甚至可能和全局相反。

加入空间自相关性后，面板数据模型变为面板数据空间滞后模型，同样地，模型分为固定效应和随机效应模型，其模型形式为：

$$y_{it} = \rho \sum_{i=i}^{N} W_{ij} y_{it} + X_{it}\beta + \mu_t + \varepsilon_{it} \quad\quad (5\text{--}19)$$

其中，μ_t 为固定或随机效应。估计空间面板数据模型参数的方法，一般使用极大似然估计（MLE）法。本书沿用前文的设定，采用固定效应模型。

本节将对我国 31 个省份的职业教育对经济高质量发展的影响程度做空间相关性检验。判断局部相关性的一个方法是 Moran 散点图，图中过原点的倾斜直线的斜率为全局 Moran 指数，图像分为四个象限，第一象限为高值集聚，第三象限为低值集聚，第二、四象限为低—高集聚和高—低集聚。图 5-3 为 2013—2020 年的 Moran 散点图。

图 5-3 表明，8 幅图的倾斜直线大多斜率为正，说明地区间的职业教育对经济高质量发展的影响具有正向效应。此外，第一象限的地区多为东部省份，第三象限多为西部省份。基于此，可以验证前文的分样本回归的结果，也为 2016—2020 年职业教育"东西协作"政策的实施效果提供检验依据。

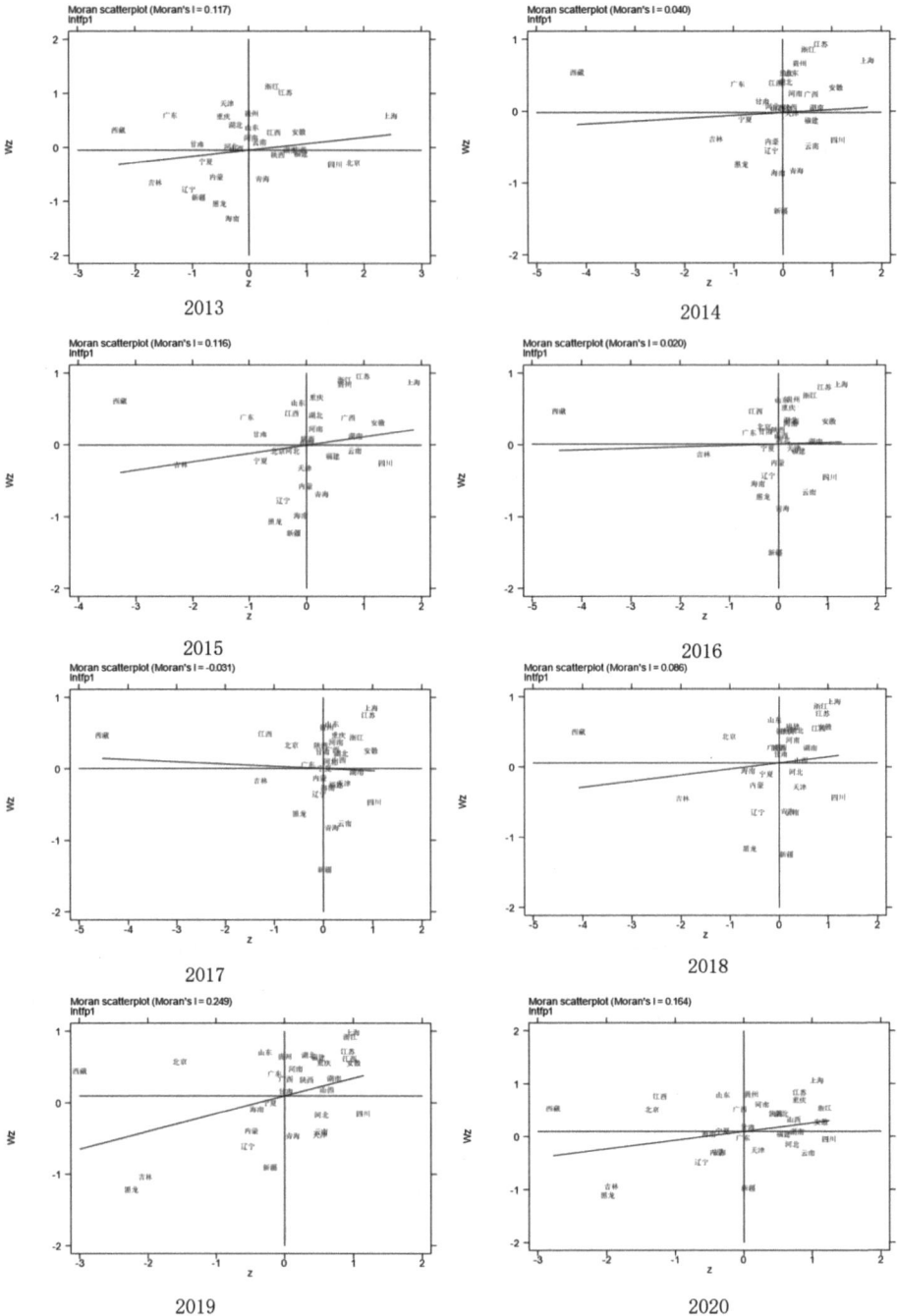

图 5-3　2013—2020 年 Moran 散点图

5.3.1.2 全局与局部 Moran's I 指数

为了探究各省与全国的职业教育对经济高质量发展的空间相关性与异质性，本书根据图 5-3 制作了表 5-15，汇总了各省的局部 Moran's I 指数和全国的 Moran's I 指数。

表 5-15　2013—2020 年各省与全国的 Moran's I 指数

	2013	2014	2015	2016	2017	2018	2019	2020
北京	−0.635	0.000	0.068	−0.063	−0.190	−0.407	−0.842	−0.629
天津	−0.293	0.014	0.011	−0.031	−0.106	−0.145	−0.266	−0.066
河北	0.013	0.005	0.031	0.003	0.009	−0.042	−0.121	−0.150
山西	0.017	0.000	0.000	0.005	0.026	0.021	0.090	0.200
内蒙古	0.356	0.104	0.008	0.004	0.012	0.141	0.216	0.145
辽宁	0.915	0.139	0.340	0.099	0.033	0.306	0.358	0.340
吉林	1.207	1.597	0.734	0.274	0.277	1.000**	2.284***	1.985***
黑龙江	0.585	0.678	0.631	0.246	0.336	0.744	2.923***	2.379***
上海	1.349*	1.182**	1.601***	1.067**	0.813*	1.034**	0.971***	1.117***
江苏	0.636**	0.722**	0.932***	0.751**	0.673**	0.665*	0.642***	0.657***
浙江	0.455	0.451	0.597*	0.439	0.278	0.728**	0.867**	0.590**
安徽	0.209**	0.323	0.347	0.311	0.210	0.512*	0.535	0.257
福建	−0.162	−0.102	−0.096	−0.055	−0.671	0.155	0.301	−0.006
江西	0.101	−0.049	−0.101	−0.199	−0.535*	0.425	0.558*	−0.888**
山东	0.020	0.098	−0.080	0.645	0.110	−0.056	−0.188	−0.227
河南	0.006	0.056	0.032	0.067	0.090	0.101	0.074	0.154
湖北	−0.082	0.025	0.066	0.080	0.064	0.182	0.231	0.213
湖南	−0.080	0.007	0.070	0.003	−0.063	0.152	0.224	0.027
广东	−0.762	−0.312	−0.362	−0.074	−0.004	−0.024	−0.051	0.001
广西	−0.092	0.117*	0.253	0.085	0.044	0.005	0.008	−0.025
海南	0.401	0.081	0.101	0.248	−0.031	0.064	0.055	0.003
重庆	−0.233	−0.040	0.115	0.103	0.138	0.080	0.307	0.532

	2013	2014	2015	2016	2017	2018	2019	2020
四川	−0.584*	−0.514	−0.427	−0.539**	−0.549*	−0.602*	−0.236	−0.135
贵州	0.035	0.227	0.550	0.187	0.041	0.040	0.008	0.088
云南	0.008	−0.327	−0.108	−0.459	−0.363	−0.196	−0.249	−0.355
西藏	−0.625	−2.142***	−1.918***	−1.968***	−1.975***	−1.920***	−1.236***	−1.362***
陕西	−0.101	0.001	0.001	0.000	−0.012	−0.803	0.093	0.181
甘肃	−0.010	−0.041	−0.090	−0.038	−0.002	0.004	0.003	0.007
青海	−0.163	−0.265	−0.204	−0.085	−0.161	−0.125	−0.866	0.129
宁夏	0.249	0.120	0.219	0.020	−0.001	0.039	0.009	−0.014
新疆	0.895*	0.055	0.290	0.101	−0.047	0.199	0.204	0.070
全国	0.117	0.040	0.116	0.020	0.031	0.086	0.249**	0.164*

注: * 为10%水平显著, ** 为5%水平显著, *** 为1%水平显著。

通过表5-15可以看出, 东部地区的省份在职业教育促进经济高质量发展上具有空间相关性, 而西部具有空间异质性。也就是说, 东部地区更能够吸引周边地区的优质资源, 西部地区由于周围缺乏优质资源, 故无法提高自身及周边的经济发展质量。

5.3.2 职业教育促进经济高质量发展的政策效应分析

为了探究职业教育对于经济高质量发展是通过何种政策途径实现的, 本书采用双重差分法分析其政策效应, 使用的回归方程如下:

$$\ln TFP_{it} = \alpha_0 + \alpha_1 year_i + \alpha_2 treat_t + \alpha_3 year_i * treat_t + X\beta + \varepsilon_{it} \quad (5-20)$$

其中, year表示时间虚拟变量。treat表示政策是否实施, 仅在政策作用地区且时间在政策制定后时为1, 否则为0。X为控制变量向量, 与前文一致。本书检验的是东西部帮扶政策对于职业教育提升经济发展质量的政策效果, 因此时间以2016为区分点, 政策仅作用于东部地区, 其中具体包含的省份与前文一致 (见表5-16)。

表 5-16 东西部帮扶政策的效果检验

自变量	回归系数	自变量	回归系数	自变量	回归系数
$\ln G$	0.0930 （0.1110）	$\ln K$	-0.1787*** （0.0165）	$\ln Rd$	0.0003 （0.0021）
$\ln C2$	0.0551 （0.0551）	$\ln T$	-0.8424*** （0.0824）	year	-0.0323*** （0.0059）
$\ln C3$	0.0885 （0.0615）	$\ln V$	-0.4808*** （0.0081）	treat	-14.5303*** （4.4906）
$\ln J$	-0.0108 （0.0122）	$\ln Unemp$	0.0502*** （0.0142）	year * treat	0.0072*** （0.0022）
$\ln S$	0.5073*** （0.0160）	$\ln Salary$	0.4072*** （0.0631）	const	61.2471*** （11.3173）
F=832.75		R2=0.7659		观测值 =248	

注：被解释变量为 $\ln TFP$。括号中数字为标准误。* 为 10% 水平显著，** 为 5% 水平显著，*** 为 1% 水平显著。

根据表 5-16 的结果可以看到，交叉项 year*treat 的结果为 0.0072，说明东西部帮扶政策约能够提升全要素生产率的对数约 0.72%，且该效果在 1% 水平下显著。

双重差分法的使用前提是要满足平行趋势假设。假定原假设 H_0 为线性趋势在 2016 年前是平行的，经检验，F 统计量为 $F(1,30)=1.84$，$p=0.1856>0.1$，因此无法拒绝原假设，平行趋势假设是满足的。

模型的检验结果可能是由随机因素导致的。因此，本书使用更换政策提出时间的方法，检验双重差分的结果的可靠性。除 2016 年的东西部帮扶政策外，2019 年还提出了职业教育扩招的政策，本书的安慰剂检验就以 2019 年为节点。表 5-17 报告了安慰剂检验的结果。

表 5-17 安慰剂检验结果

自变量	回归系数	自变量	回归系数	自变量	回归系数
$\ln G$	0.1408 （0.1114）	$\ln K$	-0.1754*** （0.0165）	$\ln Rd$	-9.67e-06 （0.0021）
$\ln C2$	0.0475 （0.0547）	$\ln T$	-0.8357*** （0.0820）	year	-0.0330*** （0.0060）
$\ln C3$	0.0818 （0.0611）	$\ln V$	0.4816*** （0.0081）	treat	-32.9465* （19.3148）
$\ln J$	-0.0159 （0.0122）	$\ln Unemp$	0.0495*** （0.0141）	year * treat	0.0163* （0.0096）

续表

自变量	回归系数	自变量	回归系数	自变量	回归系数
ln*S*	0.5077*** （0.0160）	ln*Salary*	0.4201*** （0.0640）	const	62.4199*** （11.4720）
F=828.74		R^2=0.7598		观测值 =248	

注：被解释变量为 ln*TFP*。括号中数字为标准误。* 为 10% 水平显著，** 为 5% 水平显著，*** 为 1% 水平显著。

表 5–17 的结果可以表明，交叉项的系数变为 0.0163，但仅在 10% 的显著性水平下显著，说明全要素生产率的提高更可能是由东西部帮扶政策，而并非是由职业教育扩招政策带来的。所以，表 5–15 东西部帮扶政策的效果检验结果是可靠的。

5.4 实证研究结果

本节结合了职业教育促进经济高质量发展的机制进行实证研究，认为我国的职业教育发展对于经济发展质量具有正向提升，但是由于地域间资源禀赋不同，各地区间差异明显，西部和东北部地区应在未来扩大职业教育的各项指标投入，大力发展中国特色现代职业教育体系。在此结论基础上，本节细致分析了职业教育促进经济高质量发展的实现路径。

5.4.1 研究结论

本书采用 Färe-Primont 全要素生产率指数法，系统分析了十八大以来 31 个省份中等职业教育的发展变化情况，并通过建立面板模型考察了全要素生产率的影响因素。结果显示，第一，全国的职业教育全要素生产率比重都在逐渐提高，且职业教育在扩大资本积累、消除贫困、实现创新驱动、优化产业结构升级和促进就业等方面都起到了正向的促进作用。适当地扩大现有职业教育招生规模，同时对于职业教育院校的整体质量水平进行把控与提升可以对经济高质量发展起到显著促进作用。

第二，各个区域的比重差距明显，不同地区的职业教育投入对于经济高质量发展的影响水平存在客观差异。在西部地区和东北地区，政府应在未来增加对职业教育的各类指标投入，大力发展富有地域特色的现代化职业教育体系。就目前国内产业结构与就业结构来看，东北地区与西部地区产业上的主要抓手为第二产业，但在制造业相关人才的培养上重视程度却相对较低，导致大量人才外流，这也是当地吸收劳动力能力较弱的原因。在职业教育院校未来发展上，应重视对于相关人才的培养偏向，扩大对当地产业发展更有益处的相关专业的招生规模，培养扎根于自身家乡的本土人才。

第三，教育投入有利于缩小地域间生产率差距。教育投入对于不同层级间的全要素生产率影响具有异质性，为教育资源分配、缩小城乡生产率差距与实现乡村振兴提供政策建议。

5.4.2 实现路径

第一，优化要素配置结构，提供要素支持。全要素生产率的提升路径有两个：一是提升劳动效率，劳动效率提升意味着整体单位时间内的产值增加；二是提升资本使用效率并作用于现实市场之中，即通过现在的市场机制作用来实现各个要素之间的结构配置转变。具体来说，就是要通过提升劳动力整体素质水平，优化各地域间物质资本、土地资源等的配置，同时减少要素在流动过程中可能会存在的机制障碍。在职业教育方面，程惠芳和陈超[1] 通过建立生产函数模型发现知识资本对于全要素生产率具有正向促进作用，增强劳动力的知识产出能力可以加速提高全要素生产率，且这种创新所驱动的发展是具有长期可持续促进效用的发展，对于国家的经济高质量发展具有重要意义。

第二，深化企业改革，提高技术效率和规模效率。在全要素生产率的整体提升过程中，需要注重实体经济的重要作用，充分发挥市场竞争功能，注意深化企业改革、刺激民营企业活力、淘汰生产效率相对较低的企业，并对于生产效率较高、创新性较强的优势企业给予支持，促进实体经济高质量发展。在2021年公布的世界500强企业中，中国企业数量就高达143家，年利润更是超出平均利润的33亿美元，其中名次上升最快的为能源领域，

---

① 程惠芳，陈超. 开放经济下知识资本与全要素生产率——国际经验与中国启示 [J]. 经济研究，2017，52（10）：21-36.

但科技与互联网领域的相关公司排位上升幅度却并不明显。在盈利方面，依旧是苹果公司位居榜首，而中国科技类企业的盈利能力相对较弱。经各方面对比来看，我国现在依旧处于"做大"企业的层面上，若想"做强"企业还需要进一步努力。针对目前企业大而不强的情况来看，提升技术效率与规模、激活企业活力可以带来更大的收益成果[①]。

第三，持续发挥技术进步后发优势。从世界 500 强企业中我国高新技术企业占比可以看出，我国现在在高新技术产业方面距离发达国家的差距较大，但也说明我们在这一方面具有强大的后发优势。在刺激技术进步的过程中，我们要抓住后发优势，在产业设备更迭过程中选择先进设备，并将技术专利内嵌到资本投入中，加强对于企业员工的技能培训，从源头把握技术进步，在知识外溢与生产链条迭代发展进程中，促进全要素生产率的持续提升。依据前文对于我国各地域现有生产率的分析，因地制宜，强化企业技术外溢效应，加大对于企业人力资本投资的优惠力度，在学习现有的先进技术与管理经验的同时，提升人力资本质量，加强技术进步的后发优势，使企业在全球竞争中具有强有力的优势。

第四，加大研发（R&D）投入，提高技术进步效率。R&D 资本对于我国的全要素生产率正向影响显著，它表明了国家对于科技活动的支持程度。依据 OECD 的统计数据，我国的 R&D 投入占 GDP 比例从 1996 年的 0.57%增长到了 2019 年的 2.23%，总投资超 2 万亿元。可以看出我国对于技术创新的重视程度，但这个比率相较于美国和日本还存在一定差距[②]。我国要实现技术创新、提高全要素生产率、实现经济增长就必须不断增加 R&D投入。

第五，提高人力资本质量，为提升全要素生产率提供根本保障。由上文的实证分析可以发现，人才质量培养可以对全要素生产率产生显著促进作用，进一步创新现有的人才培养模式，提升接受职业教育培训的人力资本质量对我国经济高质量发展具有显著作用。首先，坚定实施双轨并行的教育体系，坚持"普职比大体相当"政策。职业教育作为帮助成才的主要

① 财富杂志中文版，2021 年第 7 期。
② Wind、东兴证券研究所，2016 年。

途径，在现代职业教育体系中有着重要作用，也是建立中国现代教育系统的重要基石。在整个职业教育体系中，若进一步发展中等职业教育，就必须开拓新思路，可以将部分中职院校作为改革试点，形成一种以职业教育为基础的终身教育机构，并将其职能范围加以扩充，逐步延伸成包括为普通高中提供职业模块课程培训、开展劳动力转移培训等的多方位发展的中等职业院校。其次，需要强调职业教育的就业导向。就业导向的实质就是使用技术技能引导，职业教育的偏向是就是培养适应市场选择的实用性人才，应对学生进行适度引导，培养个性化与多元化的优秀人才。高等职业院校应更加紧密联系产业界，对于生产力发展变化产生的新需求进行及时关注，及时根据客观需求，调整教学目标，科学规划教学进度，培养适应实际市场需求的实用人才。再次，打通职业教育的上升通道，以本科职业教育作为重要突破口，打通现代职业教育体系全通道。目前职业教育的本科建设有三种途径：普通本科转向职业教育本科教育、民办院校开办职业教育本科、高职高专院校中部分办得好的专业尝试开办本科层次专业。建议统筹考虑，以产教融合为基点，办有职业教育自身特色的本科专业。最后，完善与职业类型特征相适应的人才选拔制度。职业教育作为一种类型，针对具体人员的选择要有自己的选拔方式，目前我国的社会分工处于垂直分工的模式，因此教育也应进行垂直分层来培养技术技能性、应用教育性等不同层次人才，建立具有专业特色的人才选拔制度是其发展的必要条件。

第六，推动供给侧结构性改革，逐步增加中等收入群体。习近平在2016 年的中央财经委员会第十三次会议中明确指出："必须强化人力资本，加大人力资本投入力度，着力把教育质量搞上去，建设现代职业教育体系。"坚定不移地推动供给侧结构性改革，精准施策，合理提升社会资源配置效率，有效提高人力资本存量和质量，促进经济高质量发展。推进供给侧结构性改革，增大具有复杂劳动能力的劳动者数量，可以帮助现有企业进一步生产效率。从个人层面来说，可以从事更加复杂的劳动，意味着个人可以获得更多的劳动报酬，通过个人学习提升可以扩宽工作选择范围，增加个人收入。从国家层面来说，这对于扩大中等收入群体、缩小贫富差距、实现高质量发展具有重大意义。

第6章

研究结论与对策建议

在新发展阶段，职业教育肩负着助力构建新发展格局、帮助扩大内需、推动经济高质量发展的重要使命。本研究理论分析了职业教育促进经济高质量发展的重要作用与作用机制，实证验证了理论层面职业教育对经济高质量发展作用机制的有效性。在此基础上，提出相关建议，以更好地实现职业教育对经济高质量发展的促进作用。

6.1 研究结论

本书从马克思主义政治经济学视角，研究建设现代化经济体系背景下，尤其是在经济转型的过程中，职业教育促进经济高质量发展的重要作用与作用机制，即在市场机制的各方作用下，研究如何能够优化职业教育的现有资源配置以促进整体生产效率提升，使得职业教育体系可以达到与国民经济发展的双向协调，进而促进经济高质量发展。基于此，得出如下五点主要结论。

第一，马克思主义政治经济学理论对分析与阐明职业教育促进经济高质量发展的作用机制具有科学指导作用。马克思主义政治经济学、新结构经济学理论等是研究职业教育促进经济高质量发展问题的重要理论基础，对分析与阐明职业教育对经济高质量发展的重要作用具有科学指导作用。本书运用马克思主义政治经济学理论从微观、中观与宏观三个层面论证了职业教育对经济高质量发展的重要作用。在微观层面，马克思主义政治经济学的生产力理论论证了资本的扩张会以渗透或替代的模式加速资本积累、扩大现有生产力，因此适度扩张职业教育的招生规模与经费投入可以促进经济增长；人力资本理论论证了加大人力资本投资，发展职业教育，是提升人力资本的质量与存量、实现经济高质量发展的关键。在中观层面，马克思主义政治经济学的资本有机构成理论论证了提升数据要素生产能力、改善创新要素发展环境可以加速数据增强型技术进步，为我国实现创新高地建设、扩张高技能型人才规模提供可能。在宏观层面，马克思主义政治经济学的社会资本再生产理论证明了提高劳动力收入水平对扩大人民消费品规模具有显著影响，进而影响整体生产资料积累，为研究扩大中等收入群体、构建以扩大内需为战略基点的新发展格局提供了理论基础，为具体分析职业教育与经济高质量发展的辩证关系、阐明职业教育对经济高质量发展的重要作用及其作用机制奠定了理论基础、提供了科学指导。

第二，职业教育是推动经济高质量发展的重要驱动因素。其一，职业教育是立足新发展阶段、贯彻新发展理念、构建新发展格局、推动经济高质量发展的重要驱动。提升经济发展质量，需要高素质与高水平劳动力支撑。伴随着全球化的深入，我国在新发展阶段会更为全面地融入国际分工体系，而深化国际分工就需要更为专业的职业教育培育模式，培养适应需求的复杂劳动力，用以提升我国在全球价值链体系中的竞争能力。其二，职业教育通过分类别细化培训内容，提升劳动力的专项技能；通过对生产力的物化方式推动产业升级，拉动经济高质量发展。本书运用马克思的生产分工理论，分析了企业间不同的内部分工对岗位的技能需求不同。为此，需要职业教育与企业间形成有效衔接，建立符合企业需求与对应岗位发展的职业教育培训课程内容，为不同岗位培育提升企业收益的关键性人力资本，帮助实现产业优化升级，进而促进经济高质量发展。其三，职业教育可以通过就业扶贫模式，帮助提升贫困人口的生产操作能力与科学文化水平，在提高劳动生产率的同时阻断贫困代际传递。职业教育具有培养模式多样、培养范围宽泛的特点，在就业扶贫模式下，利用专项扶贫资金，在贫困地区创建各类扶贫讲习班，依据地域特色专设特色讲习内容，辅助贫困人员实现个人就业技能提升的同时带动当地特色产业发展，全面推进农村产业、人才、文化全方位发展，走上新型城镇化的康庄大道。其四，中等职业教育的发展规模和发展质量对缩小城乡居民可支配收入差距具有积极作用。职业教育扶贫工作的持续推进对扩大中等职业教育生源有着重要作用。职业教育院校的毕业生在就业机会、技能水平等方面都会比没有参与培训的普通求职者更高。因此，职业教育可以通过这种方式改善能力贫困，提升农民收入进而缩小城乡收入差距。其五，职业教育可以扩大中等收入群体，调整收入分配结构，并进一步更新劳动者的现有消费观念。消费不足、产品更新迭代速率减缓，则创新度不足。所以，为保持我国经济的高质量、可持续发展，扩大消费需求是必然环节。

第三，职业教育的资源配置效率影响经济发展质量。合理改善职业教育在经费投入、教师配比等方面的资源配置效率，对提升居民收入、优化地方产业结构等都具有积极作用。其一，职业教育的供给侧改革对经济高质量发展有正向作用。从供给方面来看，高质量发展需要企业拥有强大的创新力、发现与捕捉需求的能力与核心竞争力；从需求来看，高质量发展需要满足人的多样化需求，进而引领供给体系的变化，催生供给结构变革。人才强国等未来发展战略与供给侧结构性改革政策进行完美地契合，要求我们要重视对于技术以及人力资本的积累，通过政策刺激劳动力积极接受职业教育培训来改善我国现有的供给侧结构，增强潜在经济发展动力，优化供给结构。其二，促进经济高质量发展需要解决发展不平衡的问题。发展不平衡的核心问题是收入差距过大，必须大力推进改革创新，发展职业教育，让更多的人获得受教育的机会，让人民大有可为。技能的提升意味着有更多的选择机会，技能的提升是增加个人收入、扩大社会需求、实现共同富裕的基础保障。目前，我国已经消除了绝对贫困，但是怎样从脱贫摘帽走到乡村振兴，进而实现共同富裕是我们接下来要长期研究的问题。实现共同富裕，我们要先增加低收入群体的收入，增加中等收入群体体量，而实现这一目标的前提是我们要拥有足够的物质财富。提升物质财富的根本是生产力发展，让更多的低收入群体有资格进入到财富分配的过程中，职业教育就在此时发挥作用，提升低收入人员的能力，帮助社会提升劳动参与率。

第四，职业教育对经济高质量发展的作用存在区域差异。经济发展过程中要高度重视区域间的平衡与联动，以知识积累与技术进步消除人才溢出对地区经济高质量发展的制约困境、扩大中等收入群体、改善收入分配差距，实现区域经济协同联动发展。其一，职业教育的发展在缩小城乡收入差异方面存在区域差异。在东部地区，由于前些年的政策红利，职业教育的规模发展较为成熟，在缩小收入差异方面发挥着较为积极的作用。中部地区，借助于地理位置和人口数量优势，在教师数量、质量与财政投入方面具有便利条件，在缩小城乡收入差异方面的作用显著。在西部地区和东北部地区，中、高级职称的教师占比、生源整体质量方面相对较弱，职业教育的发展也较为滞后。各个省域间的资源基础、产业结构等存在着巨大差异，对技能人才的需求也存在差异化特征，下一阶段应具体考虑各方差异，精准对接地方，实现职业教育与地方经济的联动。其二，职业教育在重大生产力优化布局方面的后发力存在不足。依据发展极的形成过程与条件来看，重大生产力区域布局需要的不仅是对应特色产业的集聚，更是诸如职业教育培训、医疗设施、实验基地等周边配套的各方保障。但职业教育在特色行业、优势学科方面的发展还存在后发力不足的问题，亟待进一步解决。其三，职业教育的创新集聚效应在各区域间的优势发挥能力存在客观差异。创新要素集聚会对经济高质量发展产生正向促进作用，但是各个城市、产业集聚区等创新能力具有差异化特征，且创新能力水平也参差不齐，要充分发挥创新集聚对经济高质量发展的促进作用，需要高等职业教育、企业、政府的多方积极配合，建设高技能人才创新基地，依据地域特色，做好基础学科的技术保障与核心技术的能力攻关，为创新成果转化提供人力资源。

第五，中国特色职业教育体系建设需要进一步扩大内生动力，支撑"双循环"新发展格局构建。职业教育可以从培育新型职业农民的角度来提升乡村振兴的内生动力，但是依然面临着部分现实困境。农村职业教育是为乡村振兴与农业农村建设而服务的特殊教育类型。从教育对象方面来看，农村职业教育的主要教学对象是农村人口或能够直接为农业生产服务的城市转移人口，相比于传统教育，农村职业教育的服务区域更广，因此能够使更多农村人口得到受教育的机会。职业教育在整体乡村振兴战略中至少可以起到以下几方面作用：其一，培育新型职业农民，为快速提升当地特色产业的生产效率打下人才储备基础；其二，带动地方产业结构优化；其三，提升农民经济收入。具有现代化技术能力的农民，在进行机械化与规模化现代农业生产的同时，必定会带动当地的整体经济水平提升，带动个人工资收入上涨。实现共同富裕的前提就是减少低收入人群的体量，而职业教育正是帮助农民依靠自身提升经济收入的最为直接有效的手段，在阻断农村贫困代际传递的同时实现乡村地区经济高质量发展。

6.2 对策建议

6.2.1 以优化人才发展机制为核心抓手，建设现代化经济体系

6.2.1.1 筑牢中国特色职业教育体系框架

《中华人民共和国职业教育法》（简称"职教法"）自1996年开始施行，但随着经济发展的业态转变，部分内容已经无法满足新时代经济的转型和发展要求，2022年新修订的职教法开始施行，对于企业的作用、职业教育的地位等都做出了更为明晰的规定，在此基础上，我们应尽快完善配套的职业教育体系建设。由于职业教育具有明显的跨界性，因此新型职业教育体系框架的修改还应充分吸纳企业和社会团体等相关群体的意见和建议。在相关内容设置中，应尽力细化职业教育的管理体制，将统筹管理权力集中在地级市以上的教育管理部门，进一步明确各级相关部门的权责关系；对于行业协会参与制定人才培养标准、职业教育师资培养途径等进一步进行体系建设，从政策层面对于企业等各方面团体给予优惠政策，利用多种渠道开发深化校企合作与产教融合，真正发挥政策的导向性作用。

职业教育的一个重要核心点就是"终身教育"，它要求职业教育必须具备强大的包容性，可以容纳各个层次与年龄段的学生，开展符合各个层次文化与职业需求的、具有针对性的特色课程，达到教育面向人人。职业教育的开放性特点要求我们必须要重视与发展可以满足各个层次以及技能型人才所需要的职业教育，建立配套的相关用人制度与选拔要求，以提升技术技能型人才的使用效率，保障企业的经济效益，满足各个层次、各种类别企业的用人需求。

职业教育系统主要可分成三大类，其中公众了解较多的为学校职业教育，对另外两类（行业与企业职业教育培训、社会职业培训）的了解还相对较少。坚持问题导向，应充分发挥职业教育的特性，拓宽普通教育与职业教育在学校教育方面的沟通途径。在社会教育方面，实现多层次的教育培训模式，促进各类人群的技能提升；在行业与企业培训方面，实现全方位的技能培训覆盖。

　　职业教育体系是一个庞大复杂的多维体系，职业教育制度的发展牵涉到与就业制度、人事制度、人才评价体系、社会保障制度等一系列制度的匹配磨合，各个制度之间的匹配程度关系着职业教育的社会效益发挥程度。同时，现代职业教育体系的自身建设过程还受到生产力发展水平以及经济社会发展情况的显著制约。"十三五"规划中首次提出国家资历框架，期望能够形成统一的国家教育标准，并实现将普通教育、职业教育等各类教育类型与不同的培训体系之间的纵向互通，为全民架设起一座灵活的立交桥，成功打通全民学习、终身学习的人才上升通道。

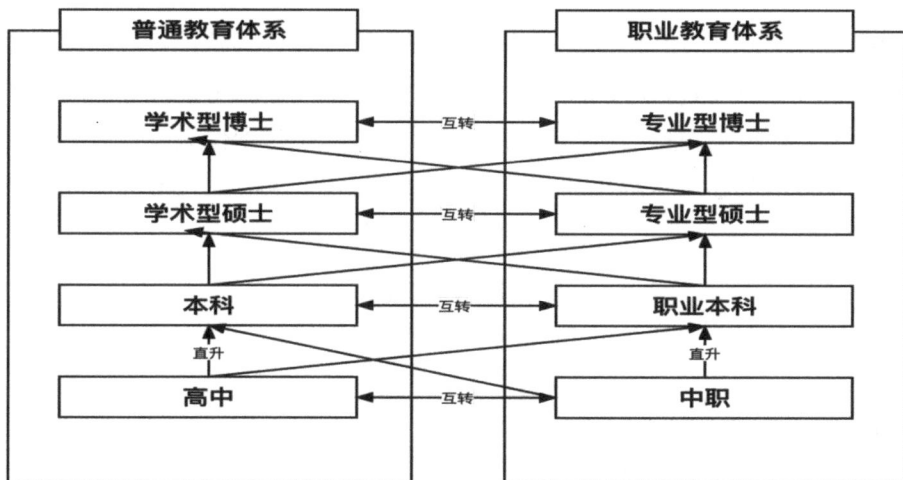

图 6-1　现代职业教育体系架构

　　现代职业教育体系是将普通教育同职业教育关联为不可分割的整体，它是解决我国现存的职业教育认知度问题的关键，也是职业教育体系获得高质量发展的关键。图 6-1 反映了现代职业教育的体系架构，在真正意义上实现了普通教育同职业教育的纵向贯通、横向融通。未来阶段，普通教育应与职业教育进行学分互认与学位认可，使身处于各个阶段的学生都有在两类体系中互换互选的机会，给予学生更多的选择空间。

6.2.1.2 完善技能型社会运行机制，建立适应经济高质量发展的人力资本培育体系

职业教育的最终目的是实现就业。针对就业问题，最有就业需求的是失业人口、贫困人口等，在职业教育体系中应尽量添加更多的普惠政策，为更多有真实需求的人降低门槛，真正做到面向人人的职业教育，促进他们与经济社会的深度融合，促进高质量发展。

技能型社会的运行机制如图 6-2 所示。技能型社会的核心任务是完成技能人才培养，实现技能的良性循环。首先应从国家层面加强对于技能发展的重视程度。其次，加强利益相关者的参与度，尽力加强学校同企业、政府、行业等的合作密集度，帮助雇主更加充分融合到教育与培训的各个环节，采用合作型人才开发路径，从雇主（企业）角度来开展特色的人才评估与需求预测，精准设置专业课程，让学生从工作本位进行学习，建成高技能型现代人才培养模式。最后，应重视社会舆论导向，形成崇尚技能人才的社会氛围，为人才选择提供适宜的社会环境。

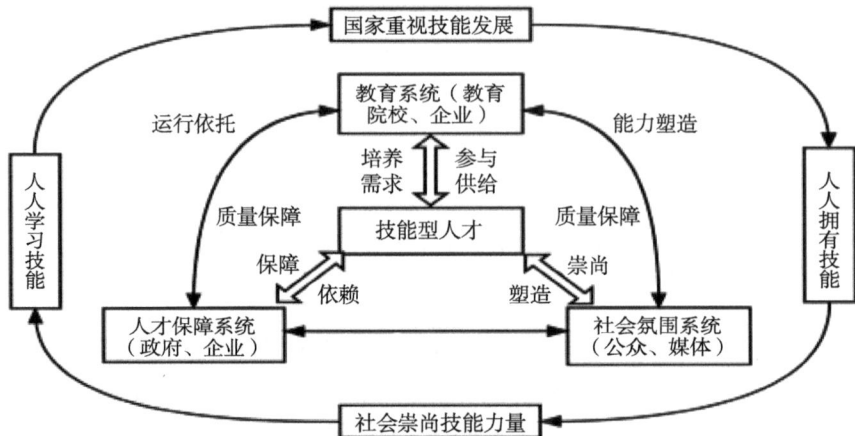

图 6-2　技能型社会运行机制

6.2.1.3 全面推进我国职业教育的现代化建设

以 1985 年国务院颁布的职业教育政策治理为起点，我国职业教育治理体系历经了探索起步（1985—2001 年）、转折调整（2002—2012 年）、治理现代化（2013 年至今）三个重要阶段，将政府部门关于职业教育的治

理从"独治"走向"共治"，逐步扩大了企业、职业学校、行业等在职业教育过程中的治理能力，我国的职业教育也在这个过程中全面推进现代化，但是，在整体转变过程中，职业教育同经济发展的步伐还存在不协调因素。

第一，需要进一步对政策工具的内部结构进行优化，调节结构配置，做到普惠共生。应增加具有激励效应的相关措施，例如，实施税收优惠与金融支持性政策，可以更大程度上刺激社会共生力量的主动参与程度，实现政府、企业、学校等多方面的创新变革，完成多元利益间的体制型整合。职业教育目前所面临的政策环境主要有三方面：一是职业教育目标规划，下阶段应更加明晰其中对于职业教育的功能定位，为未来职业教育发展制定总体的目标规划；二是相关经费投入政策，这是对于职业教育的能力输入的最主要方面，它关系着职业教育的发展能力，下阶段应合理增加职业教育的科研经费等投入，为制造业的相关技术突破提供合理资金保障；三是合理的质量监控机制，它是对于职业教育实现功能性发展的保障措施，合理的监管制度、权责分明的发展模式可以为职业教育的可持续发展带来优化型的模式道路。

第二，加强职业教育的基础设施建设。基础建设的目的是实现教育现代化与教育资源的开放共享模式，增强职业教育治理能力现代化的整体拉动力。这个过程需要政府的财政性拨款、企业的购买服务与合作、人才的海外引进等多方面同时发力，而不是仅依靠政府单向付出。在现有的政策文本中对于各方面的权责关系以及财政拨款额度等方面还没有明晰规定，应进一步探讨落实，促进各种政策工具的积极协同，努力推进职业教育治理体系先进化和治理能力现代化。

第三，健全各共生主体的保障机制，增加共生主体的治理参与程度。明晰各大主体的权责与义务，健全保障机制是职业教育治理现代化的关键链条，现有的利益链条包含了政府、学校、企业、行业四大主体，四大主体属于共生关系，具有相同的利益诉求，通过协同治理机制的建立可以帮助实现职业教育治理能力现代化的良性互动，达到整体公共利益的最优配置。在保障机制建设中可以参考德国"双元制"模式，并结合我国现有的问题特点健全行业参与职教治理全过程的保障机制，来有效实现产教融合，完善治理结构，提升各主体参与职业教育治理的能力。

第四，开放多种形式的职业教育投资渠道，扩展职业教育的资源获取通道。无论是哪个行业，其发展一定离不开的就是资金投入。现代化的职业教育，无论是人工智能还是其他高新技术行业发展，要想培育相关技能型人才，都需要大量的配套教学设备以及高水平师资力量，职业教育若仅是依靠国家的财政拨款，发展局限性会很大。开放职业教育投资渠道，诸如校企联合培养等方式，可以根据企业特色建设针对性的课程培养体系，精准培养所需技能型人才，在节约资源的同时，达到效益最大化。

第五，加强对职业教育院校学生的综合素养培育。职业教育，首先要注重职业技能培训，培养学生拥有就业能力是首要目的。在这个前提下，职业教育体系建设应注意企业现在需要什么样的人才，协同企业、社会，充分分析生产需求，定制合理培训内容，为社会培养实用的技能型人才。在当今的技能型社会发展模式中，工人的技能提升是促进经济高质量发展的主要方面。伴随着现有技术发展趋势来看，我国的职业教育需要在整体人才培养的布局、规格等方面加以改变，优化专业布局，强化工人技能。在当今社会经济发展中，我们面临着工人技能与产业发展不匹配的掣肘，需要大批技能型人才补充。具体分析现实局势，我们现在处于以云计算、人工智能等新兴数字化技术所带来的发展浪潮中，机器自动化程度的加深，对于技能型人才的需求主要为"人机协同"型人才。在这个阶段，对于人才的岗位协调能力更为看重，需要职业教育院校更多的对于工人专业知识与能力的全方位培养，即提升其综合能力。其次，在注重职业技能培训的同时，一定不能忽视培养学生的个人职业素养。职业教育是培养大国工匠的主要阵地，具有不可替代的重要价值。在这里，应该培养出的是有担当、有情怀且具有创新精神的能工巧匠。在培养学生时，职业教育学校应该加大对于学生社会主义核心价值观的培养，添加传统文化教育内容，以增强学生的民族意识和民族认同感，以及为国家奉献的使命感。深化课程教学改革，在技术与人文两方面同时发力，在个人职业操守与人格品格前提下强化校园人文环境的营造，在培养工人技术技能的同时纯化职业教育本质，提升学生整体综合素质，为国家造就一大批具有坚定信仰且本领过硬的高素质劳动者，提升经济发展内驱力。

6.2.2 以扩大中等收入群体为目标，持续释放国内需求潜力

6.2.2.1 提升低技能群体"再技能化"能力

由前文分析可知，低技能型群体主要有三大类：刚脱贫的农民、农民工、城市内贫困群体。低技能群体的再技能化不仅兼顾了教育与经济的双重属性，还改善了劳动力市场人才供需平衡的问题。为厘清可助力低技能群体构建其持续性生活的技能，需要依据不同类别的低技能型群体，厘清其致贫原因；依据不同的贫困原因，精准建立符合特征的职业选择模式；不同的职业选择模式对应不同的岗位技能，在此基础上进行不同的技能培训模式，来培养他们形成可持续性生活的技能。

从帮助低技能群体实现再技能化的目标出发，首先需要在广度上扩宽低技能群体的就业渠道，以精准模式帮助参与人有选择地实现就业，如图6-3，技能形成的途径有三条：第一条为正规职业教育，即以技能入门的模式培育新增劳动力，帮助参与人获得可以进入的对应职业的入门门槛，确保低技能人群获得基础就业能力；第二条为在职培训，即对在职人群进行深度的专业技能培训，使就业者依靠技能积累进行个人深度赋能；第三

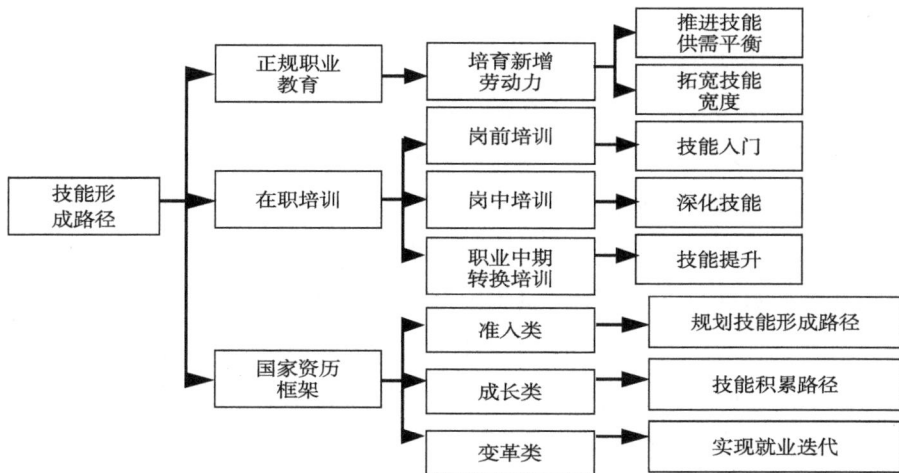

图 6-3 技能形成路径

条为国家资历框架，为进一步提升其现有技能，赋予低技能群体真正实现再技能化能力，获得可以实现就业迭代的权利，真正摆脱就业贫困。

但目前来看，就业技能的实现路径还存在例如精准划分不同就业主体技能需要、低技能群体的能力不足等问题，个人技能形成过程，需要我们进一步实行制度倾斜，并给予更多的经费保障。另外，上述的技能形成架构还需要企业、社会、劳动者自身多方协作，即政府以干预岗前培训模式推动低技能群体获得进入该技能领域的入场券，企业则需要帮助低技能者在岗位中不断深化技能，带领劳动力进入稳定轨道。劳动者自身要积极利用现有优惠政策，做好自身职业生涯规划，在现有的技能形成路径中做足建立可持续性生活技能培训的准备。

6.2.2.2 重点面向四类人群，阻断贫困代际传递

从长期来看，伴随着经济社会的不断转型，特别是城市化的不断推进，扶贫攻坚对象群体在易地搬迁、转移就业等综合发展的过程中呈现着动态分布的特点。在这样的背景下，职业教育扶贫精准化面临着扶贫目标定位困难、扶持过程复杂等问题。但是，如农民工、农民工随行子女、城市弱势群体、农村脱贫人群中具有潜在劳动能力的群体等，这些劳动者有能力提高其就业竞争力，迫切需要有针对性的职业教育扶贫帮助，以阻止贫困的代际传播。

这类群体在步入社会参与劳动的过程中需要先行开展定向的岗前培训，快速促进技能提升，将"输血"向"造血"转移，而职业教育也可以帮助潜在劳动力获得更多的就业机会、增强自身的就业竞争力。针对各地区发展特色与实际需要，应进行专项的技能培训，打造独特的技能品牌，推进地区脱贫人口的稳岗就业，全面实现乡村振兴。在这个过程中，一定要注意以下四点。第一，瞄准贫困家庭中具有劳动能力的对象，抓住关键脱贫落脚点。第二，解决贫困人口在学习期间的后顾之忧，做好扶贫资金支撑。第三，按照机会成本原则，给予学生所在家庭一定支持性补助，帮助全家脱贫。第四，确保学有所得。实施精准性培训模式，保障帮扶对象学有所成且可以有对应的技能岗位，做到人人都有出彩的机会。

前文分析可知职业教育可以从培育新型职业农民的角度来提升乡村振

兴的内生力，但是依然面临着部分现实困境。农村职业教育是为乡村振兴与农业农村建设而服务的特殊教育类型。从教育对象来看，农村职业教育的主要教学对象是广大农村人口或能够直接为农业生产服务的城市转移人口，而相比于传统教育，农村职业教育的服务区域更广，因此能够使更多农村人口得到受教育的机会。

6.2.2.3 发挥职业教育在乡村振兴战略中的作用

第一，培育新型职业农民。农村职业教育对培养当地的特色人才、带动特色产业发展都起到了至关重要的作用，为快速提升当地特色产业的生产效率打下了良好的人才储备基础。前文类型分析可以看出，新型职业农民共分为三类，无论是哪一种类别，都需要更为专业的职业教育培训来提升对应的农民技术水平，为当地乡村的经济建设提供最为基础的人才储备。

第二，带动地方产业结构优化。在前文关于职业教育的现状分析中，论证了现在农村就业人口流失的问题，长期人口流失对于当地的农业发展极为不利，而职业教育可以从现代的农村产业结构出发，因地制宜培养人才，为构建学习型农村创建平台，并通过对于地方农民新技术的培养带动地方产业结构优化。

第三，提升农民经济收入。具有现代化技术能力的农民，在进行机械化与规模化现代农业生产的同时，必定会带动当地的整体经济水平提升，带动个人工资收入上涨。实现共同富裕的前提就是减少低收入人群的体量，而职业教育正是帮助农民依靠自身提升经济收入的最为直接有效的手段，在阻断农村贫困代际传递的同时实现乡村高质量发展。

6.2.3 以技术创新为引领，储备高质量发展新动力

6.2.3.1 扩大人力资本存量

人力资本是扩大经济存量与提升经济发展质量的第一资本，前文采用了经济增长理论为我们阐述了接受职业教育后而形成的人力资本对于技术进步具有高效推动能力，且长时期的经济高质量增长需要这种技术进步所带来的有效推动作用。扩大人力资本规模，尤其是持续加大高质量的人力

资本规模对于经济高质量发展具有重大意义。现代职业教育应紧密结合国家与社会现实发展所需的人才，以服务为导向，精细目标群体分类，为不同行业、不同层次的企业培育切实有用的人才，增大人力资本规模的同时，向更高质量人力资本规模体量增大而努力，为创新驱动与经济高质量发展提供高质量人力资本支撑。

第一，坚守中等职业教育的基础性地位，畅通中职现有升学渠道。无论是从社会需求层面还是教育公平层面分析，我们都必须坚持中等职业教育自身的基础性地位不动摇。前文关于职业教育的现状分析可以看出，我国现在中等职业学校在校生占比达75%，是现阶段职业教育进行人才培养的重要载体。但就现阶段的中等职业教育面临情况来看，其学校地域布局结构、师资结构规模、教育经费投入还存在不足，需要在下阶段进行进一步优化改善，并与区域间经济发展进一步紧密结合，为当地特色产业扩大中坚人才储备。

第二，建立个性化职业教育服务。针对现有的新兴行业，面对企业需求，开设针对特殊企业的个性化职前培训内容，实现针对性的技术培训，缩短职工上岗时间，为现代化创新争取更多有利时间。充分发挥职业教育的经济职能，以市场需求为导向，针对农业、工业、服务业等不同行业分层次、分等级构建特色职业教育模式，依据地域特色定制个性化企业员工培训内容，以实用主义增大现有资源利用效率，达到职业教育服务经济的职能。

第三，培优赋能，创新发展高等职业教育。经济高质量发展的核心为扩大高素质人力资本规模，这也是提升创新效率、提高全要素生产率的有力支撑。发展高等职业教育，首先要注意加强科研投入，通过新型创新团队建设与科研平台的搭建来帮助科学技术转化为生产力，来为企业提供更为优质的技术服务与人力支持。其次要注意产业需求间的对接问题，依据高层次行业特点来不断优化专业设置，培养在国际具备核心竞争力的高素质人才，为国家战略需求提供储备力量。另外，作为高等职业院校，应把眼光放向国际，推进同国际先进技术与教育资源的互融，引进国外优质教育资源并注重本土化发展，持续扩大现有职业教育的办学空间，引领中国职业教育扩大国际影响力与竞争能力。

第四，建立高水平职业教育师资团队。教育质量的核心环节是教师队伍质量水平，前文针对我国现有教师队伍水平进行了分析，就目前来看，东部地区无论是教师学历情况还是专任教师数量都远超其他地区，则东部地区发展质量高于其他地域的可能性就更大，中部与西部地区应合理建立高水平教师的引进政策，建立更为强大的教师队伍，为学生能力培养建立基础保障。

6.2.3.2 扩宽社会资本融入职业教育的渠道

前文详细论证了企业参与职业教育的诸多裨益之处。但是，就我国目前职业教育的发展情况来看，更多的企业是采取观望的态度来看待职业教育发展问题。2022 年《政府工作报告》提出要在城镇新增就业 1100 万人，这个庞大的就业群体的上岗培训、职中培训等都需要耗费大量政府财力，而若能扩宽社会资本的参与空间，吸收更多社会力量来融入职业教育发展将会把职业教育带到更新的高度。

拓宽社会资本，第一，要注重统筹领导，合理处理好政府、学校、企业、学生等多方利益主体关系，制定更偏向于企业的利好政策，鼓励更多中小企业参与职业教育。第二，激发企业内生动力。企业参办职业教育的目的更多的是为了产出效益，理解企业参与的实质，优化产教融合政策，不断细化职业教育等部门分工，以精细化方案服务企业。第三，打造更加精准的信息化平台。在大数据时代，信息技术对中小企业的发展有着至关重要的意义，通过迅速了解企业经济发展动向，深化校企合作，利用最新动态和技能实现人才培养，真正做到学生出校门就高薪上岗，从而成功促进产业链、人才链的有效链接。第四，加强政府宣传。在地方依据自身地域特色，合理宣传当地优势、校企合作典型，以身边的榜样增强知名度的同时带动更多企业参与产教融合，以推动企业、职业院校间的自主搭桥。

6.2.4 以产教融合为途径，助推产业结构优化升级

6.2.4.1 加强利益相关者的参与度，深化产教学融合

尽力加强学校同企业、政府、行业等的合作密集度，帮助雇主更加充分融合到教育与培训的各个环节，采用合作型人才开发路径，从雇主（企业）角度来开展特色的人才评估与需求预测，精准设置专业课程，让学生从工

作本位进行学习，建成高技能型现代人才培养模式。

职业教育的发展不能是独立性的，需要学校、企业、学生等多方面协同发力，共同参与以推动各级各类的实用性技能人才培养。第一，因地施教。职业教育的发展应和区域发展相结合，对接产业，扎根区域，依据地方文化传承等客观服务需求，有效地开展培训。第二，对接特定企业，依据行业与企业未来发展需要，定制专业课程，并设置相关考核制度，为用人单位培育实际所需人才。第三，政府依据实际所需，统筹规划，将职业教育发展与产业发展协同并进，提升职教对口支持力度，有效确保毕业生具有可以服务于家乡特色优势产业的技能。

6.2.4.2 深化西部地区职业教育产教融合程度，实现区域均衡发展

促进经济高质量发展需要解决发展不平衡的问题，发展不平衡的核心问题是收入差距问题。经济实现高质量发展尤为重要。为此，必须大力推进改革创新，发展职业教育，让更多的人享受教育的机会，让人民大有可为。技能的提升意味着有更多的选择机会和个人收入的增加，对于进一步扩大社会需求，实现共同富裕都是基础保障。目前，我国已经实现了消除绝对贫困，但是怎样从脱贫摘帽走到乡村振兴，进而实现共同富裕是我们接下来要长期研究的问题。实现共同富裕，首先我们要先增加低收入群体的收入，扩大中等收入人群体量，但前提是我们要拥有足够的物质财富才可以有资格进行分配。提升物质财富的根本是生产力发展，让更多的低收入群体有资格进入到财富分配的过程，职业教育就是在此时发挥作用，通过提升低收入人员的能力，帮助社会提升劳动参与率。

前文论证了我国现在职业教育发展具有不平衡与不充分的问题，经检验得出对于各个地域的职业教育资源配置效率不同则经济高质量发展的作用力也会有区别，且论证了西部职业教育发展可以为我们经济高质量发展带来正向收益。照现有经验来看，偏远地区由于长期受到地理位置等影响，创新能力较为闭塞，但是就前文分析可知，在城市或者周边地区设置职业教育院校可以带动当地人民获得劳动技能增加就业机会。所以，建议在相对落后地域，依据其地域特色，在县级市或者特色乡村建立职业教育院校带动当地经济与农民收入。

加快西部地区的职业教育发展进度，同时加强职业教育与西部地区的深度融合，促进低成本产业经济转型升级，为当地经济发展提供更高质量的原动力。第一，整合地域教育资源，加大财政拨款，扩展职业教育业务范畴，增强发展极的辐射效应。二是面向当地产业发展和文化传承的需要，建设一批极具地域特色的示范职业学校，为当地文化传承、经济发展和产业升级提供更有力的支持。第三，加强校企合作，深化各方面资源共享，产教融合，发挥领雁效应，为扶贫提供智力等各方面的模范带头作用。

在财政保障方面，应创新性地改革"分灶吃饭"型财政投入体系，建立省级的财政投入统筹，并分区县进行管理。在实现中华民族伟大复兴的关键时期，应不断探索可以支撑经济高质量发展的教育财政投入体系，显著扩大提升人力资本综合素质开发的财政性投入。

在形式上，可采取远程技术培训、在当地建立职业学校、在部分有条件的地方建立职业教育园区等方式对口扶持。在教学内容上，可以依据国家支持与区域特色来进行调整，特色特办，建立具有地域风情的课程培训。考虑到农村人参加工作后受教育机会的时间和精力受到限制，可以灵活采用线上教育与职业教育院校相结合的方式，以提升劳动者技能为主体目标，以方便农民为主要方向去实时改进教学模式，提升农民参与度，在增加居民自身收入的同时，保障实现共同富裕。

6.2.4.3 走内涵式发展新路径

由上文的实证分析可以发现人才质量培养可以对全要素生产率产生显著促进作用，进一步创新现有的人才培养模式，提升职业教育对象的技能可以为我国经济高质量发展提供显著作用。走职业教育的内涵式发展新路径，注重人力资本的提质培优，全面提升人才培养质量，深化产教融合，保持二者的耦合动态发展。

第一，开放资源共享力度，注重优秀海外人才引进。实施教育资源的合理配置，注重对于国外先进文化、技术的引进，开辟各大院校之间的资源共享、交流渠道，加大网络教育推广力度，可以从根本层面提升人才培养质量，扩大职业教育的普及程度，弱化地区间的文化教育差异。"职教20条"中为我们规划了职业教育增值赋能、人才培养提质培优的总体方针，合理把握"提质"与"培优"两个关键点，提升职业教育的内涵发展，优化供给结构，提升师资质量。首先，多样化的生源意味着招生制度、教学体系等的全方位变革。多样化的生源意味着我们需要灵活改变招生模式，积极改变招生的制度，实现学生可以随时注册，可以为生源提供更大的便利性。其次，学分代替学年的模式，可以帮助更多的学生实现灵活学习，在节约学校资源的同时，提高学生学习积极性，实现快速就业。最后，构建和完善双师型师资供给模式，进一步完善学校人才招聘制度，吸纳企业中具有教学能力的高技能教学型人才，合理调配企业实践与课堂教学的分配，做到教师的双向交流，提升师生配比质量的同时也可以提升整体教师队伍的素质。

第二，加强地区产教的对接与融合。首先，依据地域特色，建立适合地区发展的产业链条，依据产业发展进行合理规划设计，建设与之相关的职业教育院校，将职业教育规划到当地的产业发展链条中，依据产业发展趋势，合理设置课程与学生实训内容，做到毕业即上岗的无缝衔接，促进二者耦合协调发展。提升资源使用效率，扩大供给能力。经济高质量发展过程中，需要职业教育院校、企业、行业等各方面的同时发力，如果能够整合各类相关资源，如校企合作，引校进企等，又可以解决学校的场地问题，还可以尽早帮助学生实现对于企业的适应能力。另外，目前在普通院校之间使用较为频繁的数字资源可以实现共享，建立全民数字资源库，为各类学生提供更为便捷的学习方式，实现资源的灵活运用与快速流通。

第三，注重区域间的技术交流与扩散。通过技术平台共享、东西部协作交流、人才引进等方案，加强技术的扩散、提升地区交流频率，在实现地域间资源整合的同时提升技术扩散效率，达到真正意义的高质量发展，实现双赢、多赢的社会总需求。需进一步充分考虑各个地域间的供给均衡问题。前文具体分析目前我国各个省域间的职业教育院校资源分配情况。不一样的地域教育资源分配必然会导致各个地域的结构性失衡问题，但是只是简单的资源均分依旧会产生供给矛盾。应在综合考虑我国各个地域间的地域差异以及实际需求的情况下，合理搭配资源，按比例分配生源与各方面的教学资源。在各地区均有生源指标以及财政等资源分配的情况下再次合理实施资助竞争，进行第二次的比例分配，实现资源配置的最优化。

第四，注意倾听不同利益主体的实际需求。就政府来说，需要的是社会主义教育，需要职业教育可以实现满足人民多元化的教育需求，实现面向市场，可以与科技发展趋势与企业用人需求相衔接。就企业与行业来说，更为关注培养人才的收益回报率，希望可以培育更具效能的符合产业生产需求的技能人才。就教师来说，更为关注自身的职业生涯成长过程，希望更高质量、内涵式的发展职业教育，建立更为合理与公平的晋升激励模式，减轻"五唯"的考核压力。就学生与家长来说，更为关注的是教育成本以及教育质量，希望可以在学校获得更多收获，出校门可以实现理想就业。不一样的利益主体，不一样的主体诉求，但是其出发点都是希望职业教育的内涵式发展可以更好，希望探索多元主体共存的满足各方价值的内涵式发展路径。

6.2.5 以高水平对外开放为支撑，扎实提升经济发展质量

扩大进口是实施高水平对外开放的重要支撑，是从社会再生产四方面推动高水平对外开放模式提升经济发展质量的有效途径（见图 6-4）。

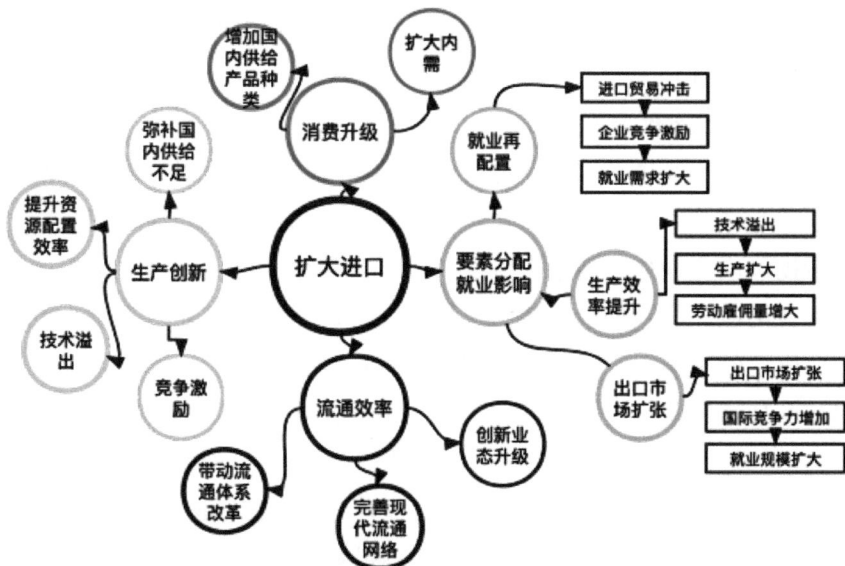

图 6-4　社会再生产角度的对外开放作用手段

6.2.5.1 生产创新角度

第一，健全对关键设备与先进技术进口的稳定机制。面对现有的"低端锁定"困局，应尝试努力突破发达国家对于我国关键设备与先进技术进口的封锁限制。从政府层面，增加对企业紧扣关键设备与先进技术的优惠政策，并推动企业加速对先进技术的吸收，并大力开展相关创新活动，快速实现对于关键设备与先进技术的进口替代。

第二，以"中国智造"培育国际品牌，提升产品技术含量。加大企业创新投入，对传统出口行业进行技术升级改造，优化现有出口结构。对"代工厂"企业员工的深加工能力进行优化培养，适度集群加工型贸易企业，高效配置各类资源，实行高技能人才联动互通，加速加工型贸易企业的转型升级。

第三，大力支持"专精特新"企业发展，推动制造业高端化与智能化协同发展，以高技能人才高地建设推动新兴产业建立形成产业集群，构建新一代人工智能、新能源等新型增长引擎。

第四，扩大进口以弥补短期国内市场供给不足。改革开放以来，创新引领在技术、劳动力技能提升等方面作用显著，但是诸如石油等自然禀赋问题却还依旧不能有效改善。应继续扩大进口，以互补效应弥补不足，保障国内资源供给。

6.2.5.2 要素分配角度

扩大进口是改善我国就业分配结构的有效手段，可以持续动态改进我国就业分配结构。从就业影响角度，第一，扩大进口可以通过贸易冲击的方式帮助国内企业加速要素资源配置，并加速生产的流动与再配置、催生更多就业岗位、帮助创造与扩大整体就业需求、提升职业教育增收效应。第二，生产效率的提升可以以技术溢出效应加速企业技术水平提能，加大销售与产品自身利润，进而帮助企业获取资本增加劳动力雇佣数量。第三，以出口市场扩张增大企业国际竞争力、扩大企业出口份额进而增大就业规模。第四，扩大进口可以改变就业数量、提升劳动者流动速率与技能提能等，以自身优势扩大我国收入与分配规模，帮助提升就业者收入。

6.2.5.3 流通效率角度

第一，打造"中国制造"品牌建设，提升出口产品质量。在人才培养模式上参考《制造业人才发展规划指南》，建造一批优秀技能教师队伍，持续推进制造业技能人才精准培训，增强劳动力对先进技术的转化能力，为加速传统行业改造升级提供新鲜活力，为人力技能提升支撑制造强国建设铺路。第二，深度参与国际产业分工与合作。以高技能人才输出为基准，深化我国国际分工，推动对于"一带一路"的发展能力。扩大高技能人才的对外交流范围与层次，为维护多元稳定的国际经济格局铺路。

6.2.5.4 消费升级角度

消费是扩大内需的内源动力。扩大进口可以改善人民对于高质量产品的消费习惯，加速国内产业链升级，还可以满足人民对美好生活的向往与需求，实现人民生活高质量发展。第一，增大国内供给产品种类，满足人民对生活的多样化需求。扩大进口可以在产品供给种类与质量上为消费者提供更多选择，满足消费者的多样化、多层次需求，同时，可以以高智能产品供给拉动国内消费，获取更多福利。第二，刺激消费者对于新产品的需求强度，加速国内产业链的升级与技术创新。新的消费需求扩张可以帮助国内产业发现商机，并进行技术研发以获取中间利润，实现国内产业从"无"到"有"再到"强"的转变过程，并推动国内职业教育院校改进课程方案，培训高技能人才，为产业智力提升起到带动作用。

6.2.6 深度融合数字经济与实体经济，建构和谐的劳资关系

6.2.6.1 产业链同创新链的深度融合，助推产业链升级

实体经济同数字经济的深度融合过程是产业链同创新链优化组合的过程。创新链可以通过"数智赋能"机制，分别从高级技术人员智能赋能、数字化产业技术赋能等方面融入产业链，为产业链核心技术攻关、实体经济生产效率提升融入新鲜血液。

图 6-5 是数字经济同实体经济的深度融合路径。创新链是技术创意提出—核心技术研发—技术技能转化—市场开发—价值实现等环节构成的链条结构。产业链是原材料开发—基础技术研发—中间产品制造—终端产品

制造—产品流通销售的链式结构。将创新链生产过程进行要素赋能到产业链，带来整体技术范式、生产组织、价值形态等方面的集成迭代，可以为数字经济同实体经济深度融合、产业结构优化升级带来诸多裨益[①]。

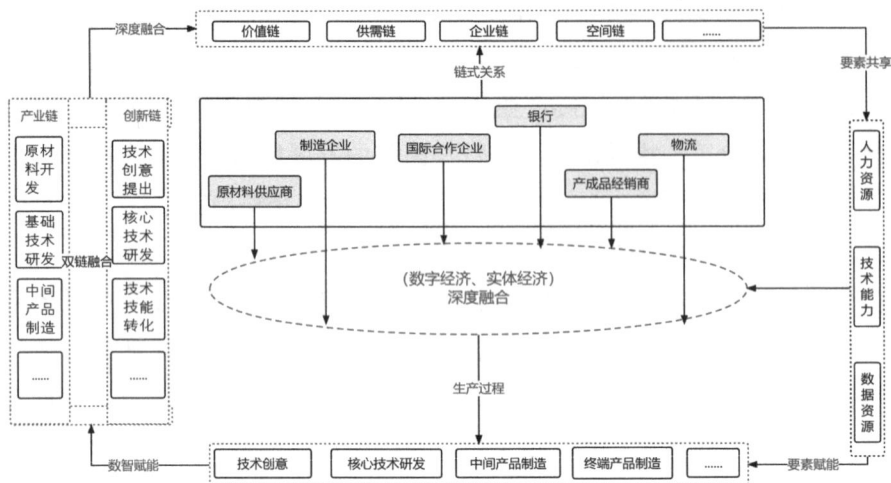

图6-5 数字经济同实体经济的深度融合路径

对应在职业教育政策支持方面，需要制定可以激发技能人才创新活力的相关优惠政策、设定可以培养数字化技能人才导向型的相关课程方案，构建面向世界数字科技前沿、面向多元经济模式深度融合重大需求的人才培养模式。加强职业教育同产业发展对接力度，重点培育人工智能、区块链、大数据等现代化经济发展紧缺的高级技术型人才。

6.2.6.2 以高技能劳动者为核心，协调劳资双方利益分配

第一，"资本和劳动者的劳动"[②]作为劳动过程中的基本生产要素，其所有者在利益关系上是相互绑定的利益共同体。在劳动者签署雇佣协议时可以依据员工对企业的贡献大小按照相关贡献率参与企业剩余价值分

[①] 洪银兴，任保平. 数字经济与实体经济深度融合的内涵和途径 [J]. 中国工业经济，2023，419（2）：5-16.

[②] 此处的资本为资本的物质形态：包含劳动对象与劳动资料的生产资料。参见：刘凤义. 论社会主义市场经济中资本的特性和行为规律 [J]. 马克思主义研究，2022，267（9）：93-101+156.

配，这样在劳动者保持自身满足生活所需的固定收入的同时，可以增大劳动者参与企业发展的积极性，为企业创造更多剩余价值。

第二，加强对各类生产要素产权保护，保障生产要素所有者的成果收益。伴随着现代经济发展，生产要素已经不仅局限于土地、劳动等传统型生产要素，还包含有技术、数据、知识等现代生产要素。现代化数字经济转型过程中，产权保护对高级技能者进行核心技术开发提供着最为基础的保障，也正是因为技能型人才在企业、产业发展中所贡献的"专用型人力资本"，为我国基础技能开发、高端产品制造提供了可能。

第三，构建以劳资平衡为核心的和谐劳动关系，为实现利益均衡提供有效路径。劳资双方利益的帕累托最优是实现雇主效率与雇员收益均衡的主要目的，需要雇主在取得利润的前提下，保障对应员工的工资收益同企业发展同步增长，同时注重对技能型人才的核心技术更新培养，帮助实现企业内部人力资本同企业利润的同步提升。

参 考 文 献

[1]ALTREITER CARINA. Drawn to work: what makes apprenticeship training an attractive choice for the working-class[J]. Journal of Education and Work, 2021, 34(1):1-13.

[2]ANDRÉS E, TATYANA, DIEGO R. How Important Is Human Capital? A Quantitative Theory Assessment of World Income Inequality[J]. The Review of Economic Studies, 2010(4): 1421-1449.

[3]ANSELIN L. Local Indicators of Spatial Association-LISA[J]. Geographical Analysis, 1995,27(2):93-115.

[4]ANTRAS P, CHOR D, FALLY T, et al. Measuring the upstreamness of production and trade flows[J]. American Economic Review, 2012, 102(3): 412-416.

[5]ARIYANI L F, et al. Vocational education phenomena research method[J]. MethodsX, 2021, 8: 101537.

[6]ARROW K J. The Economic Implications of Learning by Doing[J]. The Review of Economic Studies, 1962, 29(3): 155-173.

[7]ARROW K J, DASGUPTA P, GOULDER L H, et al. Sustainability and the measurement of wealth[J]. National Institute of Economic and Social Research (NIESR) Discussion Papers, 2010, 3(2): 226-234.

[8]BELLÉS-OBRERO CRISTINA, DUCHINI EMMA. Who benefits from general knowledge? [J]. Economics of Education Review, 2021, 85.

[9]BERTULFO D J, GENTILE E, VRIES G J. The Employment Effects of Technological Innovation, Consumption, and Participation in Global Value Chains: Evidence from Developing Asia[J]. ADB Economics Working Paper Series, 2021.

[10]CAVES D W, CHRISTENSEN L R, DIEWERT W. The Economic Theory of Index Numbers and the Measurement of Input, Output, and Productivity[J]. Econometrica, 1982, 50(6):1393-1414.

[11]CHARNES A, COOPER W, RHODES E. Measuring the efficiency of decision making units[J]. European Journal of Operational Research, 1978, 2(6):429-444.

[12]CHAOMEI CHEN. CiteSpace II: Detecting and visualizing emerging trends and transient patterns in scientific literature[J]. Journal of the American Society for Information Science and Technology. 2006(3): 359-377.

[13]CHE Y, ZHANG L. Human Capital, Technology Adoption and Firm Performance：Impacts of China's Higher Education Expansion in the Late 1990s[J]. The Economic Journal, 2018(614): 75-105.

[14]CHEN T, CHEN X, LUO W, et al. Foreign Direct Investment and Innovation: Evidence from Chinese Firms' Patent Filings[J]. The Singapore Economic Review, 2023, 68(2): 507-538.

[15]CHUNGIL CHAE et al. Structural Determinants of Human Resource Development Research Collaboration Networks: A Social - Network Analysis of Publications Between 1990 to 2014[J]. Performance Improvement Quarterly, 2020, 33(1): 7-30.

[16]CHIH-HAI YANG, CHUN-HUNG LIN, DAW MA. R&D, Human Capital Investment and Productivity：Firm-level Evidence from China's Electronics Industry[J]. China & World Economy，2010,18(05): 72-89.

[17]DAHLUM S, KNUTSEN C H. Do Democracies Provide Better Education? Revisiting the Democracy–Human Capital Link[J]. World Development, 2017, 94: 186-199.

[18]DURLAK J A, WEISSBERG R P, DYMNICKI A B, et al. The impact of enhancing students' social and emotional learning: a meta-analysis of school-based universal interventions[J]. Child development, 2011, 82(1): 405-32.

[19]EKPERIWARE M C, OLADEJI S I, YINUSA D O. Dynamics of Human Capital Formation and Economic Growth in Nigeria[J]. Journal of Global Research in Education and Social Science, 2017, 10(3): 139-153.

[20]FARRELL J. The Measurement of Production Efficiency[J]. Journal of Royal Statistical Society, Series A(General), 1957, 120(3):253-281.

[21]FLEISHER B, LI H, ZHAO M Q. Human Capital, Economic Growth, and Regional Inequality in China[J]. Journal of Development Economics, 2009, 92(2): 215-231.

[22]FINDEISEN STEFANIE et al. Transition from School to Work – Explaining Persistence Intention in Vocational Education and Training in Switzerland[J]. Vocations and Learning, 2022: 1-26.

[23]FRANZ W, STEINE V, ZIMMERMANN V. Die betriebliche Ausbildungsbereitschaft in technologies and Demographischen Wandel[M]. Nomos: Baden-baden, 2000.

[24]GARRETT R, GAMPBELL M, MASON G.The Value of Skills：An Evidence Review[J]. UKCES Evidence Report, 2011.

[25]GALLIE E P, LEGROS D. Firms' human capital, R&D and innovation：a study on French firms[J]. Empirical Economics, 2012, 43(2): 581-596.

[26]GÉRARD BALLOT, FATHI FAKHFAKH, EROL TAYMAZ. Firms' human capital, R&D and performance: a study on French and Swedish firms[J]. Labour Economics, 2001, 8(4): 443-462.

[27]GREEN A. Education and Stata Formation: The Rise of Education Systems in England, France and the USA[M]. Macmillan, 1991.

[28]GULETT D. Quality Development in Post-industrial Society[M]. New York: Oxford University Press, 1984.

[29]HAMEED W U, NISAR Q A, WU H C. Relationships between external knowledge, internal innovation, firms' open innovation performance, service innovation and business performance in the Pakistani hotel industry[J]. International Journal of Hospitality Management, 2021, 92: 102745.

[30]HECKMAN J, CARNEIRO P. Human Capital Policy[J]. NBER Working Papers, 2003, 30(2004):79-100.

[31]JANINE LESCHKE, ANDREW WATT. Challenges in Constructing a Multi-dimensional European Job Quality Index[J]. Social Indicators Research, 2014, 118(1) : 1-31.

[32]JOHN MANGAN, BERNARD TRENDLE. Hard-to-fill vacancies: An analysis of demand side responses in the Australian state of Queensland[J]. Economic Analysis and Policy, 2017, 54: 49-56.

[33]KEEP E, MAYHEW K. Globalisation, models of competitive advantage and skills[R]. SKOPE Research Paper, 2001: 22.

[34]KERR S P, KERR W R, LINCOLN W F. Skilled Immigration and the Employment Structures of U.S. Firms[J]. Journal of Labor Evonomics, 2015, 33(S1):S147-S186.

[35]KIJEK T, MATRAS-BOLIBOK A. The relationship between TFP and innovation performance: evidence from EU regions[J]. Equilibrium. Quarterly Journal of Economics and Economic Policy, 2019, 14.

[36]KING K. The African Artisan: Education and the Informal Sector in Kenya[M]. Heinemann, Teachers College Press, 1977.

[37]KISHOR SHARMA, EDWARD OCZKOWSKI, JOHN HOCKS. Skill shortages in regional Australia: A local perspective from the Riverina[J]. Economic Analysis and Policy, 2016, 52: 34-44.

[38]LINDQVIST E, VESTMAN R. The Labor Market Returns to Cognitive and Noncognitive Ability: Evidence from the Swedish Enlistment[J]. American Economic Journal: Applied Economics, 2011, 3(1): 101-128.

[39]LOVELL C A K. The Decomposition of Malmquist Productivity Indexes[J]. Journal of Productivity Analysis, 2003, 20(3): 437-458.

[40]LUCAS R E. On the mechanics of economic development[J]. Journal of Monetary Economics, 1988(22): 3-42.

[41]LUND HENRIK BRYNTHE, KARLSEN ASBJØRN. The importance

of vocational education institutions in manufacturing regions: adding content to a broad definition of regional innovation systems[J]. Industry and Innovation, 2020, 27(6): 660-679.

[42]MEIER G M, SEERS D. Pioneers in development[M]. New York: Oxford University Press, 1984.

[43]MOHRENWEISER J, BACKES-GELLNER U. Apprenticeship training-What for? Investment in human capital or substitution of cheap labor[R]. Leading House Working Paper, 2008: 17.

[44]MORRIS JENNY, MAYNARD VERONICA. The value of an evidence based practice module to skill development[J]. Nurse education today, 2007, 27(6): 534-41.

[45]NEUMAN S, ZIDERMAN A. Vocational Schooling, Occupational Matching, and Labor Market Earnings in Israel[J]. The Journal of Human Resources, 1991, 26(2): 256-281.

[46]NORMANN MUELLER. Does CVT of firms in Germany suffer from poaching?[J]. Empirical Research in Vocational Education and Training 2014, 3(6): 457-352.

[47]O'DONNELL C J. An aggregate quantity-price framework for measuring and decomposing productivity and profitability change[R]. School of Economics, University of Queensland, Australia, 2008.

[48]OLLIKAINEN JANI-PETTERI, KARHUNEN HANNU. A tale of two trade-offs: Effects of opening pathways from vocational to higher education[J]. Economics Letters, 2021, 205

[49]PAUL M. Romer.Endogenous Technological Change[J]. Journal of Political Economy, 1990(5), S71-S102.

[50]PARETO. Manual of Political Economy[M]. Augustusm Kelley Pubs, 1971.

[51]FÄRE R, GROSSKOPF S, NORRIS M, et al. Productivity Growth, Technical Progress, and Efficiency Change in Industrialized Countries[J]. The

American Economic Review, 1994, 84(1): 66-83.

[52]ROLL MICHAEL, IFENTHALER DIRK. Learning Factories 4.0 in technical vocational schools: can they foster competence development? [J]. Empirical Research in Vocational Education and Training, 2021, 13(1).

[53]ROMER PAUL M. Increasing Returns and Long-Run Growth[J]. Journal of Political Economy, 1986, 94(5): 1002-1037.

[54]MORAN P A P. Notes on Continuous Stochastic Phenomena[J]. Biometrika, 1950，37(1/2): 17-23.

[55]RYAN P, GOSPEL H, LEWIS P. Large Employers and Apprenticeship Training in Britain[J]. British Journal of Industrial Relations. 2007.45(1): 127-153.

[56]SIMAR L, WILSON PW. Sensitivity analysis of efficiency scores: How to boot strap in nonparametric frontier models[J]. Management science, 1998, 44(1): 49-61.

[57]STEN MALMQUIST. Index numbers and indifference surfaces[J]. Trabajos de Estadistica, 1953, 4(2): 209-242.

[58]STOCK J H, WRIGH J H, YOGO M. A Survey of Weak Instruments and Weak Identification in Generalized Method of Moments[J]. Journal of Business and Economic Statistics[J]. 2002, 20(4): 518-529.

[59]STOCK J H, YOGO M. Testing for Weak Instruments in Linear IV Regression[M]// ANDREWS D W K,STOCK J H. Identification and Inference for Econometric Models: Essays in Honor of Thomas Rothenberg. New York: Cambridge University Press, 2005:80-108.

[60]SUNGJIN KIM, SOOWON CHANG, DANIEL CASTRO-LACOUTURE. Dynamic Modeling for Analyzing Impacts of Skilled Labor Shortage on Construction Project Management[J]. Journal of Management in Engineering,2020,36(1): 04019035.

[61]THOMAS R. Michl.Biased Technical Change and the Aggregate Production Function[J]. International Review of Applied Economics. 1999 (2).

[62]VANDENBERGHE V. The productivity challenge. What to expect

from better-quality labour and capital inputs? [J]. Applied Economics, 2017, 49(40):1-13.

[63]VIJAY GUPTA. Economic Crisis in Africa[J]. India Quarterly, 1985, 41(2): 236-250.

[64]WALDEN G, HERGET H. Nutzen der betrieblichen Ausbildung für Betriebe-erste Ergebnisse einer empirischen Erhebung [J]. Berufsbildung in Wissenschaft and Praxis, 2002,31(6): 32-37.

[65]WALDEN G. Short-term and long-term benefits as determinants of the training behavior of companies[J]. Journal for Labour Market Research, 2007, 40(5): 169-191.

[66]WANG M，KANG W M, ZHANG R Y. The Gap Between Urban and Rural Development Levels Narrowed [J]. Complexity. 2020.

[67]XIN PENG. Strategic interaction of environmental regulation and green productivity growth in China: Green innovation or pollution refuge?[J]. Science of the Total Environment.2020: 732.

[68]YUMING CUI, JINGJING MENG, CHANGRONG LU. Recent developments in China's labor market: Labor shortage, rising wages and their implications[J]. Review of Development Economics, 2018, 22(3): 1217-1238.

[69]ZHANG WEI, ZHAO SIQI, WAN XIAOYU, YAO YUAN. Study on the effect of digital economy on high-quality economic development in China[J] . PloS one. 2021, 16(9).

[70]ZHENLIN YANG. Unified M-estimation of fixed-effects spatial dynamic models with short panels[J]. Journal of Econometrics, 2018, 205(2): 423-447.

[71] 阿凡纳西耶夫. 科技革命、管理、教育：教育学文选（俄文版）[M]. 莫斯科：教育学出版社，1976：341–342.

[72] 阿·科辛. 马克思列宁主义哲学词典 [M]. 郭官义，译．北京：东方出版社. 1991.

[73] 安雪慧，元静. 中等职业教育：城乡共同富裕的基础路径——基

于省级面板数据的实证研究 [J]. 教育研究，2023，44（3）：124-139.

[74] 白重恩，张琼. 中国经济增长潜力预测：兼顾跨国生产率收敛与中国劳动力特征的供给侧分析 [J]. 经济学报，2017，4（4）：1-27.

[75] 邴正. 邴正讲演录 [M]. 长春：长春出版社，2012：114.

[76] 勃·凯德洛夫. 论恩格斯《自然辩证法》[M]. 北京：生活·读书·新知三联书店，1980.

[77] 蔡昉. 提高全要素生产率发掘经济增长的不竭源泉 [EB/OL]. [2025-02-28]. http://iple.cssn.cn/xzzl/cf/gd/201811/t20181119_4777536.shtml.

[78] 蔡昉. 以提高全要素生产率推动高质量发展 [N]. 人民日报，2018-11-09（7）.

[79] 蔡文伯，刘爽. 我国中等职业教育生均经费支出的区域差异实证分析 [J]. 职业技术教育，2020，41（15）：37-42.

[80] 崔祥民，柴晨星. 创新人才集聚对经济高质量发展的影响效应研究——基于长三角41个城市面板数据的实证分析[J]. 软科学，2022，36（6）：106-114.

[81] 钞小静，薛志欣. 新时代中国经济高质量发展的理论逻辑与实践机制 [J]. 西北大学学报（哲学社会科学版），2018，48（6）：12-22.

[82] 陈春霞，石伟平. 新型职业农民培训供给侧改革：需求与应对——基于江苏的调查 [J]. 职教论坛，2017（28）：53-58.

[83] 陈斌开，张鹏飞，杨汝岱. 政府教育投入、人力资本投资与中国城乡收入差距 [J]. 管理世界，2010（1）：36-43.

[84] 陈浩，刘培，刘定平. 基于经济高质量发展理念的产业与就业协同发展水平测度 [J]. 统计与决策，2021，37（8）：5-8.

[85] 陈建明. 基于 CiteSpace 的高职创新创业教育研究进展与趋势探析 [J]. 继续教育研究，2021（12）：45-52.

[86] 陈景华，陈姚，陈敏敏. 中国经济高质量发展水平、区域差异及分布动态演进 [J]. 数量经济技术经济研究，2020，37（12）：108-126.

[87] 陈丽君，陈雪萍. 我国职业教育治理体系和治理能力现代化的Nvivo 研究 [J]. 教育与职业，2020（21）：5-12.

[88] 陈先运. 高等职业教育与地方经济建设发展的关系 [J]. 中国高教研究, 2005（3）: 49–51.

[89] 陈学明. 论中国道路对马克思主义阶级斗争理论的继承和发展 [J]. 马克思主义研究, 2015（5）: 27–35+159.

[90] 陈学恂. 中国教育史研究: 现代分卷 [M]. 上海: 华东师范大学出版社, 1994: 373, 428.

[91] 陈用芳. 经济增长、经济增长方式的转变与高等职业教育 [D]. 厦门大学, 2007.

[92] 陈云贤. 中国特色社会主义市场经济: 有为政府 + 有效市场 [J]. 经济研究, 2019, 54（1）: 4–19.

[93] 陈忠, 盛毅华. 现代系统科学学 [M]. 上海: 上海科学技术文献出版社, 2005.

[94] 程虹, 李丹丹. 一个关于宏观经济增长质量的一般理论——基于微观产品质量的解释 [J]. 武汉大学学报（哲学社会科学版）, 2014, 67（3）: 79–86.

[95] 程虹. 如何衡量高质量发展 [N]. 第一财经日报, 2018–03–14（A11）.

[96] 程虹. 管理提升了企业劳动生产率吗?——来自中国企业——劳动力匹配调查的经验证据 [J]. 管理世界, 2018, 34（2）: 80–92+187.

[97] 程惠芳, 陈超. 开放经济下知识资本与全要素生产率——国际经验与中国启示 [J]. 经济研究, 2017, 52（10）: 21–36.

[98] 程颖慧, 杨贵军. 产业结构、技术创新与对外贸易高质量发展 [J]. 工业技术经济, 2023, 42（5）: 89–94.

[99] 程宇. 中国职业教育与经济发展互动效应研究 [D]. 吉林大学, 2020.

[100] 戴望舒, 王金水. 职业技术教育工资回报率的变迁: 基于 2008—2017 年的数据分析 [J]. 高等职业教育探索, 2022, 21（1）: 29–35.

[101] 戴翔, 王如雪. 中国"一带一路"倡议的沿线国家经济增长效应: 质还是量 [J]. 国际贸易问题, 2022（5）: 21–37.

[102] 党印, 刘丽红, 张诺. 教育与生产劳动相结合: 理论溯源、历史

演进与现实方向 [J]. 中国劳动关系学院学报，2022，36（2）：8-18.

[103] 邓明，柳玉贵，王劲波. 劳动力配置扭曲与全要素生产率 [J]. 厦门大学学报（哲学社会科学版），2020（1）：131-144.

[104] 第十三届全国人民代表大会第四次会议关于国民经济和社会发展第十四个五年规划和 2035 年远景目标纲要的决议 [R]. 共产党人，2021（5）：23-24.

[105] 丁任重. 关于供给侧结构性改革的政治经济学分析 [J]. 经济学家，2016（3）：13-15.

[106] 董仁忠. 演变、内涵界定及类型：职业教育概念再探讨 [J]. 职业技术教育，2008，29（1）：5-8.

[107] 杜爱国. 中国经济高质量发展的制度逻辑与前景展望 [J]. 学习与实践，2018（7）：5-13.

[108] 段联合. 数字化要素资源禀赋与商贸流通业扩容提质的关系——基于省域面板数据的分析 [J]. 商业经济研究，2022（17）：29-32.

[109] E·柯恩. 教育经济学 [M]. 王玉崑，李国良，李超，译. 上海：华东师范大学出版社，1989.

[110] 范其伟. 我国城市化进程中职业教育发展研究 [D]. 中国海洋大学，2014.

[111] 冯莉，曹霞. 破题生态文明建设，促进经济高质量发展 [J]. 江西师范大学学报（哲学社会科学版），2018，51（4）：74-80.

[112] 冯明. 创新要素集聚、城市创新能力与经济高质量发展 [J]. 技术经济与管理研究，2023（2）：43-49.

[113] 冯俏彬. 我国经济高质量发展的五大特征与五大途径 [J]. 中国党政干部论坛，2018（1）：59-61.

[114] 奉莉. 抗战时期大后方职业教育发展研究 [D]. 西南大学，2011.

[115] 付才辉. 新结构经济学：一场经济学的结构革命——一种偏（微）分方程思路下内生（总量）生产函数的解读 [J]. 经济评论，2017（3）:81-103.

[116] 弗里德里希·李斯特. 政治经济学的国民体系 [M]. 北京：商务印书馆，1961：79.

[117] 弗里德里希·威廉·舒尔茨. 生产运动：从历史统计学方面论国家和社会的一种新科学的基础的建立 [M]. 李乾坤，译. 南京：南京大学出版社，2019.

[118] 弗朗索瓦·魁奈. 魁奈《经济表》及著作选 [M]. 晏智杰，译. 北京：华夏出版社，2006.

[119] 高培勇. 深化对经济高质量发展的规律性认识（深入学习贯彻习近平新时代中国特色社会主义思想）[N]. 人民日报，2019-08-20（8）.

[120] 高培勇，杜创，刘霞辉等. 高质量发展背景下的现代化经济体系建设：一个逻辑框架 [J]. 经济研究，2019，54（4）：4-17.

[121] 葛栋栋，余松，刘滨. 社会资本、生产资本与新型职业农民参与培训意愿研究——基于江西省"一村一名大学生工程"调查数据 [J]. 信阳农林学院学报，2021，31（4）：40-45.

[122] 葛新庭，谢建国. 人才引进能否破局价值链低端锁定——基于中国制造业企业出口附加值的研究 [J]. 国际经贸探索，2023，39（3）：19-35.

[123] 宫敬才. 论马克思的劳动历史唯物主义理论 [J]. 北京师范大学学报（社会科学版），2018（3）：9-27.

[124] 顾明远. 教育大辞典：增订合编本（上）[M]. 上海：上海教育出版社，1998.

[125] 郭东杰，魏熙晔. 人力资本、收入分配与经济发展 [J]. 中国人口科学，2020（2）：97-110+128.

[126] 郭庆旺，赵志耘. 中国经济增长"三驾马车"失衡悖论 [J]. 财经问题研究，2014（9）：3-18.

[127] 郭晓庆. 韩国以教育投资推动产业结构升级的经验及其启示 [J]. 教育理论与实践，2015，35（15）：31-32.

[128] 郭占恒. 推动高质量发展的深刻背景和政策取向 [J]. 浙江经济，2018（2）：32-35.

[129] 国务院. 关于加快发展现代职业教育的决定 [Z]. 国发〔2014〕19号，2014-5-2.

[130] 韩海彬，李全生．中国高等教育生产率变动分析：基于 Malmquist 指数 [J]．复旦教育论坛，2010，8（4）：58-62．

[131] 韩喜平，王晓慧．21 世纪中国马克思主义政治经济学的建构 [J]．治理现代化研究，2019（1）：22-27．

[132] 韩永强．我国中等职业教育发展及其影响因素研究——基于 2001—2012 年的数据 [J]．中国职业技术教育，2013（33）：33-37．

[133] 杭永宝．职业教育的经济发展贡献和成本收益问题研究 [D]．南京农业大学，2006．

[134] 郝克明．视野战略实践：郝克明终身学习研究文集 [M]．北京：高等教育出版社，2015．

[135] 何菊莲，陈郡，梅烨．基于经济高质量发展理念的我国高等教育人力资本水平测评 [J]．教育与经济，2021，37（6）：44-52．

[136] 亨利·M·列文，由由．教育如何适应未来——以美国教育为背景的探讨 [J]．北京大学教育评论，2013，11（2）：2-16+186-187．

[137] 何可．全国人大代表徐莹建议加快建立高质量发展指标体系 [N]．中国质量报，2018-03-20（2）．

[138] 何立峰．"十四五"时期经济社会发展主要目标 [J]．宏观经济管理，2021（1）：1-3+7．

[139] 何青．解放战争时期中国共产党解决教育问题的认识和实践研究综述 [J]．鄂州大学学报，2015，22（10）：9-11．

[140] 和震，耿洁．2005 年中国职业教育发展评述 [J]．教育发展研究，2006（3）：1-7．

[141] 侯建，李思雨，庄彩云等．外部知识源化驱动制造业高质量创新的影响机理：创新型人力资本视角 [J]．系统管理学报，2023，32（1）：111-117．

[142] 洪银兴．新编社会主义政治经济学教程 [M]．北京：人民出版社，2018：56．

[143] 洪银兴．政治经济学视角的新发展格局 [J]．马克思主义与现实，2021（1）：7-11+203．

[144] 洪银兴. 以包容效率与公平的改革促进共同富裕 [J]. 经济学家，2022（2）：5–15.

[145] 洪银兴，任保平. 数字经济与实体经济深度融合的内涵和途径 [J]. 中国工业经济，2023（2）：5–16.

[146] 洪银兴. 资源配置效率和供给体系的高质量 [J]. 江海学刊，2018（5）：84–91.

[147] 胡鞍钢. 2018：开启经济高质量发展之年 [J]. 企业观察家，2018（2）：36.

[148] 黄宝印，王顶明. 继往开来，坚定自信，促进研究生教育高质量发展——纪念研究生教育恢复招生40周年[J]. 研究生教育研究，2019（1）：3–7.

[149] 黄聪英. 中国实体经济高质量发展的着力方向与路径选择 [J]. 福建师范大学学报（哲学社会科学版），2019（3）：51–61+168.

[150] 黄晶晶. 中华职业教育社早期发展历程研究 [J]. 中国职业技术教育，2016（34）：111–116.

[151] 黄群慧. 论新时期中国实体经济的发展 [J]. 中国工业经济，2017（9）：5–24.

[152] 黄炜，孙广生，黄金枝. 全要素生产率分析新方法：Färe–Primont 指数 [J]. 东北大学学报（自然科学版），2015，36（3）：449–452.

[153] 苏联教育科学院. 马克思恩格斯论教育 [M]. 华东师范大学《马克思恩格斯论教育》辑译小组，译. 北京：人民教育出版社，1985.

[154] 胡大立，刘丹平. 中国代工企业全球价值链"低端锁定"成因及其突破策略 [J].科技进步与对策，2014，31（23）：77–81.

[155] 江奇. 德国职业教育校企合作机制研究 [D]. 陕西师范大学. 2014.

[156] 姜大源. 职业教育学研究新论 [M]. 北京：教育科学出版社，2007：1.

[157] 蒋君章. 战时西南经济问题 [M]. 重庆：正中书局，1943，11–12.

[158] 蒋天颖，刘程军．长江三角洲区域创新与经济增长的耦合协调研究 [J]．地域研究与开发，2015，34（6）：8–13+42.

[159] 蒋义．我国职业教育对经济增长和产业发展贡献研究 [D]．财政部财政科学研究所，2010.

[160] 蒋永穆，亢勇杰．数字经济促进共同富裕：内在机理、风险研判与实践要求 [J]．经济纵横，2022（5）：21–30+135.

[161] 焦国栋．中国经济发展路径由高速增长向高质量发展转变 [J]．农村·农业·农民（A 版），2017（21）：15.

[162] 教育部财政部关于实施中国特色高水平高职学校和专业建设计划的意见 [J]．中华人民共和国教育部公报，2019（3）：74–78.

[163] 金碚．关于"高质量发展"的经济学研究 [J]．中国工业经济，2018（4）：5–18.

[164] 金碚．中国国有企业再探究——域观取向的现实观察 [J]．北京工业大学学报（社会科学版），2022，22（2）：1–9.

[165] 靳伟才．正确认识职业教育的本质 [J]．当代教育论坛，2005（7）：119–121.

[166] 孔陆泉．马克思职业教育思想意义探析 [J]．唯实，2007（5）：85–86.

[167] 李变花．中国经济增长质量研究 [M]．北京：中国财政经济出版社，2008：110.

[168] 李迪．发展我国职业技术教育的经济学思考 [J]．职业技术教育，2001，22（13）：5–7.

[169] 李桂荣，李文华．读中职真的"不值"吗——基于就业质量视角的实证分析 [J]．教育发展研究，2022，42（Z1）：39–44+56.

[170] 李建伟．我国劳动力供求格局、技术进步与经济潜在增长率 [J]．管理世界，2020，36（4）：96–113.

[171] 李金华．中国建设制造强国的进程与行动框架 [J]．南京社会科学，2018（6）：14–25.

[172] 李杰，陈超美．CiteSpace：科技文本挖掘及可视化 [M]．北京：首

都经济贸易大学出版社，2016.

[173] 李克强. 催生新的动能实现发展升级 [J]. 中国应急管理，2016（1）：8-9.

[174] 李蔺田. 中国职业技术教育史 [M]. 北京：高等教育出版社，1994.

[175] 李梦迪，曹莉. 吉林省培养新型职业农民的职业教育研究 [J]. 吉林广播电视大学学报，2018（6）：81-82.

[176] 李萍. 习近平关于职业教育重要论述的系统性研究 [J]. 高等职业教育，2021，30（1）：78-83.

[177] 李欣欣. 加快促进教育发展模式与经济发展方式转变相适应 [J]. 中国党政干部论坛，2010（8）：4-5+8.

[178] 李阳. 中等职业教育对农民收入的影响研究 [D]. 广西大学，2021.

[179] 李延平，王雷. 农业供给侧结构性改革背景下农村职业教育的使命及变革 [J]. 教育研究，2017，38（11）：70-74.

[180] 李照清. 区域经济发展与高职教育互助共生关系的实证研究——基于 6 省数据的分析 [J]. 现代教育管理，2019（11）：111-115.

[181] 林兆木. 我国经济高质量发展的内涵和要义 [J]. 西部大开发，2018（Z1）：111-113.

[182] 刘滨，余松. 技能培训对新型职业农民收入水平的影响——基于 PSM 方法的实证研究 [J]. 信阳师范学院学报（哲学社会科学版），2022，42（1）：66-72.

[183] 刘灿，韩文龙. 构建新发展格局促进中国经济高质量发展 [J]. 马克思主义理论学科研究，2022，8（10）：44-53.

[184] 刘凤义. 论社会主义市场经济中资本的特性和行为规律 [J]. 马克思主义研究，2022，267（9）：93-101+156.

[185] 刘复兴. 教育与共同富裕——建设促进共同富裕的高质量教育体系 [J]. 教育研究，2022，43（8）：149-159.

[186] 刘来泉. 世界技术与职业教育纵览——来自联合国教科文组织的

报告 [M]. 北京：高等教育出版社，2002.

[187] 刘琦. 乡村振兴战略下新型职业农民精准培育策略研究 [J]. 农业经济，2021（2）：86–87.

[188] 刘诗白. 改变中国命运的伟大战略决策（下）——论中国构建社会主义市场经济的改革 [J]. 经济学家，2008（5）：5–11.

[189] 刘颖. 林祥谦：中国工人运动的先驱 [J]. 党建，2020（7）：59–60.

[190] 刘友金，周健. "换道超车"：新时代经济高质量发展路径创新 [J]. 湖南科技大学学报（社会科学版），2018，21（1）：49–57.

[191] 刘泽云，刘佳璇. 中国教育收益率的元分析 [J]. 北京师范大学学报（社会科学版），2020（5）：13–25.

[192] 刘志彪. 理解高质量发展：基本特征、支撑要素与当前重点问题 [J]. 学术月刊，2018，50（7）：39–45+59.

[193] 吕连菊，阚大学. 职业教育投入对全要素生产率的影响研究——基于空间纠正系统 GMM 法 [J]. 职业技术教育，2016，37（10）：39–44.

[194] 吕玉曼，徐国庆. 改革开放以来我国职业教育政策的演变——基于宏观社会经济政策的视角 [J]. 职教论坛，2016（34）：44–51.

[195] 马艳. 马克思主义资本有机构成理论创新与实证分析 [J]. 学术月刊，2009，41（5）：68–75.

[196] 马健. 产业融合理论研究评述 [J]. 经济学动态，2002（5）：78–81.

[197] 马永红，李保祥. 区域创新环境对经济发展质量的影响 [J]. 统计与决策，2021，37（22）：120–124.

[198] 迈克尔·波特. 竞争战略：分析产业和竞争者的技巧 [M]. 北京：华夏出版社，1997.

[199] 孟望生，徐进. 财政教育投入的经济增长外溢性实证检验 [J]. 统计与决策，2020，36（13）：129–133.

[200] 明娟，卢小玲，丘丽云. 中国当前劳动力技能短缺与企业应对 [J]. 南方经济，2021（4）：1–17.

[201] 墨翟. 墨子（中国国学经典读本）[M]. 哈尔滨：北方文艺出版社，2014.

[202] 莫泽斯·赫斯，刘晖星. "真正的"社会主义者文章选译论货币的本质 [J]. 国际共运史研究资料，1982（4）：179-208.

[203] 牛征. 浅析民办职业教育机制 [J]. 教育与职业，2005（29）：16-18.

[204] 欧阳河. 职业教育基本问题初探 [J]. 中国职业技术教育，2005（12）：19-26.

[205] 潘海生，冉桃桃. 1998—2012 年我国中等职业教育全要素生产率变动分析——基于 Malmquist 指数方法 [J]. 职业技术教育，2015，36（7）：55-60.

[206] 逄锦聚. 深化理解加快构建新发展格局 [J]. 经济学动态，2020（10）：3-11.

[207] 彭五堂. 马克思经济增长理论及其现实意义 [J]. 经济问题，2005（11）：7-9.

[208] 蒲晓晔，Jarko Fidrmuc. 中国经济高质量发展的动力结构优化机理研究 [J]. 西北大学学报（哲学社会科学版），2018，48（1）：113-118.

[209] 钱津. 论坚持和完善中国特色社会主义基本经济制度的现实要点 [J]. 武汉科技大学学报（社会科学版），2021，23（5）：469-475.

[210] 谯欣怡. 我国中等职业教育规模的演变及影响因素分析 [J]. 教育与经济，2015（4）：46-49+56.

[211] 秦玉友. 教育如何为人的城镇化提供支撑 [J]. 探索与争鸣，2015（9）：82-86+2.

[212] 祁占勇，王志远. 经济发展与职业教育的耦合关系及其协同路径 [J]. 教育研究，2020，41（3）：106-115.

[213] 曲哲涵. 如何理解中国经济转向高质量发展 [N]. 人民日报，2017-10-31（1）.

[214] 任保平，李培伟. 数字经济培育我国经济高质量发展新动能的机制与路径 [J]. 陕西师范大学学报（哲学社会科学版），2022，51（1）：

121–132.

[215] 任保平，李梦欣．人力财富推动中国经济高质量发展的理论与机制研究 [J]．中国经济问题，2022（3）：146–163.

[216] 任保平，李禹墨．我国省域工业体系竞争力评价与提升路径 [J]．财经科学，2018（8）：121–132.

[217] 任保平，李禹墨．新时代我国高质量发展评判体系的构建及其转型路径 [J]．陕西师范大学学报（哲学社会科学版），2018，47（3）：105–113.

[218] 任保平，王蓉．经济增长质量价值判断体系的逻辑探究及其构建 [J]．学术月刊，2013，45（3）：88–94.

[219] 任保平，文丰安．新时代中国高质量发展的判断标准、决定因素与实现途径 [J]．改革，2018（4）：5–16.

[220] 任保平．新时代高质量发展的政治经济学理论逻辑及其现实性 [J]．人文杂志，2018（2）：26–34.

[221] 任保平．新时代中国经济从高速增长转向高质量发展：理论阐释与实践取向 [J]．学术月刊，2018，50（3）：66–74+86.

[222] 任晓．高质量发展的内涵与路径 [N]．温州日报，2018-02-26（6）.

[223] 茹少峰，魏博阳，刘家旗．以效率变革为核心的我国经济高质量发展的实现路径 [J]．陕西师范大学学报（哲学社会科学版），2018，47（3）：114–125.

[224] 萨伊．政治经济学概论 [M]．北京：商务印书馆，2009：79.

[225] 桑倩倩，栗玉香．教育投入、技术创新与经济高质量发展——来自 237 个地级市的经验证据 [J]．求是学刊，2021，48（3）：86–99.

[226] 沈国兵，袁征宇．企业互联网化对中国企业创新及出口的影响 [J]．经济研究，2020，55（1）：33–48.

[227] 师博．论现代化经济体系的构建对我国经济高质量发展的助推作用 [J]．陕西师范大学学报（哲学社会科学版），2018（3）：128.

[228] 师博，胡西娟．高质量发展视域下数字经济推进共同富裕的机制与路径 [J]．改革，2022（8）：76–86.

[229] 石伟平，郝天聪. 从校企合作到产教融合—我国职业教育办学模式改革的思维转向 [J]. 教育发展研究. 2019，39（1）：1–9.

[230] 沈坤荣. 以供给侧结构性改革为主线，提升经济发展质量 [J]. 政治经济学评论，2018，9（1）：51–55.

[231] 舒尔茨. 论人力资本投资 [M]. 吴珠华，译. 北京：北京经济学院出版社，1990.

[232] 舒强，张学敏. 农民工家庭子女高等教育个人投资的收益风险 [J]. 高等教育研究，2013，34（12）：50–59.

[233] 宋大伟. 坚持创新驱动引领中国经济高质量发展 [J]. 中国科学院院刊，2019，34（10）：1152–1155.

[234] 宋小杰. 区域中等职业教育发展影响因素分析 [J]. 职教通讯，2012（28）：7–12.

[235] 宋永婷，张瑞，陈鹏. 中国现代职业教育使命嬗变历程研究 [J]. 河北大学成人教育学院学报，2014，16（2）：70–74.

[236] 孙凤敏，孙红艳，邵建东. 稳步发展职业本科教育的现实阻碍与破解进路 [J]. 大学教育科学，2022（3）：120–127.

[237] 孙福胜，杨晓丽. 马克思恩格斯职业教育理论探析 [J]. 大连教育学院学报，2020，36（1）：60–63.

[238] 孙海波，焦翠红，林秀梅. 人力资本集聚对产业结构升级影响的非线性特征——基于PSTR模型的实证研究 [J]. 经济科学，2017（2）：5–17.

[239] 孙培青. 中国教育史 [M]. 上海：华东师范大学出版社，2000.

[240] 孙萍，刘梦. 我国城镇弱势群体就业政策工具选择——基于政策文本的分析 [J]. 东北大学学报（社会科学版），2017，19（6）：595–601+615.

[241] 孙早，侯玉琳. 人工智能发展对产业全要素生产率的影响——一个基于中国制造业的经验研究 [J]. 经济学家，2021（1）：32–42.

[242] 陶蕾，杨欣. 我国中等职业教育资源配置效率评价及分析——基于DEA—Malmquist指数模型 [J]. 教育科学，2015，31（4）：26–31.

[243] 谈松华. 新型城镇化与教育 [M]. 上海：同济大学出版社，2016.

[244] 汤玉梅，杨熙. 共同富裕与职业教育高质量发展的价值逻辑与优化路径 [J]. 中国人民大学教育学刊，2022（4）：80-90.

[245] 佟家栋，张俊美. 高层次人力资本投入与出口企业创新产出：横向创新与纵向创新 [J]. 国际贸易问题，2021（12）：19-33.

[246] 王川. 关于职业教育研究的三个问题 [J]. 职教论坛，2015（31）：15-20.

[247] 王川. 论职业教育的内涵与本质属性 [J]. 职教论坛，2005（16）：4-9.

[248] 王国丽，罗以洪. 打赢脱贫攻坚战与实施乡村振兴战略衔接耦合机制研究 [J]. 农村经济，2021（1）：35-37.

[249] 王建康，韩倩. 创新驱动是否促进了城市经济高质量发展？ [J]. 科学学与科学技术管理，2022，43（11）：88-106.

[250] 王军. 准确把握高质量发展的六个内涵 [N]. 证券日报，2017-12-23（A03）.

[251] 王丽，李凤兰. 普及化阶段高等教育对收入及收入分配的影响 [J]. 重庆高教研究，2022，10（5）：45-55.

[252] 王留鑫，洪名勇. 内生增长模型视角下人力资本对农民收入增长的影响 [J]. 统计与决策，2016（23）：110-112.

[253] 王培鑫，吕长江. 环境保护与经济发展能否和谐共进？——来自创新的经验证据 [J]. 南开管理评论，2023（1）：67-83.

[254] 王清强，乐传永，刘双飞. 职业院校在校生规模与国民经济发展之间的系统耦合样态分析 [J]. 职业技术教育，2021，42（36）：39-43.

[255] 王善迈. 马克思恩格斯的教育经济思想 [J]. 中国高等教育，2018（19）：14-16.

[256] 王帅龙，李豫新，曹梦渊. 空间溢出视角下创新型人力资本与经济高质量发展 [J]. 调研世界，2022（8）3-12.

[257] 王婷. 马克思社会再生产理论视域中的供给侧结构性改革 [J]. 河北经贸大学学报，2017，38（2）：43-49.

[258] 王伟，冯树清. 我国中等职业教育全要素生产率演变与影响因素

研究——基于 31 个省份面板数据的实证分析 [J]. 教育科学，2016，32（4）：76-84.

[259] 王亚南，王斌，康永芳. 区域现代职业教育体系构建的制约瓶颈及突破路径——以浙江省为例 [J]. 黑龙江高教研究，2021，39（2）：116-121.

[260] 王艳玲. 区域高等教育发展与产业结构优化升级的互动研究 [J]. 统计与决策，2013（2）：107-109.

[261] 王永昌，尹江燕. 论经济高质量发展的基本内涵及趋向 [J]. 浙江学刊，2019（1）：91-95.

[262] 王羽菲，祁占勇. 我国职业教育变革要素析理——基于职业教育政策文本的分析 [J]. 教育学术月刊，2020（11）：28-36.

[263] 王一鸣. 大力推动我国经济高质量发展 [J]. 人民论坛，2018（9）：32-34.

[264] 王蕴，姜雪，盛雯雯. 经济高质量发展的国际比较 [J]. 宏观经济管理，2019（5）：5-11.

[265] 王哲. 抗日战争时期职业教育发展综述 [J]. 吉林工程技术师范学院学报，2018，34（2）：49-52.

[266] 魏敏，李书昊. 新时代中国经济高质量发展水平的测度研究 [J]. 数量经济技术经济研究，2018，35（11）：3-20.

[267] 魏玮，张兵. 供给侧改革对中国潜在经济增长率的影响研究 [J]. 西安交通大学学报（社会科学版）2022，42（1）：68-75.

[268] 吴虑，朱德全. 中国职业教育现代化改革的目标框架与行动路向——《国家职业教育改革实施方案》的现代化蓝图与实践方略 [J]. 高校教育管理. 2020，14（1）：115-124.

[269] 吴振华. 劳动报酬、消费升级与产业结构升级 [J]. 工业技术经济，2019，38（11）：101-106.

[270] 吴文辉. 高职教育与经济增长的互动关系研究——基于湖南省数据的联立方程估计 [J]. 职教论坛，2010（28）：23-26.

[271] 伍成艳. 职业教育供给侧改革的内涵、理念与路径探索 [J]. 教

育与职业，2017（3）：11–17.

[272] 吴全全，王茜雯，闫智勇，姜大源. 我国西部地区中等职业教育发展的困境表征与原因剖析 [J]. 中国职业技术教育，2022（19）：34–45.

[273] 席东梅，任占营，徐刚. 支撑国家战略：做强"中国制造"的职教担当——职业教育支撑国家战略：中国制造 2025 座谈会综述 [J]. 中国职业技术教育，2017（28）：30–37.

[274] 细谷俊夫. 技术教育概论 [M]. 上海：华东师范大学出版社，1985.

[275] 夏振坤. 发展经济学概论 [M]. 武汉：湖北人民出版社，2000.

[276] 肖凤翔，史洪波. 从无序到有序：我国现代职业教育协同共治之理 [J]. 教育发展研究，2015，35（Z1）：67–72.

[277] 熊惠平. 基于就业导向和创新型国家建设的高职教育——"上手快"和"后劲足"的关系解析 [J]. 职教论坛，2006（13）：29–31.

[278] 徐国庆. 我国二元经济政策与职业教育发展的二元困境——经济社会学的视角 [J]. 教育研究，2019，40（1）：102–110.

[279] 徐辉，李明明. 和平解放以来国家对西藏教育投入及其对经济贡献的实证研究 [J]. 西藏民族大学学报（哲学社会科学版），2021，42（2）：24–30+153.

[280] 徐宪平. 中国经济的转型升级：从"十二五"看"十三五"[M]. 北京：北京大学出版社，2015.

[281] 许光建，许坤. 以经济周期性回暖为契机 加快推进供给侧结构性改革——2017 年上半年宏观经济形势及下半年走势分析 [J]. 价格理论与实践，2017（6）：14–17.

[282] 徐洋. 我国环境规制对经济发展质量的影响研究 [D]. 辽宁大学，2020.

[283] 许岩. 建立完善统计指标体系助推经济高质量发展 [N]. 证券时报，2017–12–28（A07）.

[284] 闫广芬，李文文. 新中国成立 70 年来职业教育人才培养目标的"中国特色" [J]. 中国职业技术教育. 2019（36）：27–33.

[285] 闫智勇，朱丽佳，陈沛富．系统论视域下现代职业教育体系内涵探赜 [J]．职教论坛，2013（19）：54-58．

[286] 亚当·斯密．国民财富的性质和原因的研究 [M]．郭大力，王亚南，译．北京：商务印书馆，1972．

[287] 杨翠芬．产业结构升级与各级教育发展的动态关系——基于发达国家和地区的经验视角 [J]．现代教育管理，2015（4）：39-44．

[288] 杨瑞龙．收入分配改革与经济发展方式转变 [N]．人民日报，2013-02-21，7．

[289] 杨三省．推动高质量发展的内涵和路径 [N]．陕西日报，2018-05-23（11）．

[290] 杨天平，黄宝春．中国共产党教育方针 90 年发展研究 [M]．重庆：重庆大学出版社，2015．

[291] 杨伟民．贯彻中央经济工作会议精神 推动高质量发展 [J]．宏观经济管理，2018（2）：13-17．

[292] 杨耀武，张平．中国经济高质量发展的逻辑、测度与治理 [J]．经济研究，2021，56（1）：26-42．

[293] 于伟，张鹏，姬志恒．中国省域农村教育人力资本与农业全要素生产率的空间交互效应——基于空间联立方程的经验分析 [J]．中国农业大学学报，2020，25（3）：192-202．

[294] 中国职业技术教育学会课题组，于志晶，刘海，等．从职教大国迈向职教强国——中国职业教育 2030 研究报告 [J]．职业技术教育，2016，37（6）：10-30．

[295] 余斌．西方开花的马克思主义为何先在中国结出硕果？[J]．当代世界，2019（5）：61-66．

[296] 余康，章立，郭萍．1989-2009 中国总量农业全要素生产率研究综述 [J]．浙江农林大学学报，2012，29（1）：111-118．

[297] 于金富．中国经济转轨的新政治经济学研究范式 [J]．武汉科技大学学报（社会科学版）：2019，21（6）：669-675．

[298] 于金富．社会主义经济转轨的马克思主义分析方法 [J]．经济研究，

2006（12）：24-34.

[299] 于金富，晋铭．中国特色社会主义生产方式的多层面研究[J]．福建论坛（人文社会科学版），2019（10）：5-11.

[300] 袁广林．供给侧视野下高等教育结构性改革[J]．国家教育行政学院学报，2016（6）：15-22.

[301] 袁晓玲，李彩娟，李朝鹏．中国经济高质量发展研究现状、困惑与展望[J]．西安交通大学学报（社会科学版），2019，39（6）：30-38.

[302] 袁旭，康元华．产业结构与职业教育互动关系的研究（一）——互动模型及其实践意义[J]．高教论坛，2006（4）：189-192.

[303] 袁旭等．高等职业教育专业立体结构调整的研究与实践[M].北京：高等教育出版社，2004.

[304] 袁永科，李昂．基于马斯洛需求层次理论的区域软实力评价与实证[J]．统计与决策，2017（20）：72-75.

[305] 张超超．夯实全面建设社会主义现代化国家基础性战略性支撑[N].学习时报，2023-01-11（1）.

[306] 张宝生，王晓敏．基于关键词共现聚类的网络教育热点主题研究[J].科研管理，2018，39（S1）：298-307.

[307] 张成涛．马克思职业教育思想探析[J]．职业技术教育，2010，31（13）：75-79.

[308] 张军扩，侯永志，刘培林，等．高质量发展的目标要求和战略路径[J]．管理世界，2019，35（7）：1-7.

[309] 张军扩．加快形成推动高质量发展的制度环境[J]．中国发展观察，2018（1）：7.

[310] 张慧明，蔡银寅．中国制造业如何走出"低端锁定"——基于面板数据的实证研究[J]．国际经贸探索，2015，31（1）：52-65.

[311] 张立群．坚持稳中求进稳步迈进高质量发展新时代——2017—2018年经济形势分析与展望[J]．中国党政干部论坛，2018（1）：58.

[312] 张鹏，张平，袁富华．中国就业系统的演进、摩擦与转型—劳动力市场微观实证与体制分析[J]．经济研究，2019，54（12）：4-20.

[313]张平,郭冠清.社会主义劳动力再生产及劳动价值创造与分享——理论、证据与政策 [J]. 经济研究, 2016, 51（8）: 17-27+85.

[314]张小梨. 少数民族地区职业教育的地方性完善 [J]. 贵州民族研究, 2019, 40（3）: 233-236.

[315]张一兵. 舒尔茨: 物质生产力的量与质性结构——舒尔茨《生产的运动》解读 [J]. 学术界, 2018（11）: 5-15.

[316]张云,单连新. 职业教育在对外关系中的多重功能与发展方略——基于国家软实力理论的思考 [J]. 广东技术师范大学学报, 2023, 44（1）: 67-76.

[317]张占斌,毕照卿. 经济高质量发展 [J]. 经济研究, 2022, 57（4）: 21-32.

[318]张治栋,廖常文. 全要素生产率与经济高质量发展——基于政府干预视角 [J]. 软科学, 2019, 33（12）: 29-35.

[319]赵琛. 高等职业院校共享型实训基地管理水平评价研究 [D]. 中国矿业大学, 2017.

[320]赵婀娜. 打造现代化职业教育体系 [N]. 人民日报, 2021-11-02（5）.

[321]赵峰,张建堡. 技术进步、资本积累与经济增长——一个马克思主义随机演化的视角 [J]. 当代经济研究, 2021（12）: 25-35.

[322]赵晶晶,张智,盛玉雪. 我国高等职业教育区域布局动力因素与适应性特征研究 [J]. 国家教育行政学院学报, 2020（10）: 78-85.

[323]赵敏,袁潇. 东、中、西部中等职业教育师资结构的现状、影响因素及优化策略 [J]. 教育与职业, 2021（23）: 75-81.

[324]赵人伟. 收入分配差距较大的形成原因与解决途径 [J]. 求是, 2011（2）: 32-33.

[325]赵伟. 试论劳动、劳动教育和职业教育的关系 [J]. 中国高教研究, 2019（11）: 103-108.

[326]赵彦志. 我国高等教育生产率增长、技术进步与效率变化 [J]. 财经问题研究, 2011（6）: 20-26.

[327]郑新立. 转变发展方式是化挑战为机遇的关键 [J]. 宏观经济管理,

2012（12）：4-5.

[328] 职业教育研究课题组. 大国工匠从这里走来——2021 中国职业教育发展大型问卷调查报告 [J]. 教育家，2021（17）：6.

[329] 中共陕西省委党史研究室，中共宝鸡市委党史研究室. 西北工合运动史 [M]. 西安：陕西人民出版社，2018：54.

[330] 中共中央马克思恩格斯列宁斯大林著作编译局. 列宁全集：第 2 卷 [M]. 北京：人民出版社，1984.

[331] 中共中央马克思恩格斯列宁斯大林著作编译局. 列宁选集：第 4 卷 [M]. 北京：人民出版社，1984.

[332] 中共中央马克思恩格斯列宁斯大林著作编译局. 马克思恩格斯选集（第一卷）[M]. 北京：人民出版社，2012.

[333] 中共中央马克思恩格斯列宁斯大林著作编译局. 马克思恩格斯选集（第二卷）[M]. 北京：人民出版社，2012.

[334] 中共中央马克思恩格斯列宁斯大林著作编译局. 马克思恩格斯选集（第三卷）[M]. 北京：人民出版社，2012.

[335] 中共中央马克思恩格斯列宁斯大林著作编译局. 马克思恩格斯选集（第四卷）[M]. 北京：人民出版社，2012.

[336] 中共中央马克思恩格斯列宁斯大林著作编译局. 马克思恩格斯全集（第四十四卷）[M]. 北京：人民出版社，2001.

[337] 中共中央马克思恩格斯列宁斯大林著作编译局. 马克思恩格斯全集（第四十六卷）[M]. 人民出版社，2001.

[338] 中共中央马克思恩格斯列宁斯大林著作编译局. 马克思恩格斯文集（第 2 卷）：1848—1859 年著作 [M]. 北京：人民出版社，2009.

[339] 中共中央马克思恩格斯列宁斯大林著作编译局. 马克思恩格斯文集（第 3 卷）：1864—1883 年著作 [M]. 北京：人民出版社，2009.

[340] 中共中央马克思恩格斯列宁斯大林著作编译局. 马克思恩格斯文集（第 4 卷）：恩格斯 1884—1895 年著作 [M]. 北京：人民出版社，2009.

[341] 中共中央马克思恩格斯列宁斯大林著作编译局. 马克思恩格斯文集（第 5 卷）：资本论（第一卷）[M]. 北京：人民出版社，2009.

[342] 中共中央马克思恩格斯列宁斯大林著作编译局. 马克思恩格斯文集（第 8 卷）：资本论手稿选编 [M]. 北京：人民出版社，2009.

[343] 中共中央马克思恩格斯列宁斯大林著作编译局. 马克思恩格斯文集（第 9 卷）：恩格斯反杜林论、自然辩证法 [M]. 北京：人民出版社，2009.

[344] 中共中央马克思恩格斯列宁斯大林著作编译局. 马克思恩格斯文集（第 10 卷）：书信选编 [M]. 北京：人民出版社，2009.

[345] 中国经济增长前沿课题组. 突破经济增长减速的新要素供给理论、体制与政策选择 [J]. 经济研究，2015（11）：4-19.

[346] 中华人民共和国教育部. 《中国职业教育发展报告》（2012—2022 年）[J]. 职业技术教育，2022，43（24）：69-77.

[347] 周建松. 以"双高计划"引领高职教育高质量发展的思考 [J]. 现代教育管理，2019（9）：91-95.

[348] 周善将，周天松. 新发展格局下产业智能化发展的消费升级溢出效应：理论与实证 [J]. 商业经济研究，2021（22）：173-177.

[349] 周勇，刘冰. 国际局势变化视域下我国高等职业教育的机遇、挑战和应然路径 [J]. 教育与职业，2022（1）：47-52.

[350] 朱德全，石献记. 从层次到类型：中国职业教育发展百年 [J]. 西南大学学报（社会科学版），2021，47（2）：103-117+228.

[351] 朱德全. 职业教育促进区域经济高质量发展的战略选择 [J]. 国家教育行政学院学报，2021（5）：11-19.

[352] 朱清孟. 河南省职业教育供给侧改革的方向及对策分析 [J]. 河南师范大学学报（哲学社会科学版），2016，43（5）：172-177.

[353] 朱秋月，马丹. 能力评估视角下高职院校适应性发展的实然与应然——基于 2020 年 H 省高职院校评估数据的分析 [J]. 职教论坛，2021，37（6）：135-142.

[354] 朱羊，宋志成. 关于商业旧学徒制度的调查和对新学徒制度的意见 [J]. 劳动，1957（22）：15-18.

[355] 朱云，龚超. 马克思职业技能教育思想初探 [J]. 广东社会科学，

2010（5）：63-68.

[356] 朱紫雯，徐梦雨. 中国经济结构变迁与高质量发展——首届中国发展经济学学者论坛综述 [J]. 经济研究，2019，54（3）：194-198.

[357] 朱宗震，徐汇言. 黄炎培研究文集 [M]. 成都：四川人民出版社，2009.

[358] 左伟. 创新机构开展制造业劳动力教育培训的国际实践及启示 [J]. 教育与职业，2021（20）：97-102.